専修大学社会科学研究所 社会科学研究叢書 12

周辺メトロポリスの位置と変容

―神奈川県川崎市・大阪府堺市

宇都榮子・柴田弘捷 編著

専修大学出版局

まえがき

　本書は，専修大学社会科学研究所から受けた「研究助成グループ研究A」（2003〜04年度）および「特別研究助成」（2005〜06年度）を受けた「メトロポリスの自立性に関する社会学的実証研究」（代表：宇都榮子）にもとづいている。

　本研究は，巨大都市に隣接し，かつ早くから工業を中心に自立的な都市として発展してきた都市が，日本の産業構造の転換（ME技術の発達・デュアルイノベーションの進展による製造業「重厚長大」から「軽薄短小」産業への軸足の転換，情報産業化，サービス経済化，そしてグローバル化）による当該地域の重化学工業を中心とする製造業の縮小，中心大都市の拡大による住宅地化・ベットタウン化による住民構造・就業構造の変容が見られ，その「自立性の方向」が問われるようになってきており，隣接する大都市との関係の在りようが変わってきているのではないか，との想定のもとに，その都市と地域の中枢都市との新たな関係性に視点を当てて，都市の多面的な構造とそこにかかわる人々の生活について，社会学的視点から明らかにすること，を目的として，計画された。

　当初（2003〜04年度「研究助成グループ研究A」）は，世界都市・首都東京に隣接する川崎市を研究対象にしていたが，05年度に「特別研究助成」に移行し，研究対象地域を川崎市だけでなく，やはり巨大都市大阪に隣接する堺市，福岡市に近接する北九州市に研究対象を拡大し，三市の比較を通して，巨大都市に隣接する大都市の「自立」の可能性見出すべく，調査研究を行ってきた。

　三市はともに次のような類似点を持っていた。一つは巨大でかつ地域の中心である都市に隣接ないし近接していることである。川崎市は，1,300万人

（区部 870 万人）の人口を擁し膨張しつづる首都東京および日本第二の人口規模（370 万人）を持つ横浜市に挟まれた都市であり，堺市は関西の中心都市大阪市（人口 260 万人）に隣接都市であり，北九州市は九州の中心都市福岡市（人口 140 万人）に近接している。

　二つは，三市とも重化学工業都市として発展してき，1970 年代から 80 年代の日本の産業構造の転換の中で，都市としての転換を迫られていることである。

　この三市の比較研究を通して，巨大都市に隣接する大都市の「自立」の可能性見出すべく，調査研究を行ってきた。

　この調査・研究には，年度によって若干の異動があったが，社会科学研究所の所員である専修大学文学部人文学科社会学専攻の教員 7 名と社会学専攻の大学院生数名が参加した。

　本書は，上記研究の成果を全面的に展開する構想であったが，さまざまな要因によって，その内容を縮小せざるを得なくなり，それでも 7 章建てで，川崎市と堺市の都市の構造・性格を扱う予定であったが，「堺における臨海工業地帯の展開と中小零細企業」と「川崎市の介護支援専門委員協議会の活動と組織」に関する論考は，残念ながら掲載するに至らなかった。その結果，川崎市を中心に，5 章建てで，巨大都市に隣接する大都市のいくつかの側面を明らかにするにとどまらざるを得なくなった。

　以下で，本書の各論の前提となる川崎市と堺市の概略を明らかにしておきたい。

東京に隣接する重化学工業都市川崎

　川崎市は，図 1 にあるように，東京湾に面し，首都東京と横浜市に挟まれた都市である。周知のように，鉄鋼（日本鋼管）および電機（東芝），化学産業を軸に，戦前から京浜工業地帯の中核として発展してきた。太平洋戦争で壊滅的な打撃を受けるが，やはり重化学工業を中心に戦後復興を遂げ，高度経済成長期には，鉄鋼，石油化学，電機，自動車産業を中心重化学工業

まえがき iii

図1. 川崎市市域図

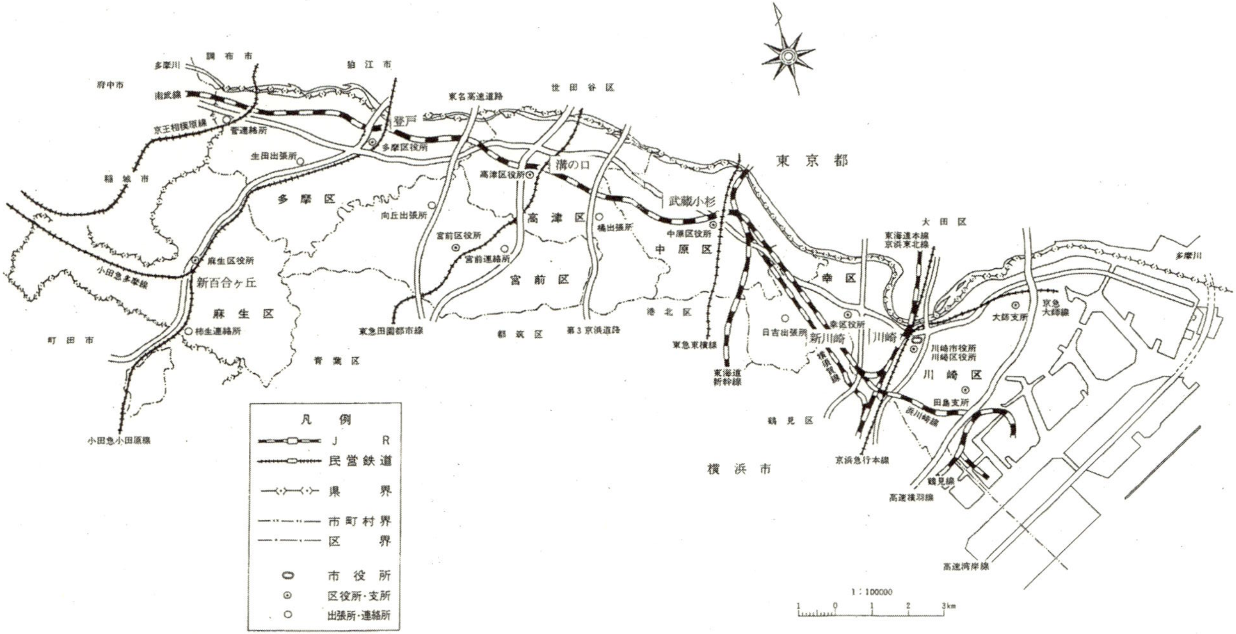

(『川崎市統計書』より転載)

表1　川崎市の世帯・人口の推移

年	世帯	人口
1920	4,304	21,391
25	11,277	54,634
30	98,755	104,351
35	30,656	154,748
40	58,087	300,979
47	53,109	252,923
50	69,195	319,226
55	98,755	445,520
60	159,051	632,975
65	235,791	854,866
70	289,959	973,486
75	326,203	1,014,951
80	377,397	1,040,802
85	404,762	1,088,624
90	466,084	1,173,603
95	503,711	1,202,820
2000	543,088	1,249,905
5	595,513	1,327,011
6	607,729	1,342,262
7	626,239	1,369,443
8	640,658	1,390,270
9	652,609	1,409,518

各年国勢調査，2006～09年は
住民登録＋外国人登録人口
10月1日現在
資料出所：川崎市役所

都市として発展し続けてきた。しかし，都市の過密，公害が大きな問題となり，72年に市内ほぼ全域が「工業等制限法」の指定地域と「工業再配置促進法」による移転促進指定地域，そして73年秋のオイルショックによる不況の中で，市内工場の市外への移転が急速に進んだ。加えて，日本の産業構造の転換による重厚長大産業の停滞の中で川崎市の産業構造も大きく変わり，製造業の比重が低下した。

90年代に入って，川崎市の大手電機産業は量産工場を地方，海外に転出させ，市内の事業所を研究開発・試作型事業所に転換した。市の行政も，川崎市を研究開発型都市に転換させる方向に舵を切った。また，武蔵小杉，新百合ヶ丘等内陸部での都市開発，川崎駅周辺の再開発に着手し，自立型都市の形成向けた政策を展開し始めている。

人口の動きを見ると，戦前から工業都市であった川崎市は，表1に見られるように，1950年にはすでに25万都市であった。その後5年間で10～20万人を超えるような増加で，70年に97万人を超え，72年に政令指定都市に移行，その後，石油ショック後の不況，工場の転出塔があり，人口の流出・社会減の時期が続き，やや増加数は落ちたが，75年には100万都市となり，北西部の丘陵地域では宅地造成が進み人口増加が急であったため，82年には，高津区が高津区と宮前区に，多摩区が多摩区と麻生区に分区した。バブル経済崩壊後再び流出超過・社会減の時期を迎えたが，06年

以降は社会増と出生数増（自然増）によって，人口増が拡大し，05年133万人から5年も経たない09年4月には140万都市となった。このような人口増加の中で，川崎市は多くの課題を抱えている。

大阪市に隣接する伝統産業と先端産業都市堺

堺市は，図2に見られるように，大阪湾に面し，大都市大阪市に隣接している都市である。

中世の「自由都市」といわれるほど古くから商業の発達した都市であり，織田，豊臣支配下に入ってから鉄砲鍛冶が盛んとなった。江戸後期には醸造業が，明治に入り，紡績や煉瓦産業を中心に工業化が進み，阪神工業地帯の一角を占めるようになってきたが，太平洋戦争末期，やはり空襲で打撃を受けた。

堺市が復興するのは，1950年代末に開始された臨海部埋め立てによる「堺泉北臨海工業地帯」造成であり，そこに八幡製鐵（現・新日本製鐵）堺製鐵所をはじめ，鉄鋼業，石油化学，化学工業，機械工業などの進出を見ることによって，臨海部の工業化が進んだことである。しかし，80年代後半から工場の撤退が始まり，90年には新日鉄が高炉休止・事業縮小し，臨海工業地帯の一角が崩れ，新たな産業開発が模索されることとなる。

07年，新日鉄が撤退した跡地にシャープの液晶パネル，太陽光パネル工場の進出が決定，09年10月操業開始で，新たな産業展開が始まった。

表2　堺市の世帯・人口の推移

年	世帯	人口
1920	18,325	84,999
25	23,145	105,009
30	26,318	120,348
35	29,518	141,286
40	39,455	182,147
47	46,004	194,048
50	47,709	213,688
55	55,237	251,793
60	77,583	339,863
65	117,293	466,412
70	163,468	594,367
75	221,454	750,688
80	251,954	810,106
85	258,768	818,271
90	267,972	807,765
95	283,762	802,993
2000	297,532	792,018
5	322,936	830,966
6	324,035	831,347
7	329,469	832,825
8	334,806	835,333
9	359,692	836,632

各年国勢調査，2006〜09年は住民登録＋外国人登録人口
9月30日現在
資料出所：堺市役所

図2 堺市市域図

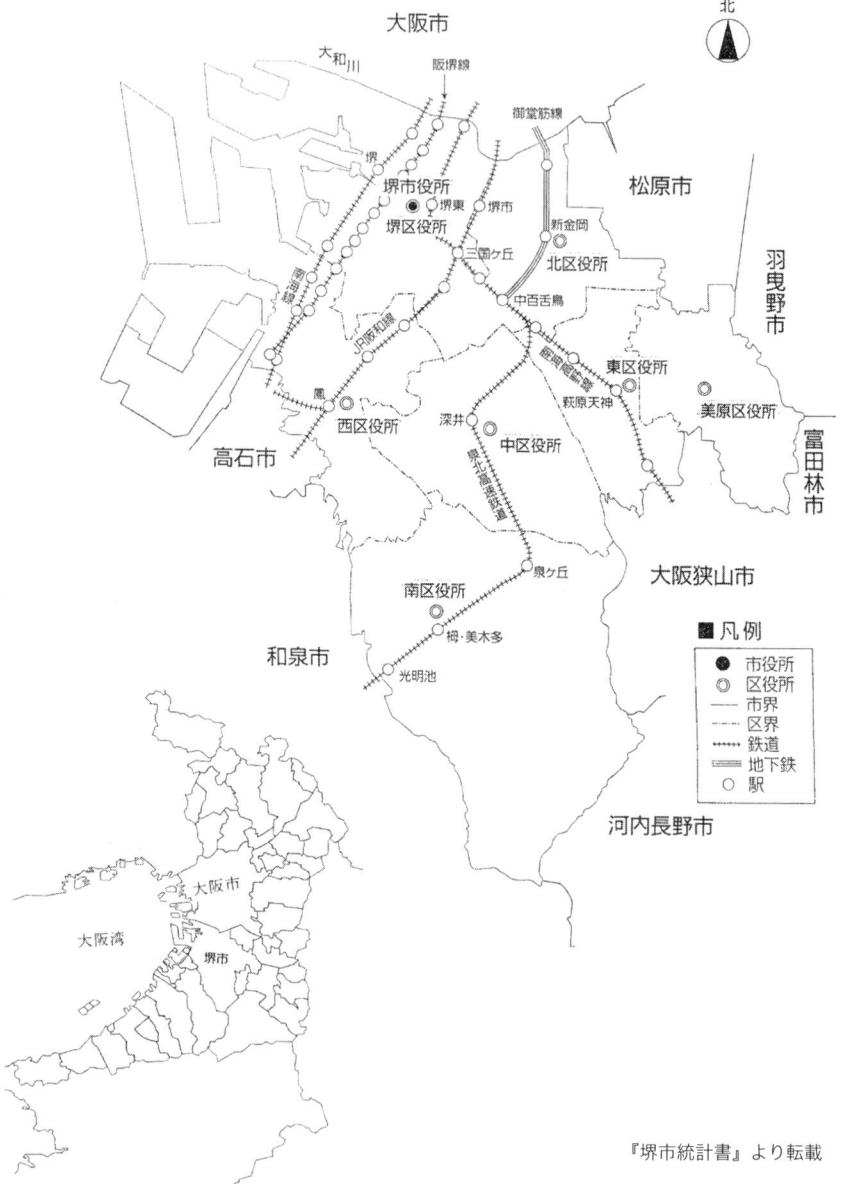

『堺市統計書』より転載

他方，中世の鉄砲鍛冶技術は，打ち刃物が伝統産業として脈々と続き，その発展として新しい産業に自転車の部品企業（シマノ）も堺で生まれた。

　人口の動きを見ると，表2に見られるように，1989年市制施行時に4.5万人あり，20年の第1回国勢調査では8.5万人であった。その後着実に人口増加が続き，43年には25万人を超えた。その後戦争の影響下で16.8万人（45年人口調査）に減少したが，戦後近隣町村の合併も続き，また，すでに見た臨海工業地帯の操業開始，大阪の拡大する人口の受け皿（大阪のベッドタウン）として66年から泉北などのニュータウン建設等で自然増と社会増で人口が急増し，75年の国勢調査時には75万人を超え，80年には80万人を超えた。70年代半ばから政令指定都市への移行が目指されたが，80年以降，社会減が続き，85年以降ついに人口減となり，90年には80万人を割った。05年2月に隣接する美原町を合併，83万都市となり，06年に念願の政令指定都市に移行した。

　政令指定都市への移行，シャープの進出が，大都市堺市の新たな展開の幕開けであろう。

　本調査研究では，プロジェクト期間（2003〜2006年度）のみならず，その後現在まで，川崎市，堺市，北九州市の市役所をはじめ，多くの事業所，各種団体および多くの方々に，資料・情報提供，現地見学，インタビュー等々で多大なお世話になった。いちいちお名前をあげないが，ここでお礼を申し上げておきたい。また，研究助成という形で財政的援助をいただいた専修大学および専修大学社会科学研究所にも謝意を表しておきたい。

　なお，せっかくいただいた資料・情報，得られた知見等を十分生かし切れていない論文になってしまっていることに，貴重な時間を割いてご協力をいただいた方々に，お詫びするとともに，この点は，各メンバーが，今後も今回の調査研究で得られた知見を何らかの形で公表していくことによって，その責を果たしていきたい。

2010年2月25日　　編者

目 次

まえがき

第1章　産業構造の転換と川崎の都市開発
　　　　──郊外化から再都心化の時代へ──　……………今野 裕昭　1

　　はじめに　1

　　1．工業都市から研究開発都市へ　2
　　　（1）高度成長期の川崎　2
　　　（2）製造業の凋落と研究開発都市志向　4

　　2．郊外地の開発時代　13
　　　（1）NIMBY 施設　14
　　　（2）東京都心からの郊外化　18
　　　（3）開発規制と 80 年代の転換期　23

　　3．低成長期の再都心化　30
　　　（1）低成長への転換期の工場転出と再開発　31
　　　（2）脱産業化時代の都心再開発　32

　　むすび─郊外化から再都心化の時代へ─　38

第2章　川崎市内産業・従業者特性と住民の性格
　　　　………………………………………………柴田 弘捷　49

　　はじめに　49

1. 川崎市の産業構造の変容　49
   (1) 産業構成の推移　49
   (2) 産業別事業所の変化　54
2. 川崎市の人口構造　69
   (1) 川崎市の昼間人口　70
   (2) 川崎市の住民構成―夜間人口―　75
3. 川崎市の若者の労働と生活　92
4. 高齢者と高齢者世帯　95
5. 人口高流動都市川崎　96
   (1) 社会動態　97
   (2) 通勤通学移動―流出入―　103
6. 周辺都市との関係と都市施設の特性　109
   (1) 周辺都市との関係　109
   (2) 川崎市の都市施設の特性　112

むすびに代えて　114

第3章　戦前期川崎市における社会事業の形成展開
―川崎社会館の活動を中心に―　………… 宇都　榮子　117

はじめに　117

1. 川崎市における社会事業形成過程の研究　118
2. 川崎市社会事業の形成と展開　125
   (1) 社会事業成立期の社会状況と社会事業の展開　125
   (2) 川崎市における社会事業の形成とその特徴　126

4. 川崎社会館の創設とその事業　137
      (1) 第一次世界大戦による国民生活の変化　137
      (2) 神奈川県匡済会設立　138
      (3) 川崎社会館の設立　139
      (4) 神奈川県匡済会川崎社会館において実施された社会事業　144
      (5) 社団法人神奈川県匡済会から財団法人平間寺社会事業部への移管　148
      (6) 財団法人平間寺社会事業部時代の川崎社会館　151

   おわりに　157

   資料1～資料5　160

第4章　アジア都市川崎の多文化・多民族経験
   ……………………………………………… 広田　康生　171

   1. 問題の所在——アジア都市川崎の多文化・多民族経験への視座　171

   2. 概念の定義——「トランスナショナリズム」/「場所の政治」/「差異の政治」　177

   3. 川崎市の多文化・多民族経験——川崎区S地区の在日コリアン人の「場所の政治」の過程に焦点を合わせて　180
      (1) エスニック集団としての人権運動の展開　181
      (2) エスニック集団としての人権運動から「場所」形成の運動への展開　182
      (3) エスニックな文化的世界形成の諸動向と川崎市の対応　183
      (4) 新たなアイデンティティの形成と川崎の多文化・多民族経験　185

   おわりに——川崎型の「場所の政治」と共存の手法について　190

第5章 堺と川崎の防災まちづくりを考える
——堺市湊西地区と川崎市多摩区中野島町会における「結果防災」をめぐって—— .... 大矢根 淳　197

はじめに——紀州街道に路地の井戸，長屋門　197

1. 「ちょこっとガーデンプロジェクト」社会実験への接続　201
   (1) 湊西地区概況　201
   (2) 湊西地区整備計画　204
   (3) 街区の伝統——紀州街道のふとん太鼓（船待神社秋季例大祭）や納涼盆踊り　209
   (4) ちょこっとガーデンプロジェクト　210

2. 「花」から「防災」へのドラスティックな展開——御蔵視察の意義　214
   (1) 「ちょこっとガーデンプロジェクト」の概要　216
   (2) 「古くから培われてきた」…紀州街道・ふとん太鼓　217
   (3) 「公園づくりと自主管理」…防災機能を備えた公園　224
   (4) 「ふとん太鼓の若い衆の力」…具体的に期待されるマンパワー　225
   (5) まちづくり支援の専門家の役割　226

3. T氏と御蔵（まちコミュニケーション）・湊西（湊西自治連合協議会）　229
   (1) T氏の博士論文「公団震災復興共同建替事業」研究（実践）　229
   (2) まちコミュニケーションの共同建替（「みくら5」）事業　230
   (3) 生活再建（および復興）課（過）程を防災まちづくり（事前復興）に繋げて…　234

4. 川崎市多摩区中野島町会の「防災マップづくり」（結果防災に向けて）　237
   (1) 川崎市のまちづくり——事例：小田2・3丁目地区まちづくり（防災まちづくり）　237
   (2) 川崎市多摩区での防災マップづくりの意図と意義　243

(3) 中野島町会防災マップづくりの過程と知見　248

第 1 章
産業構造の転換と川崎の都市開発
――郊外化から再都心化の時代へ――

今野 裕昭

はじめに

　川崎は，明治期から京浜工業地帯の中央部分に位置し，日本の近代化，産業化を最も中心的部分で担ってきたといわれる。それだけに，戦後，高度成長の終焉を迎えた時期の産業構造の転換も，地方の工業都市に見られるようなタイムラグをもたずに，その新しい動きを最も先端部分で現していると思われる。

　表1は「川崎市市民所得」から作成した産業別市内総生産の推移である。これを見ると，経済の高度成長期に重化学工業都市であった川崎は，1980年（昭和55）ころまで第2次産業（工業）が総生産の6割以上を占めていたものが，90年代後半（平成7～）以降になると第3次産業が逆転して，6割以上を第3次産業が占めるようになる。サービス経済化現象が生じてきたのが80年（昭和55）ころからということになり，いまや製造業を中心とする第2次産業は，全体の3割を維持するに過ぎなくなっている。

　本稿では，製造業からサービス業へというこの産業構造の転換が，川崎の都市にどのような影響を与えたのかを，都市の開発という面から捉えてみようと思う。そこで見えるのは，産業構造の転換期を挟んで郊外化から再都心化へと移行する都市開発の歴史と，その背後にある，グローバル化のなかでの新自由主義への転換，民間主導の都市開発への移行である。本稿ではこれ

表1　川崎市　産業別市内総生産推移

(単位：億円)

	1965年度	1975年度	1980年度	1985年度	1990年度	2000年度	2001年度	2005年度
第1次産業	10	24	24	24	28	23	23	21
（構成比）	(0.3)	(0.1)	(0.1)	(0.1)	(0.1)	(0.0)	(0.0)	(0.0)
第2次産業	2488	10362	17421	23235	25208	15582	14272	15084
（構成比）	(68.0)	(61.9)	(61.4)	(59.0)	(51.3)	(32.9)	(30.7)	(31.6)
うち製造業	2302	9241	15747	20918	21835	13322	11852	12437
（構成比）	(62.9)	(55.2)	(55.5)	(53.1)	(44.5)	(28.1)	(25.5)	(26.1)
第3次産業	1163	6346	10948	16107	23855	31815	32250	32576
（構成比）	(31.8)	(38.0)	(38.6)	(40.9)	(48.6)	(67.1)	(69.3)	(68.3)
卸売・小売業	253	1154	1926	2468	3130	3438	3533	3518
不動産業	*214	1212	2200	3376	5261	7510	7666	8604
運輸・通信業	**244	924	1385	2058	3062	3257	3257	3317
サービス業	394	1120	2126	3686	6423	10020	10419	10248
その他	57	1955	3312	4520	5979	7591	7374	6889
合計	3660	16750	28394	39366	49091	47421	46545	47680

総数と内容の合計は，端数処理の関係から必ずしも一致しない。
＊金融保険業を含む。　　＊＊電気・ガス・水道を含む
　　　（『川崎市統計書』昭和44, 48, 平成19年版。　『川崎市市民経済計算』平成11, 14年度）

を，川崎市の「団地造成事業施行規準」（宅地開発要綱）の改訂経過のなかに捉えてゆく。

1．工業都市から研究開発都市へ

　まず，高度成長期から脱産業化の低成長期へと，川崎では産業がどのように変化したのかを具体的に捉えておく。

(1) 高度成長期の川崎
　日本の産業が重厚長大型の製造業中心だった高度成長期，川崎の工場地帯

は，重化学工業が立地する臨海部と，電機や機械の大工場・中小企業が張り付いていた多摩川および南武線沿いの内陸部の，二つの地区で成っていた。

臨海部には，高度成長期に完成した（昭和38年，1963）埋立地に，石油化学コンビナート（東燃ゼネラル石油を核とする企業群）と巨大鉄鋼メーカー（川崎製鉄・日本鋼管，現JFEスチール）の二つが貼り付き，戦前からの日本鋼管，昭和電工，東芝（重電機製造部門，旧芝浦製作所），浅野造船，日立造船，日清製粉などの主力工場が，この一帯にひしめいていた。

内陸部は，川崎駅周辺，多摩川河畔，矢向から溝ノ口あたりまでの間の南武線沿線の，三つのブロックに分けることができた。川崎駅周辺には，東芝の工場群と明治製菓，明治精糖の工場があった。多摩川河畔では日本コロムビア，味の素，小松製作所，トキコが有力企業であった。南武線沿線には，矢向に東洋通信機と古河鋳造，鹿島田に日立製作所，東芝タンガロイが，平間付近には三菱自動車，荏原製作所，帝国通信工業，さらに，向河原の日本電気を中心に下沼辺，中丸子，市ノ坪には，不二サッシ，京浜精器，東京機械製作所，横山電機，東京化成，吉田電機，東京電気化学，日本電気真空硝子といった工場が集まっていた。また，武蔵中原の富士通の周辺には，日本グラモフォンと沖電線，不二サッシ，藤森工業，サントリーが立地していた。武蔵溝ノ口付近には，富士通ゼネラル，キャノン，日本通信工業，三井金属，新日本電気，東京時計製造，池貝鉄工，帝国臓器製薬，品川通信，桑野電機，ジュコウ，クノール食品，高砂製作所などがあった[1]。

内陸部の工場地帯の骨格は，すでに戦前に形成されていた。とはいっても，臨海部の工場地帯がすでに明治・大正期にはじまっていたのに対し，内陸部の工業化が進展したのは，昭和10年頃から戦時中にかけてであった。とりわけ電機・通信，弱電や自動車は，手狭になった都心から多摩川を越えて川崎に立地してはじまった工場が多く，昭和10年代前半に軍部や通信省の軍需産業育成の計画に乗る形で，南武線沿線に急激に広がった[2]。

これらの工場は，太平洋戦争の空襲で壊滅的な状態になったものの，戦後復興期に民生部門に転換することで目覚しく復興し，再び高度成長期の産業

の牽引車になった。とくに戦後立地した内陸部の電子関係など新たな事業分野の工場は，戦前からの東芝，日本電気，富士通の三電機会社の既得地に建設された。

このように，高度成長期の川崎に集中立地していた大企業は，同時期の日本を代表する企業群であった。そして，川崎の特徴として，明治・大正期からすでに大工場が多かったことが川崎市史のなかに指摘されている[3]。

近代の時期の川崎の工業の特質として，川崎の空間のなかで産業連関すべてが非常に密接に立地している点を見ることができる。石油化学産業部門で，原料エチレン→製品→加工製品の流れに沿って，それぞれのメーカーが臨海部の空間のなかに立地しているし，鉄鋼部門→輸送機器部門，エレクトロニクス部門→一般機械部門の流れに沿ったそれぞれのメーカーが，さらには，機械工業とエレクトロニクス部門とで電子機械部門が成り立つ形でのメーカー工場の，川崎内部での集積度が高いという特徴である。これが高度成長期の川崎工業の強みであったとされる[4]。

もう一つ特筆すべき特質は，低成長期への移行を乗り切る電子部門，とりわけコンピュータ部門の電気機械分野の大企業が集積していて，高度の技術集積がされた点であろう。日本電気が国産のパソコンを発表したのが昭和54年（1979）であったし，富士通の発表が昭和56年（1981）であったが，その背後に日本語処理システムの先端技術の厚みある蓄積を伴っていた。こうした蓄積が，脱産業化（脱工業化）時代の研究開発都市川崎の下地になっていく。

(2) 製造業の凋落と研究開発都市志向

脱産業化の低成長の時期になると川崎は，京浜工業地帯の中央部で高度成長を支えてきた，臨海部の製鉄・鉄鋼・機械・化学部門そして内陸部の電機部門の，衰退をもろに経験してきた。経済学者の田中隆之は，1975年（昭和50）から2005年（平成17）までの5年ごとの市民経済計算（市民所得）を使い，他の政令都市と比較するなかから，川崎の産業構造の転換の特異性

を次の3点に指摘している[5]。

①かつて川崎は，製造業に極度に特化していた。80年代以降（昭和55～）大きくウエイトを落としてきたとはいえ，2005年度も製造業に特化していることに変わりはない。しかし，2000年度（平成12）から川崎の成長率は，急激に低下している。

製造業が凋落するなかで川崎の場合，製造業の衰退を補う産業は卸売・小売業ではなく，90年度（平成2）から不動産業，95年度から運輸通信業，2000年度からはサービス業が，相対的な優位を見せるようになってきている。

②業種別の付加価値のデータは90年代からしかとれないが，その範囲のなかで川崎の製造業の特徴を見ると，素材型・重工業，とりわけ化学，石油・石炭製品，一次金属への特化度合いが高い。組立加工型・重工業は，90～95年度までウエイトが大きかったが，電気機械における製造拠点の撤退で2000年度以降ウエイトを低下している。素材・組立いずれも軽工業でなく重工業傾斜という，かつてのユニークな構造から急速に脱却しつつある。

③12政令都市のなかで唯一，川崎市は「生産基地型」にも「ベッドタウン型（大居住地型）」にも分類できない構造を持ち続けてきたが，80年代半ば以降，生産基地から大居住地に移行する動きを見せている。

　ここではとりわけ，産業構造に関わる①と②の指摘について，検討して見る。田中のこの分析は所得面から見ているが，産業別従業者の面からみても同様のことを見ることができる。表2は，事業所・企業統計調査結果から市内の主要な製造業について，業種ごとの従業者数の推移をとってある。化学工業から金属製品までの前半3部門が田中のいう素材型・重工業にあたり，後半4部門が組立加工型・重工業にあたる。この表にも，昭和48年（1973）のオイルショック後，製造業が激しい勢いで後退してきたことが示されている。2000年からあとは，もうこれ以上スリム化できないくらいのところまで来ているようにも見える。

　工業統計の小分類で素材型部門の推移を詳しく見ると，化学工業のなかで

表2 川崎市内主要な製造業の従業員数推移

(実人数)

	昭和47総数	昭和47－56 （1970年代）	昭56－平成3 （1980年代）	平成3－13 （1990年代）	平成13－18 （2000年代）
化学工業	15,243	△2,588	△2,378	△2,446	△787
鉄鋼業	19,444	△3,257	△2,786	△5,704	△1,019
金属製品	18,412	△5,081	1,404	△5,627	△882
一般機械器具	19,974	△1,348	△3,898	△3,034	△1,864
電気機械器具	73,193	△13,173	9,837	△44,116	△71
輸送用機械器具	20,464	△5,848	△792	△5,262	1,650
精密機械器具	10,486	△3,309	△1,270	△3,507	465

『川崎市の事業所』昭和47，56，平成3，13，18年度

は，コンビナートの石油精製業が昭和60年（1985）に6事業所あったものが平成17年（2005）には3事業所に減少し，有機化学工業製品製造業の事業所がこの間三分の二に減少し，関連するプラスチック製品製造業の事業所も半減している。鉄鋼業のなかでは，川崎の特色である高炉による製鉄の縮小がおびただしい。川崎の場合かつては鶴見，川崎，水江の3ヶ所にそれぞれ製品の異なる製鉄所が分散していたが，昭和50年（1975）に，前年埋め立てが完成したばかりの扇島に最新鋭のコンピュータ化された高炉を建設し，ここに事業を統一していた。しかし，その扇島事業所も事業規模をどんどん縮小してきた。さらに，鋼材製造業も，事業所数が昭和60年から見ると半減している。また製鉄業は，昭和60年に1万人からの従業員がいたが，平成17年には2千人に激減している。

　組立加工型も全体に従業者が激減してきたが[6]，この4部門のなかで，昭和50年代以降（1975～）の日本の製造業の推移をよく示しているのが，電気機械器具製造業である。工業統計の産業小分類集計によると，この部門で川崎に多く立地し従業者数も多いのは，発電等産業用電気機械器具製造と電子計算機を含む情報通信機械器具製造，電子部品デバイス製造となっている。表2を見るとこの部門は，80年代に一時，雇用が大きく増大している。

工業統計でこの時期を詳細に見ると，雇用が増えたのは電子計算機・付属装置製造業で，平成2年（1990）には1万4千人にまで膨れ上がったが，その後90年代に大きく減少し，平成14年(2002)には2千人，平成17年(2005)には371人にまで縮小している。関連すると思われる電子部品製造も，平成2年の2万人から，平成14年には2千人に減少している。

　電子計算機・付属装置製造業部門の雇用の90年代のこの減少は，なにを意味しているのだろうか。この推移に，グローバル化のなかでの，国内「製造業の空洞化」を見ることができる。資本主義のグローバル化は，多国籍企業の出現を契機に，国民国家の枠を越える「人，もの，金の移動」の本格的な段階に入ったとされる。日本企業の国境を越えた進出を見ると，70年代に台湾，韓国，フィリピン，マレーシア，タイなどで日本企業を誘致する動きがはじまり，商社主導で工場建設・合弁事業をはじめるところからスタートしたといわれる。同じ頃，日米貿易摩擦を回避する目的で70年代後半から80年代にソニー，松下，東芝，シャープ，ホンダ，日産，トヨタ，三菱といった日本企業が，米国に現地法人を設立開始していった。80年代の後半（昭和50～）になると急激な円高に入り，日本の企業は東アジア，東南アジアへの直接投資を本格的にはじめた。ASEAN諸国から見たら，自国通貨が円に対して下落するわけで，逆に対日競争力は強化される。ここに日本からの直接投資が流れ込んで，ASEAN諸国では90年代に工場団地が急速に拡大した。世界的に見ても90年代に入ると多国籍企業はアジア・東南アジアに広がり，欧米先進諸国起源の企業だけでなく，アジア起源の多国籍企業も増加しはじめている。

　こうしたなかで「もの」の生産は，85年頃までには，韓国，台湾，香港，シンガポールなどのNIEs諸国は電気や，化学，機械産業といった資本集約的な工程を受け持ち，マレーシア，タイ，インドネシアなどのASEAN諸国は繊維や雑貨といった労働集約的な工程を受け持つという，役割分業ができあがっていた。90年代(平成12～)に入ると，この分業の形が変わってくる。この時期に入ると，日本やNIEsで開発・生産された付加価値の高い部品を，

表3 内陸部企業の工場・事業所展開

事業分野	1970年代まで 国内(市外)事業所・工場	A地	B地	C地	D地	E地	F地	1980年代 国内(市外)	A地	B地	C地	D地	E地	F地
1 食品製造	四日市,千葉	1	4			2	2	鹿児島		1				
2 冷凍機,真空機器	羽田,藤沢,袖ヶ浦						1	川崎閉鎖			1		1	
3 電子機器部品	赤穂,飯田,福井,長野	2							1	1		1		
4 家電器,エアコン,通信機器	一関,新庄,青森,静岡,米沢				1	3		白河	2					1
5 光学機器,半導体	取手,福島,宇都宮	2	b1			4		阿見,上野,大分	1		2		1	
6 企業向け情報通信機器					1			白石		1				
7 車のエンジン制御	日立,厚木,群馬,福島,山梨												2	
8 水晶デバイス								宮崎		1				
9 工作機械	名古屋,韮崎							いわき	2			1	1	
10 プラスチック,金型	伊勢原,福島													
11 住宅・ビルサッシ	千葉,大阪													
12 メータ,テレメータ	渋川													
13 工作機械	川口							筑波						
14 印刷機・工作機械														
15 IC,ガラスセラミック								横浜						
16 電線,電子部品	岡谷,群馬							川崎閉鎖						
17 製薬								いわき						
18 産業機械・通信機器	桐生,群馬,喜多方													
19 電源機器,情報通信機器	鶴岡							鶴岡第2						

A地域:台湾・韓国・香港・シンガポール,B地域:東南アジア,C地域:中国,D地域:米国,E地域:欧州,F地域:南米
a2:ドバイ,エジプト　b1:オーストラリア

第1章　産業構造の転換と川崎の都市開発　　9

1990年代							2000年代						
国内(市外)	A地	B地	C地	D地	E地	F地	国内(市外)	A地	B地	C地	D地	E地	F地
		2	1		1				1	3		1	
		2								強化			
上伊那		2	2					1	1	1			
		2	1	1			研究所川崎		集中	集中	2		a2
	2	2	1	1			福岡, 開発を川崎						
							高津, 墨田	1	1		1		
		1	1		1		日立に集約				3		2
福島		1		1			本社日野へ				1		
		1		1					2		1		
福島第2, 福島集約	1	1									1		
		2					九州						
		1											
							川崎・川口売却				1		
羽田							伊賀, 本社千葉へ						
川崎閉鎖, 山口													
							本社東京へ						
秦野							小山, 本社移転						

各企業のホームページ　企業情報＞沿革より作成
(2009. 9. 9-10 閲覧)

人件費が安い ASEAN に輸出し，そこで組み立てた製品を再び日本や欧米に輸出するという「三角貿易の分業」といわれている形態が発達する。東アジア経済圏での人，もの，金のやり取りが緊密化し，一体化が形成された。多国籍企業は，生産工程を分割し，それぞれを技術水準や人件費の最も安いところに分散して，国際分業で「もの」を生産する形態へと進化した。この時期，日本の企業はこぞって海外に生産拠点を移した。家電や自動車などの分野で，90年代の前半に，親会社はまだ主力部門を国内に残してはいたものの，親会社からの要請を受けた系列子会社が海外移転をはじめるようになった。やがて，90年代後半になると，アジア諸国の技術力が向上してくるので，日本企業は主力部門そのものも人件費の安い海外に移しはじめ，国内産業の空洞化がいっそう加速されるようになる。働き口が国外に輸出されてしまう。それと同時に，地元の多くの中小企業や零細な工場が存続の基盤を失い，相次いで倒産や工場閉鎖に追い込まれることもあって，社会全体として失業が増大してきた。

97年（平成9）にアジア通貨危機があったが，アジア諸国は2000年以後再び経済成長に転じ，とりわけ中国が90年代以降，新たな成長の中核としてめざましく躍進してきている。この中国の急成長も，膨大な直接投資による外資系企業の進出がもたらした。

川崎においても国際分業のこうした動きが，内陸部の電子関係の企業に先鋭的に見られた。表3は，本節(1)項に掲げた，高度成長期に内陸部の川崎駅・多摩川河畔・南武線沿いに工場立地していた主要企業38社について，ホームページで会社の概要・沿革がとれて，しかも工場・事業所の展開がたどれる企業19社の動向を整理したものである。各企業は国内に生産工場を広げるとともに，一部の企業は台湾，シンガポールで70年代までに5か所，80年代（昭和55～）には香港も含めた6カ所で合弁会社を設立しはじめ，90年代（平成2～）に入るとかなりの企業がタイ・インドネシア・マレーシア・フィリピンに現地法人をつくり，ASEAN 諸国の20ヵ所以上に生産拠点を分散してゆく。また90年代には改革開放経済が本格化した中国大陸への進

出もはじまり，2000年代になると中国国内に14ヶ所と，「世界の工場」中国が日本にとっても大きな位置を占めてくる。2000年代のこの時期になると，ベトナムが3ヵ所と新たな労働力源の進出先になってきている点も注目される。

こうした急速なグローバル化のなかで川崎の工場の雇用が激減したばかりでなく，表の2, 7, 10, 13, 15, 16の企業のように本社機能は残しつつも川崎工場を閉鎖した企業や，8, 14, 17, 18のように本社機能を外に移してしまった企業もあるように，川崎の製造業の空洞化は激しかった。連動して，これら工場の大半が立地している川崎市南部3区の人口減少も深刻になり，のちほど3節（3）項で見るように1970年代から90年代を通じて減少に歯止めがかからず，インナーシティ状況と受け止められていた。

重化学工業の停滞と国内産業が空洞化するなかで，サービス産業への移行は本稿の冒頭に見たように確実に進み，とりわけ川崎の場合，情報サービスと学術・開発研究機関の従業者比率の高さが，全国の大都市のなかでも目立っているところに特徴があるという指摘がなされている[7]。90年代以降，東アジア・東南アジアの「三角貿易の分業」のなかで，大手企業は日本で付加価値の高い部品を開発・生産するようになり，開発研究部門の比重を高めてきた。かつて「もの」づくりに特化していた企業も，その最先端のところは，自社で生産したものを活用するITソフトも開発し，顧客企業の営業課題を解決するIT活用の設計・構築・保守サービスまでをも組み合わせた企業活動へと移行してきているなかで，開発研究部門がますます重要になっている。本社機能が置かれた東京に近い川崎は，この研究開発部門を置くのに最も適した距離にある「場所のメリット」（＝資本にとっての「場所の差異」に由来するメリット）をもっている。表4は，事業所統計から作成した全国大都市間の学術・開発研究機関従事者数の比較であるが，実人数では就業者全体の数が圧倒的に多い東京が優るとはいえ，就業人口に占める比率では川崎が飛び抜けて大きくなっている。

川崎には現在，研究開発拠点になるサイエンスパークが3ヶ所ある[8]。川

表4　学術・開発研究機関従業者都市間比較
（平成18年10月1日）

	対全産業比率	従業者数 実人数	都市間順位
川崎市	3.68	17,986	2
横浜市	0.76	10,306	3
千葉市	0.68	2,527	
京都市	0.62	4,547	4
仙台市	0.57	3,044	
浜松市	0.41	1,533	
東京都区部	0.39	27,989	1
神戸市	0.35	2,531	
札幌市	0.27	2,258	
さいたま市	0.23	1,100	
広島市	0.17	993	
新潟市	0.16	591	
大阪市	0.15	3,250	5
北九州市	0.15	650	
名古屋市	0.14	2,001	
静岡市	0.12	438	
福岡市	0.05	607	
堺市	0.05	156	

『大都市比較統計年表　平成19年』より作成

崎市と神奈川県が内陸部の高津区溝の口に設置した「かながわサイエンスパーク」（池貝鉄工所工場跡地）と，JR新川崎・鹿島田にある川崎市「川崎新産業センター」や「慶応大学タウンキャンパス」および「インテリジェントシティ」（日立製作所跡地）のエリア，さらに，JFEスチールが臨海部に設置している「JFE新産業創造施設，テクノハブイノベーション」である。これらは，企業の開発部門や研究部門が集まっている都市型のサイエンスパークであり，また，ベンチャー支援に力を入れる研究開発型企業のインキュベーション施設が，オフィスの提供や育成セミナーを行い，産学公共同研究

を行っている。その超高層の建物は，ホテルが入っていたり，パソコンショップ，コンビニなどのテナントや公共施設，文化施設などが入っている快適な空間を持った複合施設であり，居住地超高層マンション群も隣接している一角になっている[9]。また，JR川崎駅西側の「かわさきテクノピア」(明治精糖工場跡地)にある「川崎市産業振興会館」も，新事業創出支援，産学連携推進の事業を行っていて，川崎市，神奈川県は，川崎の産業構造の高度化をめざした，ハイテク集積地の形成に力を入れている。千葉県の木更津にもサイエンスパーク，「かずさアカデミックパーク」があって千葉県が力を入れており，また，横浜市にも研究開発機関は多く集積していて，グローバル化のなかでの「場所のメリット」をめぐって，各自治体がしのぎを削っている。

　川崎のこうした研究開発拠点形成の方向は，すでに80年代には設定されていた。昭和56年 (1981) の川崎市産業構造・雇用問題懇談会の提言を踏まえた，市の総合計画『2001かわさきプラン』(1983年) のなかに，内陸部工業団地をメカトロニクス産業 (電子化機械工業) 中心の研究開発型および組立加工型の工業集積地にする (同，124頁) 方向が打ち出されている。この方向が10年後の市総合計画『川崎新時代2010プラン』(1993年) のなかで，研究開発・試作型への製造業の変化に対応する，電子系をはじめとする先端技術産業の一層の集積を促進するとともに，新たなリサーチパークの整備を促進し，新産業基盤の構築を図る (同，95，96頁) 方向へと発展している。同時に「2010プラン」では，業務機能と商業・文化・遊び等の諸機能が融合した都市拠点を川崎，新川崎・鹿島田，溝の口，武蔵小杉，新百合ヶ丘に整備する構想も打ち出しており (同，76，77頁)，今日の川崎の姿の具体的なあり方が固まったのが，90年代のはじめであったとみられる。

2. 郊外地の開発時代

　前節で見たような産業構造の転換が，川崎にどのような都市の発展をもたらしたのかを，ここでは住まいの開発という面に柱を据えて捉えてゆく。

(1) NIMBY 施設

　平成3年(1991)に発行された，川崎市全町内会連合会創立30周年記念誌がある。自分たちの町の紹介のなかで，高津区の下作延第2町会の自治会長は，下作延にある高津清掃事務所が宮前区に移転し[10]，跡地に高津区役所の総合庁舎を建て替える話が決まったことを紹介して，次のように述べている。川崎の臨海部から見たら，戦前から戦後まもなくの時期までの周辺部の辺縁が，高津区，溝ノ口の先の下作延あたりだった（まえがきiii頁の地図を参照）ことを端的に示しているので，長くなるが引用する[11]。

　　もともと，この地域には火葬場，霊園，そして清掃事務所があるため，非常に暗いイメージがもたれていました。
　　高津清掃事務所は，昭和24年に建てられたんですが，業務を始めると，間もなくして，周辺住民から苦情が出始めました。"におい"です。敷地内に"タメ"があったんです。バキュームカーで集めた糞尿を貯めておくところです。大きい車両では，路地まで入っていけないので，小さい車で集めた汚物を，いったんそこに集めて，大きい車に積み替えて，海のほうへ持って行くわけです。最初は，そうでもなかったのですが，15年位前から頻繁に行われるようになったんです。一時は，高津，宮前の分を全部汲み取っていたんですから，非常な量になるわけです。風向きによって強烈な"におい"が漂ってきました。うちは，すぐそばですから，夏なんかたまりませんでした。つい最近まで，ありましたね。本当に，いまはホッとしています。ですから，その見返りではありませんが，よく集会場を貸してもらったり，消毒薬を分けてもらいました。必要な施設というのはわかるんですが「いつか，移転してもらえれば」と機会あるごとに訴えていました。
　　ここでは，もう一つ"火葬場事件"というのがあって，火葬場が出来るとき混乱が続き，下作側と久地側でだいぶ検挙者が出たほどの騒ぎがあったと聞いています。

　火葬場事件というのは，昭和6年，まだ川崎市に編入前の高津町の時に起こった，町財政の向上を目指して設置を急いだ行政と農作物への影響を理由に設

置に反対した住民との間に生じた，町営火葬場設置をめぐる衝突事件のことである[12]。

すでに大正14年には玉川から溝の口まで玉川電鉄が開通し，昭和2年には東京横浜電鉄大井町線が溝の口まで直通で乗り入れるようになっていた。このころ高津町は東京の通勤圏になり，玉川線沿線では家屋の新築が目立って増え出したという。南隣の中原町では，すでに大正15年に東京横浜電鉄（のちの東急電鉄）の丸子玉川―神奈川間が開通しており，昭和7年には日本医科大学予科が誘致されて丸子駅周辺（武蔵小杉駅はまだなかった）に開校するなど，すでにこのころ開けていた。南武線（当時は南部鉄道）は大正14年に川崎―登戸間の運転を開始していたが，昭和のはじめに川崎から町場が続くのは武蔵中原までで[13]，ここを過ぎると沿線はまだ広野だったというから[14]，高津町も中原町も当時は東京の郊外という発達のし方ではじまった。

このとき設置された火葬場は南武線津田山駅すぐ裏手の谷地の奥に位置し，その後高津町が川崎市に編入（昭和12年）された後も市営の斎場として現在も使われている[15]。平成16年（2004）に臨海部に南部斎場がもう一つ開設されるまでは，市内唯一の施設であった。さらに南武線を挟んで反対側の丘一体には昭和18年に市営の墓地（緑ヶ丘霊園）が開設され，昭和54年（1979）に麻生区に市内2番目の墓地（早野聖地公園）が開設されるまで，市内唯一の墓地として続いてきた。

戦後昭和24年（1949）になると，下作延の一番南側中心部，溝ノ口に接する場所に，高津清掃事務所が設置され，上述のような自治会長の話が起こる。川崎市は高度成長期の人口の急増に追いつかず，社会資本の整備は市域全体で遅れがちであったことは，よく指摘されるところである[16]。

とりわけ下水道の整備は大きく遅れていて，し尿処理は，昭和51年（1976）の海洋汚染防止法施行まで海洋投棄が続けられた。昭和38年（1963）の『川崎市総合計画書』には，「し尿処理」の状況が描写されているが，要約すると以下のようになる[17]。

し尿収集は，戦後しばらくの間はすべて手汲みによる収集で農家還元による処理であったが，昭和26年（1951）に真空車の試作に成功しこれを大幅に採用した結果，一部不能地域を除いて，すべて真空車による収集が行われている。今後の人口増を考え，真空車の配車，整備がさらに必要となる。

終末処理については，37年（1962）4月の月間処理の内訳は，市が行っている総処理量の64.5%が海洋投棄，濾過希釈方式での消化そう処理施設1ヶ所での処理が25.6%，農村還元9.9%となっている。このほかに，個人での浄化槽設置によって処理されている分があり，総世帯の10.9%がこの方法で処理している。海洋投棄のために市は投棄船3隻を所有しているが，遠からず投棄全面禁止も打ち出されることが見通せ，各都市ともこの対策に苦慮している。

昭和37年4月現在，下水道によるし尿処理世帯は総世帯の1.36%にすぎず，このうちの83.1%の世帯が昭和36年に開所されたばかりの現麻生区にある百合丘団地（独自の下水処理場をもっている）なので，旧市街地の水洗も川崎・田島地区の一角で普及（418戸）しているに過ぎない。水洗化の普及が課題であるが，下水道建設に多額の経費を必要とするので地方財政の大きな負担となっており，将来漸次整備されてくると思われる。

し尿処理は下水道の普及に伴って水洗化されてゆくが，表5のように，市域で下水道普及率が50%をこえるのは昭和60年（1985）で，水洗化人口が50%を超えるのは90年代（平成2～11）のことである。地価とコストの上昇により，この整備は大きな財政負担を市に与え続けたとされる。

　さて，ここで注目したいのは，高度成長期の川崎では，人口急増に追いつかずに社会資本の整備，生活インフラの整備がいかに立ち遅れたかということではなく，昭和の戦前期，そして，戦後すぐまもなくに下作延が置かれていた「場」についてである。川崎の臨海中心部から見れば，この時期までは，高津区界隈が周縁部として後背地の境だったといえる。川崎の郊外化は溝ノ口あたりまでで，次節に検討する溝ノ口から登戸，現麻生区の柿生・岡上にかけて行われた高度成長期の丘陵部の開発は，東京都心の郊外化である。溝

第 1 章　産業構造の転換と川崎の都市開発　17

表5　川崎市下水道普及率・水洗化人口の割合

	下水道普及率（面積）	水洗化人口の割合
昭和 58（1983）	35.1	33.3
60（1985）	40.9	37.2
61（1986）	50.5	39.3
2（1990）	70.9	47.4
3（1991）	76.2	50.0
4（1992）	80.7	54.3
7（1995）	90.5	85.1
8（1996）	86.4	88.7
12（2000）	91.0	95.3
13（2001）	91.5	95.6
17（2005）	93.1	97.9
19（2007）	94.1	98.6

下水道普及率：排水区域面積 / 公共下水道認可区域（市街化区域）
水洗化人口の割合：水洗化人口 / 市総人口
　　　　　　　　　『川崎市統計書』昭和 60 年度～平成 19 年度

ノ口以遠の川崎市域西北部は，後背地という点では，川崎臨海部の別世界だったと見られる。

　首都圏の市町村境や県境の，両側から開発の波（これを都市化という訳だが）が広がってきた，緑がまだ残っている開発の狭間に，いわゆる迷惑施設が今も残り続けているのを目にする。残土・廃材の買取業者の事業所，産廃の中間置き場，さらには，産業廃棄物処理場，また，墓地や火葬場といった施設である。首都圏周辺部の北関東では 90 年代後半から 2000 年代前半(平成 7 ～ 16) に，民間のゴルフ場建設や産廃焼却施設建設，さらには，自治体のごみ焼却施設建設への住民の反対運動が多発した。環境社会学の研究者たちは NIMBY 施設として研究対象にし，地域住民のコミュニティが弱化するとこうした施設が持ち込まれることを明らかにしている[18]。

　首都圏周辺部で 90 年代に起こった現象は，首都圏中枢部ではすでに高度成長期以前から，開発のなかでの中心部－周縁部の関係として立ち現れてい

たことになる。

(2) 東京都心からの郊外化

戦前まで周辺部の外側だった西北部の丘陵地帯は，戦後高度成長期に郊外団地として急激に開発されることになる。すでに見たように，戦前の段階で，臨海部から中原，高津あたりまでの南武線沿いは住工混住の市街地化が進んでいた。しかし，西北部の丘陵地帯が東京の郊外住宅地として開発されるのは，戦後高度成長期になってからのことであった。多摩の丘陵部の宅地開発は，小田急電鉄，東京急行電鉄の開発とともに進められ，私鉄は開発業者として都市づくりの担い手ともなってきた。

川崎の西北端の多摩区，麻生区を通る小田急電鉄は，昭和2年に新宿から小田原まで開通していたが，川崎市分の登戸から柿生までの沿線丘陵沿いの宅地開発がはじまるのは，戦後の高度成長期になってからであった。昭和35年（1960）百合ヶ丘駅が新設され，これに先立ち33年から36年にかけて日本住宅公団（のちの住宅・都市整備公団）の百合丘団地（60.8ha，1,751戸）が丘陵地に造成された。土地区画整理法に拠る市内第1号の区画整理（生田土地区画整理事業）だった。中層（5階建て）の公団住宅，公共建物が建設された大規模開発で，戦後郊外型の大規模集合住宅団地のモデルになったといわれる[19]。

小田急線と東急田園都市線が走る多摩，麻生と宮前区の一帯は，高度成長がはじまった当時は，急斜面の多い雑木林と畑からなる農村部だったが，この百合丘の当時の町会長たちは次のように回顧している[20]。

> 農家は2軒しかなく，サツマイモと大根の畑が，馬に乗って飛ばした農道が，谷と丘が切り崩され，埋め立てられ，新しい町が姿を現した。
> 駅が開設された（昭和35年3月）半年後の8月，公団住宅の第1回入居が始まり，文化的な鉄筋コンクリート住宅は注目を集め，映画「駅前団地」の舞台にもなった。緑あふれる環境で，駅も近く，スーパーマーケットもある，

映画で知れ渡ったためか，入居・倍率が一挙に100倍を超え，2軒の農家に代わり1,700世帯の若いファミリーで溢れる町となった．

早くも昭和40年（1965）ころには，団地の南側に宅地造成の波が広がり，分譲住宅，一般住宅の家並みが瞬く間に広がっていった．

　昭和30年代（1955〜64）当時の小田急電鉄の宅地開発は，相模大野，相模原方面に重点が置かれていた．川崎では西生田の開発を一部手がけていたが，40年代（1965〜74）に入ると八王子市の多摩ニュータウン建設がはじまった（昭和40年都市計画決定）のを契機に，昭和45年（1970）には新百合ヶ丘から黒川にかけての土地区画整理によるニュータウン開発構想（297ha）に着手している．昭和45年から49年の小田急多摩線の建設にあわせて，昭和46年から55年（1971〜80）までに柿生，栗木，黒川の152haの土地区画整理が完了し住宅が広がり，さらに西百合ヶ丘，黒川，栗木，真光寺と土地区画整理が平成期に入っても継続している．脱産業化の低成長期に入ってからもなお，この地区一帯では郊外化が本格的に進んでいる．並行して平成のはじめ（90年代のはじめ）には，新百合ヶ丘駅に拠点施設，複数の巨大商業ビルがオープンし，この地区で新たな消費文化化が進行している[21]．西北部の麻生区では，現在もなお，郊外化が進展しているのである．

　一方，高津区・宮前区にかけては，すでに見たように戦前，大井町線が東京側から溝の口まで来ていたが，昭和31年（1956）東京急行電鉄が溝の口から長津田（横浜市）までの延長を申請し，38年（1963）着工，41年には渋谷から直通の田園都市線として開通した．この田園都市線の建設は，沿線の多摩丘陵のなかに駅周辺のショッピングセンターと，主に区画整理事業で造成された住宅地の「面」をつくり出した．東急電鉄の「城西南地区開発構想」（昭和28年（1953）．昭和38年に「多摩田園都市開発計画」と名称変更された）がこれで，当時は丘陵だけで何もなかった横浜市港北区と川崎市宮前区の4,500haの土地に，小都市を10ヵ所ほど（約2,000ha）造る

表6 土地区画整理事業の概要（川崎市宮前区）

地区名	施行面積	公共用地率 (施行前)	公共用地率 (施行後)	道路率	公園	減歩率	組合員
	(ha)	(%)	(%)	(%)	(ヶ所)	(%)	(人)
野川第一	22	3.9	22.9	19.2	4	38.8	102
有馬第一	69	7.8	16.1	13.0	3	22.5	112
土橋	123	8.8	20.4	16.7	9	21.3	115
宮崎	130	8.9	19.3	15.6	8	22.4	364
梶ヶ谷第一	77	5.8	19.7	16.7	3	16.9	186
有馬第二	137	8.3	21.4	17.8	7	21.2	295
小台	36	6.4	17.8	14.6	3	19.6	126
神木	16	10.9	18.3	15.3	1	24.4	60
北山田第一	38	4.3	20.9	16.8	2	35.3	96
犬蔵	18	7.5	30.9	18.3	3	51.1	79

＊北山田は横浜市分

という計画であった。実際，宅地造成は，昭和63年（1988）の時点で51組合が結成されて2,872haの区画整理事業が完了，なお288haが施工中で，田園都市線沿いに50万人が住むといわれる多摩田園都市となった[22]。

当初開発の入り口部分になった川崎でも，表6のような団地が，東急のこの事業によって宅地開発されている。これは，宮前区全面積（1,860ha）の33.8%に及んでいる。まず，現宮前地区の丘陵の奥にある野川地区で，昭和34年（1959）に川崎市内ではじめての土地区画整理組合が設立され，団地造成（22ha）がなされた。東急にとっても，田園都市建設の最初のモデル事業となった。土地区画整理組合は，地元土地所有者93名と東急電鉄側とで結成されている。昭和36年には公庫建売住宅の分譲入居もはじまり，37年に完成した。この団地は，道路19%，公園4%，宅地77%，宅地は集合住宅地，戸建て住宅地，施設用地に分かれ，集合住宅も含めた戸数は800戸ほど，人口3,000〜3,500人で設計されている。施設には，ショッピングセンター，小学校，幼稚園および医療施設が予定された。実際，38

総事業費	事業期間	組合設立認可	組合解散総会
（千円）	（年月数）	（年月）	（月年）
82,000	2年10ヶ月	昭和34. 5	昭和36. 12
450,131	4年10ヶ月	昭和37. 7	昭和41. 12
1,185,524	16年3ヶ月	昭和37. 12	昭和51. 3
1,280,813	14年6ヶ月	昭和39. 9	昭和47. 3
791,472	6年4ヶ月	昭和39. 12	昭和45. 3
2,906,733	11年0ヶ月	昭和43. 3	昭和53. 8
547,649	7年11ヶ月	昭和43. 6	昭和50. 4
326,594	2年11ヶ月	昭和44. 6	昭和46. 12
707,500	3年5ヶ月	昭和44. 7	昭和47. 3
11,083,555	実施中	平成12. 3	―

『東急多摩田園都市開発50年史』（史料編）2005年より抜粋

年には食品，雑貨，鮮魚などの日用品を扱うスーパーが開店し，内科，小児科など5医院が誘致された。購入者には企業も入っていて，日本航空の社宅が戸建て用地に入り，集合住宅用地には日本精工，東芝，NECなど7社が3〜4階建て鉄筋コンクリートの社宅を建てている[23]。しかし駅から遠い地区だったので，この団地のために東急バスの路線が東急東横線の武蔵小杉駅まで新設されたが，通勤にはたいへん不便だったという[24]。

　こうして丘陵部に開発されていった住宅地の住民が，どこから入ってきたかを，川崎市の市民意識調査の結果から見ることができる。表7は，昭和50年（1975）9月時点の調査結果で，前住地の質問への回答である。この調査は各区の有権者数に応じて標本数を配分し，層化二段無作為抽出，100地点1,200標本で実施された。臨海部の川崎区と比べてみると，分区前の高津，多摩の両区が東京のベッドタウンとしての性格をもっていたといえる。「川崎都民」という言葉があるが，平成12年（2000）の国勢調査を分析した柴田弘捷は，「川崎市内常住者で就業している者の半数強（51.7％）は市

表7 市民意識実態調査（昭和50年）回答者の前住地

(%)

	同じ区内	川崎市内	横浜市内	東京都内	その他
高津区 n=200	23.3	24.8	7.3	26.7	17.9
多摩区 n=206	21.6	12.0	4.8	52.1	9.5
川崎区 n=167	37.0	24.0	9.0	13.5	16.5

『川崎市民意識実態調査報告書　昭和50年』より抜粋

表8 市民意識実態調査（平成2年）回答者の通勤・通学先

(%)

	同じ区内	川崎市内	横浜市内	東京都内	その他	通勤・通学なし
川崎区 n=180	39	4	6	14	5	31
幸　区 n=119	19	16	7	20	4	35
中原区 n=182	26	12	5	27	2	28
高津区 n=176	16	9	5	38	6	27
宮前区 n=166	16	13	8	34	2	28
多摩区 n=181	18	13	5	39	3	22
麻生区 n=126	8	6	2	30	9	44

四捨五入のため合計は必ずしも100ではない
選挙人名簿による層化二段無作為抽出，地点数75

『川崎市民意識実態調査報告書　平成2年3月』

外で就業している。……区外への通勤地は全区とも都内が最大で，中原，高津，宮前，多摩，麻生の5区は40％前後のものが都内に通勤している。なかでも宮前区は42.2％に達している」[25]と記している。平成2年（1990）3月実施の川崎市民意識調査の回答者属性結果からも，表8のように，東京都内への通勤通学者の多いことが示されている。

　西北部丘陵地帯では急激な都市化によって，人口増に伴う分区の際の旧来からの地区のまとまりの分断の問題や，小学校をはじめとする公共施設，都市インフラの不足・未整備の問題，急増した新住民のコミュニティ形成の問題など，さまざまな地域課題が生じた。新住民のコミュニティ形成には，子ども会や小・中学校のPTA活動を通じた親の交流が大きく貢献した。

表9　都市インフラに不満を感じている者の地区比較（昭和50年）
「やや不満がある」と「不満がある」の合計　（%）

	川崎区	高津区	多摩区	「わからない」の全市平均
小・中学校などの教育施設	13.0	28.7	30.6	38.8
バスなどの交通機関の便利さ	12.5	29.6	25.8	3.5
公園・スポーツなどの施設	46.5	49.5	59.2	16.7
市民館・図書館など	24.5	23.8	31.8	32.7
老人や子どものための福祉施設	36.5	44.7	42.6	27.5
病院などでの医療サービス	44.5	41.2	39.6	16.8

層化二段無作為抽出，地点数100（各区の有権者数に応じ標本数を配分）
川崎区 n=200，高津区 n=206，多摩区 n=167，全市 n=874
『川崎市民意識実態調査報告書　昭和50年』より作成

　地域が抱えたこうした問題は，たとえば，川崎市全町内会連合会の30年誌（『かわさき育ち』）のなかの，当該地区の自治会長たちの回想に，個別具体的な話として顔を出してくる[26]。また，昭和50年（1975）にスタートした川崎市民意識実態調査結果の，くらしの満足度の区別の対比のなかに読み取ることができる。昭和50年の市民意識調査では，小・中学校などの教育施設，市民館（公民館）・図書館など，老人や子どものための福祉施設，公園・スポーツなどの施設，バスなどの交通機関の便利さ，病院などでの医療サービスなどについての満足度を，5段階評価で尋ねている。臨海部の川崎区民と丘陵部の高津区民，多摩区民（それぞれ宮前区，麻生区が分区する前）とを比べて見ると，これら都市インフラに不満を持つ者の比率は表9のようになる。臨海部と丘陵部とで不満を感じている者にとりわけ大きな差があるのは，小・中学校などの教育施設，バスなどの交通機関の便利さで，2倍以上の差が出ている。

(3) 開発規制と80年代の転換期

　高度成長期に急激に進んだ丘陵地の宅地化は，主要な地区では大規模な区画整理事業方式での，私鉄不動産資本や大手不動産資本による私鉄沿線の「集合住宅と分譲地開発」，あるいは，公団・公社の公的な開発による「集合住宅・

分譲住宅」という形で町の形成がなされた。こうした大規模開発も,まとまった土地を整地し易いところから手を付けるわけであるからスプロール的ではあるが,その間隙を縫って小規模民間デベロッパーによる丘陵急斜面の乱開発も広範に広がった[27]。

とりわけ昭和30年代（1955〜64）は,自治体側は建築基準法による個々の建物への規制,そして開発行為を禁ずる公園,緑地,風致地区の指定ができたくらいで,その後の,危険個所への造成規制をかけた「宅地造成等規制法」（昭和37年,1962）をもってしても,乱開発全体に対しては歯止めが利かなかった。さらに,百合丘団地や野川団地など昭和30年代半ばにはじまった何十ヘクタールという大規模開発は,学校,上下水道,消防など公共施設の整備を喫急に必要とし,自治体財政に膨大な負担をかけることが現実味を帯びて立ち現れた[28]。川崎市はなんらかの歯止めの必要に迫られて昭和40年（1965）に,開発「抑制区域」（禁止区域）と「指導区域」という市独自の地域区分を創設し,「団地造成事業施行基準」を制定して,要綱で指導してゆく方向を編み出している。「抑制区域」「指導区域」の区分は,昭和43年（1968）に国が改定した新都市計画法の「市街化調整区域」と「市街化区域」の設定に先だつものであった。

この「団地造成事業施行基準」は,指導区域での一定面積以上の大規模宅地開発に対して公共公益用地の提供を規定し,強い行政指導で担保してゆく手法をとっている。私権の制限になるので,不公平にならないように負担面積を数値で示し,基準の充足を誘導してきた点が評価される。この「施行基準」の下で,昭和60年（1985）までに市は,50haを超える公共用地の提供を受け,その7割が21の小・中学校の用地になった。また,公園・緑地の提供は70haに及んでいる。さらに,昭和49年（1974）の改正によって土地提供に代えて導入された公益施設整備負担金は,60年までに85億円を超え,教育,民生,消防に支出されたと川崎市企画部は総括している[29]。

「団地造成事業施行基準」は,開発規制への国の法律が未整備の当初から,川崎市が開発をコントロール,規制する機能を果たした仕組みであった。川

崎市が他の地方自治体に先行して先駆的に編み出した，要綱で団地造成を行政指導するこのやり方は，「宅地開発要綱」としてその後多くの地方自治体に広がっていったが，宅地開発以外の多様な領域に応用されながら，国の法律の限界を超える「要綱行政」の領域が確立してゆく先鞭をつけたとされている[30]。

　川崎市での「団地造成事業施行基準」制定・施行の経緯を仔細に見ると，郊外団地の急激な開発による歪に自治体が必死に対応してきた結果が，要綱に依拠する，国を超える市政運営を生み出したといえる。住宅施策に限らず，公害対策，子どもの託児，外国人市民の市民問題協議会などの領域で川崎市は，国の法律に先行する形で基準や要綱による行政指導をするという同じやり形を活用することによって，先駆的な市政を展開してきたといわれる。こうした川崎市政の先駆性は，川崎が中央の中枢部に位置していた「場」のメリットがもたらしているように見える。急激な人口流入によって多様な領域で次から次へと喫緊の対応の必要が出るほど，川崎は東京に隣接しているのである。

　「団地造営事業施行基準」は，今世紀の分権改革に伴って平成15年（2003）に「川崎市建築行為及び開発行為に関する総合調整条例」へと改編される。この改編時までに，地価の上昇に伴う公共施設用地の買い取り価格の改正などの小さな改定もあわせると，「施行基準」は時代状況の変化に応じて14回にもおよぶ改訂を経てきたといわれる。図1は，『川崎市団地白書』，『川崎市団地白書（改訂版）』および『川崎市政の研究』から「団地造成事業施行基準」の主要な改定点を拾い出し，その推移を整理したものである。あわせて，それぞれの改正当時の背景事項を『団地白書（改訂版）』に記載されている記述から抜き出し，また，ごく最近に関しては関連事情と考えられる事項を加えてある。開発への規制と規制緩和という観点からすると，この表において，昭和49年（1974），51年（1976），54年（1979），60年（1985）の4つの改定が，とりわけ重要だと捉えられる。

　図中に詳細を示してあるように，昭和45年（1970）に提供を要請する面

図1 川崎市「団地造成事業施行基準」の推移

〈取り巻く川崎市の環境〉

〈「団地造成事業施行基準」の主要な改定内容〉

昭和40(1965) 「団地造成事業施行基準」制定施行 (同時制定の内部指針「団地問題等指導要領」で、市街化区域を「抑制区域」と「指導区域」に区分し、「基準」を「指導区域」に適用)
1. 土地の区画形質の変更を伴う0.1ha以上の団地造成が対象
2. 公共公益施設(取付道路、下水道、水洗化指導)の設置負担を求める
3. 公園等公共空地(1ha以上の開発を対象に面積の3%以上)を求める
4. 公益施設のための土地提供(学校・消防・ごみ置場等の用地)の提供を求める(面積の数値基準なし)

昭和43 新都市計画法 (国)
市街化区域と調整区域の設定

昭和45(1970) 「団地造成事業施行基準」改定
1. 新都市計画法に合わせて、市街化区域に線引きした区域内に運用
2. 事業者負担ルールを明文化 (公益用地提供制度を導入)
   ①公益施設用地の提供(3ha以上の開発で面積の5%以上を一定単価で買収)を制度化
   ②公園等公共空地の提供は0.3ha以上の開発に面積の3%以上
3. 中高層共同住宅の場合は、①②の提供面積の上積みを導入

自然環境保護の市民運動のうねり
中高層共同住宅の増加

昭和48 中高層建築物の建築指導要綱(市)
昭和49 自然環境の保全及び回復育成に関する条例(市)

昭和49(1974) 「団地造成事業施行基準」改定……※基本的(小規模なスプロール的開発にも広げる、負担金制度の導入)
1. 現行対象0.1ha以上の他に、20戸以上の住宅建設の場合も加える
2. 公益施設整備負担金制度の導入:小規模開発対象では賃借できる土地にならないので、金納でも可
3. 公園等公共空地:0.3ha以上の開発は3%から6%に強化、0.3ha未満の開発にも義務付け
4. 川崎市民優先入居を民間開発の場合にも義務付け

工場3法の規制等で大規模工場が地方へ移転
既成市街地の工場移転跡地等へのマンションの開発ラッシュ
昭和51 南部3区(川崎、幸、中原)の人口呼び戻して開発への規制緩和

〈特別措置〉

昭和51年(1976)「内陸部工業地域・準工業地域及び商業地域・近隣商業地域内開発事業指導基準」(現状追認)
※非住宅専用途地域(抑制指導地区)での開発を趨勢にあわせて規制緩和 それまでの土地利用用途純化の方針を転換
1. 南部の工業地域・準工業地域の中では飛地にならない限り(宅地と隣り合わせであれば)住宅開発を認める方向
2. 商業系用途地域では1階以上の商業施設の併設があれば住宅開発を認める(容積率200%)

第1章　産業構造の転換と川崎の都市開発　　27

昭和54年(1979)　「内陸部工業地域・準工業地域及び商業地域・近隣商業地域内開発事業指導基準」改定
※建築基準法の総合設計制度を活用できるように、開発規制を大幅に緩和
※工業系用地内で公益用地の総合設計制度活用の場合は、公園等公共空地に6%提供の適用を除外

昭和56年一部改正(買取価格の改正。南部の3区で公益用地の負担率を軽減し75%に、人口減少対策
昭和58年改定(公益用地の負担率軽減50%に、公益用地の提供も金納でも可に、70人未満の独身寮は「施行基準」の適用除外)

昭和58年(1983)　「内陸部工業地域・準工業地域及び商業地域・近隣商業地域内開発事業指導基準」改定
1. 「商業・業務整備重点地区」(鉄道結節点ほか7地区)の市街地再開発事業、土地区画整理事業を認める
2. 南部3区以内の開発事業については居住部分の容積率規制を除外(3区外の商業系用地地域は容積率300%に)

平成60年(1985)　「宅地造成事業等施行基準」改定…………※ 抜本的(総合設計制度の活用事業者と不活用事業者の不公平を解消するため、公園等公共空地の提供面積を縮小・規制の大幅緩和)
1. 団地造成事業の場合、公園等公共の提供用地面積を十分に切り下げ、残りの面積は自主管理の子どもの遊び場等として確保すればよい
2. 住宅建設事業については開発区域が1ha未満の小規模な場合、公園等公共空地の提供に代えて川崎市緑化基金への金納でも可

平成8年(1996)　「住宅・宅地事業調整要綱」
1. 対象　戸数20戸以上の宅地建設事業、または、面積0.05ha以上でかつ20戸以上の住宅建設開発
2. 3ha以上の事業は3%以上の公益用地の整備、市への譲渡義務
3. 開発区域0.3ha以上の開発に公園提供あるいは緑化基金への金納、0.3ha以下の場合は緑化と遊び場

平成15年(2003)　「建築行為及び開発行為に関する総合調整要綱」
1. 対象　0.05ha以上の事業区域の建築または開発
2. 3ha以上の事業は公益施設用地の整備、市への譲渡義務
3. 0.3ha以上の住宅用建築の場合、区域面積の6%以上の公園または緑地の設置

(『川崎市団地白書』1982,『川崎市団地白書(改訂版)』1987,『川崎市政の研究』2006 より作成)

昭和54年頃　大規模工場の移転等で南部3区の人口減少止まらず

新自由主義下の内需拡大方向(国)
　民間活力の導入、再開発の促進
昭和57　建設・自治省「規制緩和」通知
昭和58頃　ワンルーム・マンションの進出

昭和58　建設省「規制緩和等による都市再開発の促進方策」を中曽根首相に提出
昭和58　建設省「規制緩和」通達(宅地開発等指導要綱に関する措置方針)

昭和60　宅地開発指導要綱の是正指導(国)
昭和61　民活法(国)→リサーチコア
　1号指定に、かながわサイエンスパーク

平成9　高層住居誘導地区の創設(国)
平成13　特別容積率適用地区制度施行(国)
平成14　小泉内閣「都市再生基本方針」
平成14　都市再生緊急整備地域の指定(平15)
　→川崎駅周辺の指定(国)
平成15　斜線制限の緩和(国)

積を具体的な数値で示した（公益用地提供の制度化）あと，49年には「施行基準」の適用範囲を広げ小規模なスプロール的開発をもコントロールする方向に踏み込み，小規模開発では公共用地の提供を受けても小さ過ぎて活用できないために，金納で代替する「整備負担金制度」を導入している。昭和51年（1976）になると，工業・準工業・商業・近隣商業地域での開発については，すでに再開発的な住宅開発が先行しはじめていた当時の現況を追認する形で，開発抑制への規制緩和を特別措置として制定する（「内陸部工業地域・準工業地域および商業地域・近隣商業地域内開発指導基準」）。これらの用途区分に該当する主な地区は，南武線沿いの主要駅の周辺地ごとに飛び地のように広がり，住宅地のなかに島的に立地していて，川崎市の南部3区（川崎，幸，中原の3区，厳密には東横線の東側）に多く集中していた[31]。この特別措置によって，それまで採ってきた土地利用用途純化の方針を，南部3区についてはこの時点で180度方向転換したことになる。

　3年後の昭和54年（1979），さらに南部3区の特別措置の規制を緩和することになる。国の建築基準法に市街地の再開発を促進する主旨で導入されている「総合設計制度」が，川崎市の「施行基準」のもつ抑制方向とぶつかった。「総合設計制度」は結果的に高層ビルの林立を引き起こしているが，主旨の上では市街地の環境改善を図るという目的で，一定面積以上の敷地でそのなかに一定割合以上の公開空地を確保すれば，容積率や高さ制限が緩和されるという制度である。この制度に従って公開空地を確保した建設をすると，川崎市の「施行基準」の公園等の公共空地の確保をする必要はなくなってしまう。そこで，市の「施行基準」の6パーセント分の公共空地義務付けを免除すると，「総合設計制度」を使わない申請の場合と比べて著しい不公平を起こすことになってしまう。免除されたケースのほうは，6パーセント分の土地を敷地として利用できるだけでなく，さらに容積率が割り増しとなるという二重の緩和になるからであった。この状態に関して，「当然そのような大規模事業は大手の開発事業者が行うこととなるため，大企業有利の制度改善と受け取られるおそれがある」[32]と庁内で大きな議論になったようである。

しかし，工業地域内での「総合設計制度」による住宅建設事業に対して，公共空地確保については除外規定を適用する結果となった。それまで市は「施行基準」を開発抑制の方向で運用してきていたが，この昭和54年（1979）の改訂が，国の法律にあわせて開発促進の方向へと転換する一大転機だったと考えられる。

その後昭和60年（1985）になると，当初「総合設計制度」活用の事業に対してだけになされていた規制緩和のこの方針が，市域の事業全体に拡大されることになる。市街地再開発の大規模住宅事業は，ほとんどがこの「総合設計制度」の利用に流れ「施行基準」の公共空地確保を免れているので，公園等を確保提供する普通の事業との不公平が大きくなっていることを是正する措置であり，『川崎市団地白書（改訂版）』は国からの是正指導があったことを明らかにしている。ここに至って，開発抑制への地方自治体の独自性が，大きく後退したといえる。

以上の流れを振り返ると，昭和49年（1974）まで団地（宅地）造成を厳しく抑制する方向を強めてきていたのに対し，昭和51年を境に，南部3区既成市街地での再開発をテコにそれまでの開発抑制を大幅に規制緩和しはじめている。そして昭和54年（1979）には決定的な方向転換に踏み出し，60年（1980）には緩和の方向を市域の全開発事業に拡大適用してゆくという方向転回が見出だされる。『川崎市団地白書(改訂版)』はこの時期の背景を，〈取り巻く環境〉欄に拾い出したように，①工場3法等の影響による大工場の転出に伴い南部3区での人口減少が止まらず人口減少対策が必要であったことと（同書42, 44頁），②建設省，自治省から宅地開発等指導要綱の行き過ぎ是正を求める通達がたびたび出されていたこと（同書58頁）の二つに捉えている。昭和50年代（1975～84）には，人口の東京集中を緩和する国の施策の結果としての次節に見るような大工場の県外移転と，産業構造の転換による製造業の後退とで，表10のように人口が減少し続けるインナーシティ状況が川崎の南部地区にも見られ，工場跡地にマンションが進出する状況にあった。また，昭和50年代後半（1980～）の政府からの強力

表10　南部3区の人口増減（実人数）

	昭和45総数 1970	昭45－55 1970年代	昭55－平2 1980年代	平2－12 1990年代	平12－19 2000年代
川崎区	253,562	△51,119	△4,386	△3,982	20,535
幸区	162,716	△22,310	1,916	△5,852	11,071
中原区	206,412	△19,619	917	10,566	18,955
市全域	956,816	84,470	132,320	76,245	109,979

昭和45年は，住民基本台帳を基に，現行行政区に換算してある
昭和55年－平成12年は国勢調査。平成19年は住民基本台帳。

な指導の背後には，経済のグローバル化のなかでの中曽根政権による新自由主義への転換がある。これを受けて川崎でも，産業の空洞化で人口減少が続いた南部3区だけでなく全市域に，新自由主義への転換に伴った規制緩和による民間活力導入の再開発を誘導するという，大転回が見られた。

　その後，平成9年（1997）の高層住居誘導地区の創設，13年（2001）の特別容積率適用地域制度の施行，15年（2003）の斜線制限の緩和と，建物の超高層化を可能にする国の規制緩和が次々に進み，14年（2002）に小泉内閣の「都市再生基本方針」が出されると，川崎も都市ルネッサンスに走り出す。すでに昭和61年（1986）に民活法によってリサーチコア施設の第1号指定を受けていた「かながわサイエンスパーク」周辺や，都市再生基本方針によって平成15年（2003）に都市再生緊急整備地域の指定を受けた川崎駅西口堀川地区周辺[33]のように，超高層ビルが林立し「オフィス，モール，レジデンスの集積と連なりが織りなす」，職・住・遊近接の新しいネオリベラルな都市空間の生成がはじまっている。

3. 低成長期の再都心化

　前節で見た過剰人口による住居の過剰開発に対する抑制方針から，産業構造の転換に伴って一転した開発促進への転換が，具体的にどのような立ち現れ方をしているのかを，ここで川崎の市街地再開発のなかに見てゆく。

(1) 低成長への転換期の工場転出と再開発

　高度成長末期の昭和45年（1970）ごろから低成長への転換期の昭和50年代（1975～）にかけて，市街地への一定規模以上の工場の新設を禁止したり，工場移転を促進して良好な住環境を整えるとする国の施策の影響で，川崎の生産工場の市外移転が進んだ。大規模な工場新設を規制する考え方は，すでに，昭和31年（1956）の首都圏整備法のなかにもたれていた。首都圏整備の考え方の基本は首都に集中する人口流入をいかに抑制するかという点にあり，中・大規模工場を新増設する場合に一定の緑地，環境施設の確保を義務付けた「工場立地法」（昭和34年，1959）と，既成市街地の人口集中を防止する目的で，集中要因になる一定規模以上の工場や大学の新増設を制限する「首都圏の既成市街地における工業等の制限に関する法律」（昭和34年，通称「工業等制限法」，平成14年（2002）に廃止）が施行されていた。昭和47年（1972）になると抑制のこの方針はさらに強まり，工場の移転促進地域から集積度の低い誘導地域に工場を移転新設する場合に補助金を出すという「工業再配置促進法」（平成13年に廃止）が施行された。この三つを，「工場3法」と称している。

　昭和47年の「工業再配置促進法」によって川崎市は移転促進地域に指定され，市域の約7割の地域が工業等制限区域に指定された。こうした動きは，それまでの産業優先から生活優先に一時的とはいえ切り替えをした第3次全国総合開発計画（昭和52年，1977）の定住構想とも合致し，川崎からも多くの工場が転出して行った。川崎市史によると，昭和51年（1976）から61年の10年間で，工場再配置促進法によって移転した面積1ha以上の工場は37件あって，うち市外に転出した企業は20（新潟の1件を除くほかは県内や首都圏各県に），市内移転・廃止が10件，工場以外への転用が5件，市内の他の工場への集約が2件となっている[34]。川崎市はこうした移転工場の跡地を取得し，住工混在地での工場集約のための工業団地や，保育園・福祉施設，新設高等学校，住宅団地のための用地として活用している。当初はまだ土地利用の用途純化の考え方が強く，大規模工場の市外への移転跡地

は，工場適地ならば住工混在解消，工場経営の合理化・近代化のための工場集団化用地とする方向が打ち出されていた。しかし，首都東京への集中を緩和するための産業転出とそれに起因する人口減少が川崎のインナーシティ現象を深化させた70年代後半から80年代になると，人口呼び戻しのための住宅団地への転用が自明の方向になった。

　工場跡地利用の再開発は，その後のグローバル化のなかで最も注目すべき現象になるが，それに先行する低成長への転換のこの時期の，跡地利用のエポックメイキングな事例として，川崎都心部の幸区川原町に位置する東京製鋼跡地の場合に触れておこう。昭和45年（1970）東京製鋼が茨城県土浦に移転し，その14haの跡地に市と県の分譲高層住宅，川原町団地が造られた。昭和50年に完成した同団地は，3千6百世帯，1万3千人が住む近代的なマンモス団地となり，職住近接の都市再開発のモデルとなった[35]。これほど広大な敷地規模ではないとはいえ，川崎中心部で1980年代（昭和55～平成1）のこの時期，ほかにもいくつかの大工場が移転し住宅団地に変わったという経緯がある。その主要なところを挙げると，昭和56年（1981）に日本鋼管田辺寮（2.8ha，504戸，川崎区小田，開発者：日本鋼管），昭和58年にサンスクエア川崎（2.4ha，682戸，川崎区日進町，住宅・都市整備公団），パークシティ川崎（2.8ha，1,710戸，幸区鹿島田，三井不動産），60年に中野島センタープラザ（3.6ha，739戸，多摩区中野島，住友商事），61年に京町ハイライズ（3.2ha，606戸，川崎区京町，興和不動産）などがある[36]。日本鋼管の寮は倉庫跡地であるが，他はすべて工場跡地であった。これらの多くが，前述の「内陸部工業地域・準工業地域及び商業地域・近隣商業地域内開発事業指導基準」の適用を受けたのである。

（2）脱産業化時代の都心再開発

　低成長への転換期にその走りを見た職住近接の都心再開発は，平成期に入るとコンパクト・シティ構想として一般化する。昭和50年代（1975～）の低成長への転換期の再開発は，行政が主導する公団・公社を主力とした開

発行為からスタートしたが，脱工業化時代の平成に入ってからの再開発は，グローバル化による一層の規制緩和のなかで，民間ベースでの開発行為が主体になる。とりわけ平成14年(2002)の小泉内閣による「都市再生基本方針」政策は，都市再開発をグローバル化のなかで長期不況に陥った景気回復の手段と位置づけるものであったため，民間企業主導での開発を促進するための規制緩和の施策が「都市再生本部」によって推進された。「都市再生緊急整備地域」が指定され，大規模なインフラ整備がなされ，その地域内で実施される民間企業の都市再開発事業に，財政・税制上の優遇や土地用途や容積率など開発規制の緩和が集中的に特例措置化された。民間企業は自治体をとばして，直接国土交通省と当該地区の都市計画を交渉して大規模開発ができるという，提案制度を導入したために，民間開発事業を規制する自治体の力が大きく弱まったといわれる。

都市開発における民間資本の流入強化は，野放しの規制緩和や都市サービスの民営化にも通底する「公」の再市場化である。こうした市場原理の導入は，グローバル化の進展に伴う国家役割の低下の表れとして，自治体と資本の関係性の強化とパラレルに進む面が，言説として一般に強調されてきた。しかし，現実は自治体の力が弱められ，国家が再賦活化している面が見える。

こうして東京区部の赤坂・六本木，東京・有楽町，秋葉原・神田，臨海・豊洲，新宿，大崎，渋谷などが「都市再生緊急整備地域」に指定され，これらの地区では平成14，5年頃から，再開発によって景観が急激に変貌した。超高層のオフィスビルができ，隣接ゾーンにハイタワー・マンションが建設され，職住近接ばかりでなく，医療福祉，文化・アミューズメント施設など生活に必要なものが近接してワンセット揃っている「コンパクト・シティ」が，都心のあちこちに形成されてきている。オフィス，モール，レジデンスの集積と連なりが織りなす，ネオリベラルな都市形態の出現である。現在，こうした「都市再生基本方針」がもたらしたものが，都市社会学者たちによって分析されはじめている。たとえば，上野淳子は，この規制緩和に伴う東京都心の再開発の動向を，オフィスの供給量，住宅建設戸数，住民の就業構成，

所得のデータを使って分析し，都心と周辺の格差が拡大していることを明らかにしている[37]。

東京の都心だけでなく，川崎をとっても，同じような景観の急変貌がいま生じている。最も典型的な再開発として，川崎の都心と位置づけられている川崎駅周辺の変化がある。ここで，川崎駅周辺の開発史を辿ってみよう。

戦前から JR 川崎駅のすぐ西側には東芝の大工場があり，川崎駅前（東口側）は商店街であった。この一帯は空襲で焼け野原になったが，駅東口は，戦後すぐ昭和 21 年（1946）に，戦災復興区画整理事業がかけれら，駅前広場と南東へ延びる 2 本の幹線道路が広げられた。駅前はバラック建ての闇市が活気を呈したといわれるが，昭和 24 年（1949）ころまでには川崎銀座，銀柳街，銀映街通りの商店街が形をなしたという[38]。表 11 に整理したように，高度成長期に入ると，当時全国の拠点都市のどこにも見られたが川崎でも，大型百貨店の増床競争が起こり，さいか屋，小美屋，岡田屋の競合があった。昭和 55 年(1980)に再開発共同ビルの一部として岡田屋モアーズがオープンし，「銀柳街」商店街がアーケードの大改修をしたころから，東口一帯が近代的な街に脱皮したという。

昭和 50 年代（1975～84）には，図 2 のような現在の方向につながる大規模な商業集積地の再開発構想が，駅南側に位置していた工場の移転を契機に形成されはじめた。駅東口南側にあった大日本電線工場が昭和 55 年（1980）に埼玉県熊谷に移転したが，地権者の三菱グループと資本参加した西武百貨店が，その跡地（5.5ha）に「商業・レジャー・業務を統合した空間」をつくる構想を立てた。市は昭和 50 年頃から駅周辺の総合的な再開発プランの検討をはじめており，54 年（1979）に跡地を近隣商業地域に指定していた。大型資本の進出で地元との調整に手間取りながらも，住宅ゾーンに「サンスクエア川崎」（住宅・都市整備公団），業務ゾーンには「IBM システムセンター」，「興和川崎東口ビル」，商業ゾーンに「ルフロン」（西武百貨店・丸井ほか店舗）が建設された。また，56 年（1981）には駅東口の地下街が建設着工され，61 年（1986）に地下街「アゼリア」（154 店舗）としてオー

第1章 産業構造の転換と川崎の都市開発

表11 川崎駅前の再開発

〈川崎駅東口〉
昭和30頃～55年　大型百貨店の増床競争

年	[再開発名称]	[事業主体]	[旧]
昭和55年	「銀柳街」商店街のアーケード大規模改修（ウイロード、ステンドグラス化）	川崎銀柳街商店街協同組合	
昭和61年（56年～）	駅東口地下街「アゼリア」（154店舗）	川崎市	
昭和62年	シネマコンプレックス「チネチッタ」（8映画館と飲食店）	(株)カワサキ・ミス	
昭和63年（54年～）	「IBMシステムセンタス（キューブ川崎ビル、昭和57竣工、10階建）」 大規模マンション「サンスクエア川崎」（昭和60完成、14階他7棟、379戸） 商業ビル「ルフロン」（西武百貨店・丸井、昭和62竣工、10階建） オフィスビル「興和川崎東口ビル」（昭和63竣工、21階建）	日本IBM 住宅都市整備公団 三菱グループ・西武百貨店 興和不動産	大日本電線工場 昭和55 移転完了
昭和63年（60年～）	駅ビルショッピングセンター「川崎BE」（8階、371店舗、東西自由通路）	JR東日本グループ	
昭和63年	「たちばな通」商店街のモール化	たちばな通商店街振興組合	
平成2年（昭63～）	「仲見世通」商店街のモール化	駅前仲見世通商店街振興組合	
平成5年	「銀柳街」商店街のモール・アーチのリニューアル	川崎銀柳街商店街協同組合	
平成7年	「川崎名画通」のモール化	川崎名画通商店会	
平成9年	「たちばな通」商店街のモール化	たちばな通商店街振興組合	
平成14年	複合商業施設「ラゾッタデッシュ（シネマ13館、店舗、結婚式場）増築	(株)チネチッタ	

〈川崎駅西口〉

年	[再開発名称]	[事業主体]	[旧]
昭和63年（62年～）	オフィスビル「東芝情報システムビル」（昭和62竣工、14階建） オフィスビル「川崎テックビル」（昭和63竣工、20階） オフィスビル「興和川崎西口ビル」（昭和63竣工、21階） 「川崎テクノピア堀川町ハイツ」（昭和63完成、14階、143戸） 川崎市産業振興会館（昭和63開館） オフィスビル「ソリッドスクエア」（平成7年、ツイン構成の24階とアリーナ）	東芝グループ リクルート 興和不動産 住宅都市整備公団 住宅都市整備公団 明治製菓・第一生命	明治製菓工場 平成1閉鎖
平成15年（平1～）	都市再生プロジェクト「ミューザ川崎」 音楽ホール「ミューザ川崎シンフォニーホール」開業 オフィスビル「ミューザ川崎セントラルタワー」（27階）竣工	住宅都市整備公団 都市基盤整備公団 都市基盤整備公団	
平成18年	複合商業施設「ラゾーナ川崎プラザ」（5階建、グランドステージ、約280店舗） 超高層マンション「ラゾーナ川崎レジデンス」（竣工19、34階、667戸）	東芝不動産・三井不動産 東芝不動産・三井不動産	東芝堀川工場、本社 平成12閉鎖

『川崎市史 通史編4上』、『川崎駅周辺市街活性化基本計画』川崎市、『神奈川新聞』、および企業・団体のホームページより作成

図2 川崎駅周辺図

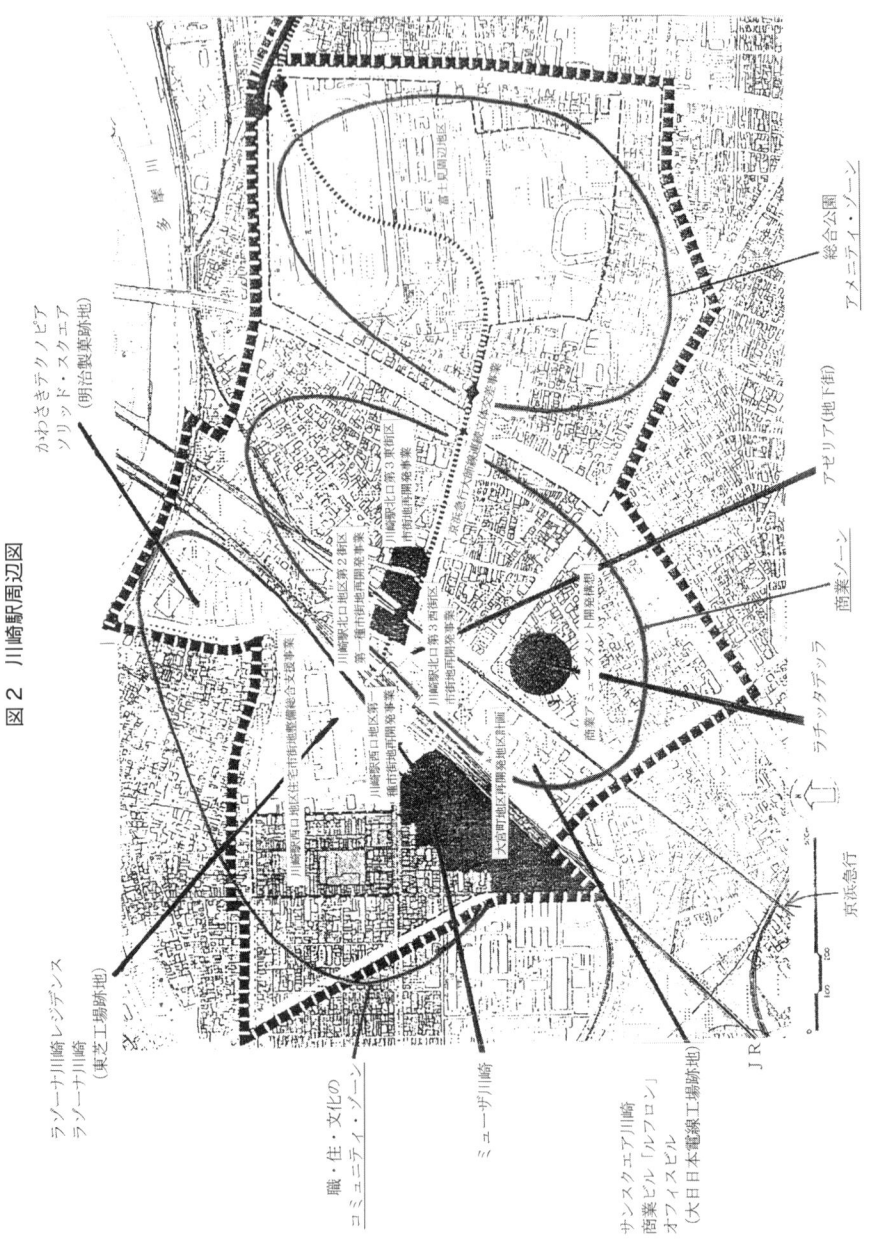

プンした．さらに60年（1985）から駅ビルの建て替えがはじまり，63年にショッピングセンター「川崎BE」（371店舗入居，地上8階建，幅25mの東西自由道路を付設した橋上駅構造）がオープンする．昭和62年（1987）には，老朽化した映画館群をまとめて再開発したシネマコンプレックス「ネタッチ」（8映画館と飲食店）が開店し，のち平成14年（2002）には「ラチッタデッラ」，「チネグランデ」を増設し，一大アミューズメント・ゾーンを形成している．この間，商店街も順次モール化を進めてきた．

　一方，西口一帯は戦前から巨大工場敷地が埋めていたが，平成期（1990年代）に入ってから，これら大工場の移転を受けて一気に大規模再開発がはじまる．

　昭和62年（1987），明治製糖が埼玉県に移転した跡地（4.5ha）に，業務管理機能の集中を企図した「テクノピア構想」の再開発計画を市が発表した．跡地周辺の用途地域を工業地域から商業地域に変更し，都市計画法の「特定街区制度」（高密度都市化を目的とする）を適用して，容積率制限を200％から500％に引き上げ，駅前広場の拡張と道路整備などの環境整備に180億を投資して，63年に整備を完了した．そこに，ハイテク産業振興のための「川崎市産業振興会館」，オフィスビルの「東芝情報技術システムセンター」，「リクルート川崎テクノピアビル」，「興和川崎西口ビル」，住宅・都市整備公団の「かわさきテクノピア堀川ハイツ」（143戸）が建設され，平成7年（1995）には明治製菓と第一生命が共同で，ツイン構成の24階高層オフィスビル2棟とアリーナからなる「ソリッドスクエア」（DEL，パンテック・ジャパンなど70社が入所）を建設している．

　平成15年（2003）には，川崎市の再開発事業として住宅・都市整備公団（現，都市再生機構）が施行した都市再生プロジェクトの「ミューザ川崎」（政府系研究施設，日立，マクニカなどが入った27階建て超高層オフィスビルとシンフォニーホール・店舗・レストランの入った文化・商業施設）が完成する．さらに平成18年（2006）には，東芝堀川工場の跡地に東芝不動産と三井不動産の共同出資で複合商業施設「ラゾーナ川崎プラザ」（5階建，グラ

ンドステージを囲み約280店舗）が開業し、翌19年には道路を挟んだ住宅ゾーンに34階建てのタワー・マンション「ラゾーナ川崎レジデンス」（667戸）が竣工している。駅東のこの一帯は、平成15年（2003）に都市再生緊急整備地域の指定を受け、民間大企業による巨大開発が一気になされた。現在「ラゾーナ」の西側一帯にも、19階とか24階建ての民間マンションもどんどん建ちはじめている。

　このオフィスビルに本社や事業所を置いている企業は、コンピュータ関連の本社、子会社だけでなく、上下水道、道路、鉄道、発電や産業エネルギープラントといった社会インフラや、石油化学プラントなどの設計・施行を手がける企業だったり、イメージ情報の処理に関するソフトやハード機器の開発、販売、保全を行う会社だったり、運送会社の配送伝票の読取処理や入力仕訳処理のソフト、ハードを製作、販売、保全する会社だったり、電話代行のコールセンターだったりと、情報化の最先端と結びついている。このわずか十数ヘクタールの空間に、数百社が集中している。それは、ひしめき合っているというのではなく、高密度空間のなかに集積している。企業も人も生活も高密度空間のなかにセグメント化し集積しているというのが、拠点地区のイメージである。こうして、川崎駅周辺一帯は、職・住・遊が近接した空間の、超高層ビルのスポットになりつつある。

　こうした、先端産業が集積した超高層ビル街が形成され、住居、商業空間と一体化している地区は、現在川崎ではJR川崎駅前だけでなく、南武線沿いの新川崎・鹿島田駅周辺と溝の口駅周辺にも、サイエンスパークを核として形成されてきているし[39]、また、武蔵小杉、新百合ヶ丘にも新たな核が形成されつつある。

むすび――郊外化から再都心化の時代へ――

　経済の高度成長期から低成長期への脱工業化の時期、産業は製造業中心からサービス産業中心へと入れ替わったが、昭和50年代（1975～84）にか

けての産業構造の転換期には川崎では工場の市外転出が生じ，製造業が急激に縮小している。やがて，80年代後半から90年代（平成期）に入ると，IT関連の製造業のグローバルな展開のなかで国内産業が空洞化する動きが川崎でも端的に見られ，2000年（平成12）以降の景気低迷のなかで製造業全体に従業者がこれ以上縮小できないくらいまで後退している。川崎は，日本の産業の中枢的部分に位置しているだけに，産業の全国的な動向を典型的に見ることができる。

こうした製造業の動きと裏腹に，スクラップ・アンド・ビルドでサービス産業，とりわけ対事業所サービス業および研究開発部門への転換が進んでいる。脱工業化の段階で川崎は，産業面から見た都市の性格を，工業都市から研究開発都市へと転換させているように見える。とりわけ研究開発機関の集積では，本社機能が集積する東京に接しているという「場所のメリット」もあって，川崎は横浜と並んで首都圏の中でも有利な位置にある。

この脱産業化という産業構造の転換が川崎の都市開発にもたらした変化は，郊外化から再都心化へという開発の焦点の移行であり，市行政の開発抑制方針から開発促進方針への転回だった。

高度成長期の都市開発は川崎でも郊外化の時代であった。しかし，川崎は東京と横浜に挟まれた位置の下で，圧倒的に東京の影響が強いという特異性があり，郊外化も川崎中心部からの郊外化ではなく，東京の郊外という形で開発されたという特性がある。この郊外宅地の開発は，東京からの人口圧力が大きく，多くの部分が乱開発ではじまった。川崎市行政は，民間の開発に国の法的規制が追いつかない早い時期に，要綱を制定して行政指導していくなかで，地方自治体として独自の規制を可能にする仕組みを編み出した。しかし，やがて国の法体系が整備されてくると，開発方向への国のコントロールが強まってくる。低成長期に入った昭和51年（1976）に川崎市の方向に転換が生じた。臨海部・南部の3区で，大幅な規制緩和をした。その後，昭和60年（1985）には市全域にわたって，開発抑制から一転して促進の方向へと大きく転回するのが見られた。背景にあった国と地方の関係のなかで

市が国に押される動きだけでなく，インナーシティ状況の深刻化という経済，社会状況の変化のなかでも，市が姿勢を変更せざるを得なかった現われが，この開発要綱の規制緩和であった。

　昭和50年代の，1970年代後半から80年代には，川崎都心中心部の産業の衰退と人口減というインナーシティ状況が深刻になっていた。都心中心部の人口減少に，歯止めがかからなかったのである。この状況の変化が，川崎都心部の再開発へという都市開発の方向転換を引き起こし，90年代に入ってからの，国の新自由主義政策への転換と結びついた交通結節点の重点地区への公社公団や民間大資本企業による超高層住宅団地の建設を引き起こした。当初は住宅と商業環境の整備構想でスタートした各重点地区の再開発も，ほどなく新産業基盤整備と連動したものへと変質して，「職・住・遊」近接のコンパクト・シティ建設へと移行している。2000年に入ってからあとは，国の「都市再生基本方針」政策の下で，民間大手資本の主導による巨大開発が川崎にも押し寄せている。川崎が市全体の人口規模をなおも維持し続けているのは，東京に隣接している川崎の特性から一方では丘陵部でなおも郊外化が進んでいるとはいえ，他方でこの再都心化の下での人口増加の部分も大きく寄与している。

　脱産業化の時代になると，社会のあり方を規定する要因として「グローバル化」と「環境」の二つの要因が非常に重要になってくるといわれる。そして，この二つの要因と並んでもう一つ，都市住民の生活に大きな影響を与えている要因に，「少子高齢化」がある。この現象も，脱産業化した社会に共通に見られる大きな特徴で，近代に入るとどの国でも少子化がはじまり核家族化が進んだが，脱近代になると，さらに少子化が進む。これと並行して，他方で平均寿命が延び，高齢化が進む。結果として，ある時点に来ると人口の減少がはじまる。川崎では，2003年の時点での人口予測として，2015年に人口ピークが来て138万9千人に達するだろうとされ，以後減少しはじめて2050年には80万人まで下がるだろうとされていた[40]。高齢化率も，全国平均よりなおも低いとはいえ65歳以上人口は1990年に8％を超えたと

表12　郊外団地住民の人口構成　（平成20年3月）

(%)

	全川崎	麻生区	T住宅団地 1丁目	T住宅団地 2丁目	Y住宅団地 1丁目	Y住宅団地 2丁目	Y住宅団地 3丁目	H住宅団地 1丁目	H住宅団地 2丁目	H住宅団地 3丁目	H住宅団地 4丁目
0～14歳	13.4	14.1	10.8	9.9	9.3	13.1	13.0	14.3	11.1	14.1	15.1
15～64歳	70.8	69.0	63.6	71.4	72.4	63.4	68.4	65.1	65.6	75.5	62.8
65歳以上	15.8	17.1	25.6	18.7	18.2	23.5	18.6	20.6	23.3	10.4	22.1

川崎市統計課『町別年齢人口統計』（平成20年3月末）

ころだったものが，人口ピーク時の2015年には21.8%に達するだろうと予測され，確実に高くなってゆく。川崎市の行政面でも，福祉や子育て支援などいろいろな面で，少子高齢化が大きな課題になっている。少子高齢化がもっとも先鋭に現れている場の一つが，回帰現象が見られる都心とは対象をなす郊外団地である。「郊外団地の高齢化」が，課題として日程に上がってきている。

　川崎の郊外団地の場合は，人口の入れ替わりが激しく，一般の地方都市の郊外団地とは異なるが，それでも地域差が大きく，幹線交通路周辺の町丁目とそこから離れた町丁との，異なった町丁目では同じ団地でも高齢化の進み度合いが大きく違うことも少なくない。たとえば，麻生区のT住宅団地やY団地，H団地では，人口の高齢化率が表12のように同じ団地でも丁目ごとに異なり，H団地のように駅やバス停付近は若い年齢層も多く，奥に入ると高齢者が多いとか，T団地のように入り口一帯は早く開発されたので高齢者が多く住んでいるとか，さまざまである。当初子ども連れで入ってきた家族も，子どもたちが皆独立他出して，老夫婦二人だけになる。やがて体が弱くなってくると，医療や生活の利便性を求めて，余裕のある高齢者は駅前のマンションに住居の買い換えを図る。経済の不況もあって売物件のままの家が何軒もある団地が出現してきている。こうして，出るに出られない高齢者たちもとり残された団地の町丁が出現する。高齢者居住地区は，モザイク状になっている。高齢化率が23～25%の町丁は，10年前の中心部旧市街

地の空洞化がピークにあった町（たとえば幸区S町）よりも，高齢化率が3〜5％ほど高くさえなっている。

　こうした郊外団地では，普段は路線バスに乗り中心地へと用足しに歩き回っているお年寄りたちも，一度体調を崩すとリスク社会に直面する形で，たちまち事態は一変する。

　　　夜中に血圧が急に上がって，具合が悪くなって。ほら，子どもも遠くにいるから。誰もいないものだから，タクシー呼んで病院に行ったのよ。病院から戻ってきて，3日ほどどこにも出られなくて。食事も作れなくて，コンビニのお弁当を配達してもらって，ずっと家にいたの。やっと良くなったわ。(M住宅団地，74歳女性，一人暮らし。路線バスのなかでの友達との会話)

　車も運転できなくなった高齢者一人暮らしや老夫婦二人暮らしにとっては，団地内を巡回して回る個人経営の移動販売車や，生活協同組合の個人宅配，大手スーパーやコンビニの宅配が，日用食料品の命綱になりはじめている。いま，地方都市の郊外団地が団塊の世代中心の高齢社会になりはじめていて，「何やかやと言っても，最後はご近所のお世話になるのだろうから」という言葉が聞かれはじめている。これに対し東京近郊の郊外団地では，サービスをお金で買う都市的生活様式[41)]の姿が，依然として卓越している。

　グローバル化の影響を川崎に捉えるなかから垣間見えることは，最先端を行っている都心では，オフィス，モール，住居の集積と連なりというネオリベラルな都市風景が展開している姿である。この都市風景は，都市空間から見たら，空間用途の多様化であり複合化である。かつて近代の都市は，空間用途の純化を目指し，空間のセグメントごとに単一用途の単一機能化を目指してきた。用途純化した各ブロックをネットワークでつなぐ，これが近代都市の思想であった。開発の結果は，中心部では混住化の混乱を収拾できず，また周辺部ではベッドタウンとして寝るだけというなんとも単純すぎる用途のみで純化してきた。脱近代の多様化かつ複合化という都市思想に切り替

わったいま，単一用途の空間のままでとり残された西北部の郊外地はどのようなデザインを描くのかが，課題に上っているのではと思う。

【注】
1)『川崎市史　通史編4上』139, 140頁。『川崎市史　通史編4下』302, 303頁。『横浜・川崎臨海部工場立地図』。
2)『川崎市史　通史編4下』102～107頁。この時期，内陸部の南武線沿いに立地した主な軍需関係の工場には，表13のようなものがあった。(『川崎市市史　通史編4上』139-140頁)

表13　南武線沿い工場地帯の主な軍需関係工場（昭和10年代）

生田	日本火土	下沼部	吉田電機
下作延	帝国社臓器製薬	木月	東京航空計器
溝口	日本光学	中丸子	鋼板工業
坂戸	岡本鉄工	市ノ坪	昭和精機
宮内	東亜機械パルプ	鹿島田	三菱重工
上小田中	富士通信機	鹿島田	日立工作機械
上丸子	東京機械	北加瀬	荏原製作所
下沼部	日本電気	南加瀬	日吉製作所

『川崎市史　通史編4上』139～40頁より

3)『川崎市史　通史編4下』15頁。
4)『川崎市史　通史編4下』450頁。
5) 田中隆之「川崎の都市経済構造とその変化」30～37頁。
6) 精密機械器具製造業は計量・測定・分析機械器具製造の分野が平成13年（2001）以降，また，輸送用機械器具製造（自動車）は平成16年（2004）以降，雇用がわずかながら回復しはじめてきている。
7)『川崎都市白書　第2版』21頁。
8) かわさきイノベーション連絡協議会。
9)『新産業政策研究かわさき第2号』23～41, 105～125, 156～164頁。
10) 現在宮前生活環境事業所は，ごみ収集，リサイクルのほか，麻生，多摩，宮前，高津，中原区内のし尿の収集（一般家庭，仮設トイレ），浄化槽の清掃を行っている。し尿，浄化槽汚泥は，沈殿分離し上澄水を希釈して，下水管に投入処理されている（『平成17

年度　環境局事業概要―廃棄物編―』41，126頁)。
11)『かわさき育ち―川崎市全町内会連合会の30年―』51，52頁。
12)『川崎市史　通史編4上』114頁。
13)『川崎市史　通史編4上』103，114頁。
14)『川崎市史』に次のような主旨の記述がある。

　　　南武線沿線に32社が密集し，沿線居住者が増え住宅難になった。川崎市は市営住
　　宅や労働宿泊所を建設したが，流入人口の急激な伸びには追いつかなかった。市は
　　「川崎住宅株式会社」を設立し，幸区と中原区に独身労働者向けの寄宿舎や世帯向
　　け分譲住宅を建設・販売した（同書，通史編4下：164，165頁)。

　この話は昭和14年から19年くらいまでの話としてされているので，当時，中原区以
南の南武線沿いは住工混在の街区となっていたことを確認できる。東横線沿いの元住吉
から日吉も，すでに戦前から宅地開発が進んでいた。いま中原以南の市域は，多摩川・
南武線沿いの平場部分は住工混在で，高台は傾斜面も含めて戸建てやマンションビル，
団地からなる純粋の住宅地区が横たわっているが，この地区の景観の原型はすでに戦前
期に形成されていたことになる。
15) 津田山の駅裏の一角は，高度成長期前までは，まだ丘陵地で周りは林と田圃に囲まれ，
火葬場と高台に三菱自動車の工場があっただけだという。高度成長期に開発が進み，昭
和49年（1974）の写真（国土交通省ウェブマッピングシステム）を見ると，すっ
かり住宅が取り込む形になっている。
16)『川崎市政の研究』51頁。
17)『川崎市総合計画書』115－120頁。
18) たとえば，築山秀夫はこれを，次のように総括している。

　　　社会的共同消費手段のなかで，近接利益を生む病院や文化施設などは中心地に立地
　　し，近接不利益を生む公共施設は，過疎地域の位置する周辺部に立地することにな
　　る。むらが解体し，行政の末端化した自治組織に，公民館改築などの飴の代わりに，
　　迷惑施設を受け入れるということを拒否するだけの力は残っていない。ゴミ処理施
　　設などのいわゆるNIMBY施設がどこに立地しているのか，考えてみるとよい（『村
　　の社会を研究する』62頁)。

19)『小田急五十年史』303頁。『川崎市史　通史編4上』363頁。
20)『かわさき育ち』90，91頁。流入してきたサラリーマンの目線で見ると，庄野潤三『夕
べの雲』に描かれた世界が展開していた時代である。生田での土地区画整理に続いて，
小田急沿線の大規模開発は，昭和30年代（1955～64）に東生田（三田団地，56ha，
日本住宅公団施行)，その後，40年代（1965～74）に入って菅（寺尾団地，25ha，
日本住宅公団施行)，細山（14ha，組合施行)，南生田（57ha，組合施行)，西菅（84ha，

第 1 章　産業構造の転換と川崎の都市開発

日本住宅公団施行)，さらに 50 年代 (1974〜84) に入ると細山第 2 (16ha, 組合施行)，金程向原 (60ha, 組合施行)，山口台 (31ha, 組合施行) と，団地開発が続いている (『快適な都市の住環境を求めて』11 頁)。
21)『小田急五十年史』304, 405, 535〜537 頁。『川崎市史　通史編 4 上』365 頁。『小田急 75 年史』75, 93, 113, 145, 175 頁。小田急の宅地開発は，昭和 50 年代 (1975〜84) に入るとそれまでの宅地分譲主体から戸建て分譲に変化してきている。しかも，低成長期に入った昭和 48 年 (1973) から 54 年 (1979) の間は「郊外の低価格団地」の志向が続いたが，54 年から 57 年 (1982) になると三世代住宅なども含む「高額商品中心」志向に変わったという (『最近 10 年のあゆみ——東急不動産創立 30 周年記念』53 頁)。昭和 50 年代には小田急は，川崎市西隣の町田市から横浜市にまたがる玉川学園奈良 (43ha, 一般住宅 805 区画，公団の中・高層集合住宅を含め 2,400 戸，昭和 46〜54 年)・成瀬台 (4ha, 105 区画，昭和 52〜54 年) の団地開発に主力を注いだ。さらに，平成のはじめ (1990) 頃までに川崎市に隣接する町田市金井・薬師台一帯の宅地開発 (47ha, 1,096 区画) をはじめていて (『小田急 75 年史』87 頁, 113 頁)，多摩線沿いの新百合ヶ丘から黒川までの宅地開発地と連接させている。この一連の開発団地が，新百合ヶ丘駅拠点の商業を支える構造になっていると読み取れる。
22)『街づくり五十年』92〜94, 383〜387, 391 頁。『東急多摩田園都市開発 50 年史』「開発 35 年の記録」: 1 章 2 節。
23)『街づくり五十年』391〜393 頁。『東急多摩田園都市開発 50 年史』「開発の記録」: 1 章。
24)『かわさき育ち』68 頁。
25) 柴田弘捷「人口と産業からみた川崎市」165 頁。
26)『かわさき育ち』63〜72, 75〜78, 90〜94 頁。
27) 川崎市企画課は，昭和 33 年にはじまる土地区画整理事業の昭和 40 年 (1965) までの合計面積を 537.3ha，宅地造成等規制法が施行された 37 年以降 40 年までの宅地造成工事の総面積を 408.5ha と集計している (『川崎市団地白書』12〜15 頁)。当時，法規制を受けていた，これ以外の造成は，建築基準法以外にはなんら法的制約を受けない任意の造成行為だったわけで，乱開発も多かった。たとえば，平成に入って東急の犬蔵地区の区画整理事業がはじまった時点の記載として，すでに犬蔵地区の「東側，北側は無秩序な既存住宅の市街化が進行していた」との記述がある (『東急多摩田園都市開発 50 年史』「その後の 15 年の記録」: 1 章 1 節)。
28) 百合丘団地では，造成当時の公共投資および造成後の追加的投資の約 8 億円のうちの 70％が市負担であったし，東急の田園都市計画の川崎市内分では，法定外の関連公共公益施設整備に 80 億円が想定され，うち 71 億円が市の負担と予測された (『川崎市団地白書』17, 19 頁)。
29)『快適な都市の住環境を求めて』3 章。
30)『川崎市政の研究』56 頁。
31)『快適な都市の住環境を求めて』36 頁。

32）同上，43 頁。
33）川崎では川崎駅西口堀川地区が指定を受けた前年すでに，川崎殿町・大師河原と浜川崎駅周辺の 2 地区が都市再生緊急整備地域の指定を受けている。
34）『川崎市史　通史編 4 上』377 頁。
35）『かわさき育ち』35 頁。
36）『快適な都市の住環境を求めて』16 頁。
37）上野淳子「規制緩和に伴う都市再開発の動向」。
38）『川崎市史　通史編 4 下』260 頁。
39）横須賀線の新川崎・南部線の鹿島田駅前の再開発は，鹿島田駅前の日立製作所・日立精工・日立産機エンジニアリングの工場が，昭和 55 年（1980）までに移転したところからはじまった。三井不動産が跡地の開発を手がけ，市は 55 年に整備構想を作成，この地域を特定街区に指定し，南側 8.8ha を住宅ゾーン，北側 7.7ha を商業・業務ゾーンに設定した。三井不動産は，30 階建て 2 棟を含む高層マンション団地「パークシティ新川崎」（昭和 63 年（1988）竣工，9 棟，1,707 戸 6 千人）を建設し，その東側に県と市の住宅供給公社の共同開発分譲マンション「サウザンドシティ」（平成 16 年（1993），地上 41 階のサウザンドタワーと 7〜13 階建ての中層住宅，1,000 戸）が開発されている。新川崎駅寄り 2ha には，就業者 6 千人の超高層のオフィスビル「新川崎インテリジェントシティ」（地上 31 階 2 棟のツインタワー）が建設され，駅の反対側，南西側には，川崎市の「新産業創造センター」と慶応大学の「先端教育連携スクエア（K2）」が集積している。また，溝の口の「かながわサイエンスパーク」は，川崎市，神奈川県，飛鳥建設，ラドック，日本開発銀行出資の第三セクター方式で建設されたが，昭和 61 年（1986）制定の「民間事業者の能力の活用による特定施設の整備の促進に関する臨時法（民活法）」による，リサーチコアの第 1 号に指定された。
40）「川崎市将来人口推計」川崎市総合企画局，2003 年。その後の川崎の人口は予測よりも多く増え続け，平成 21 年 10 月現在の人口は 140 万 9,500 人と，当時の予測値よりもさらに多くなっているので，市の人口ピークは 2015 年よりも後にずれ込むと思われる。ちなみに全国の人口は，すでに平成 16 年（2004）にピークを迎え，いまや減少の局面に入っている。
41）倉沢進「都市的生活様式論序説」1977。

【参考文献】
『小田急五十年史』小田急電鉄株式会社，昭和 55 年 12 月。
『小田急 75 年史』小田急電鉄株式会社，2003 年 3 月。
『快適な都市の住環境を求めて―川崎市団地白書（改訂版）―』川崎市企画調整局，昭和 62 年 3 月。
『川崎駅周辺市街地活性化基本計画』川崎市，平成 11 年 3 月。
『川崎市史　通史編 4 上　現代 行政・社会』川崎市，1997 年。

『川崎市史　通史編4下　現代 産業・経済』川崎市, 1997年。
『川崎市市民意識実態調査報告書』昭和50年, 平成2年, 川崎市市民局。
『川崎市市民経済計算』平成11, 14年度, 川崎市。
『川崎市政の研究』打越綾子・内海麻利編, 敬文堂, 2006年。
『川崎市総合計画書』川崎市計画局, 昭和38年3月。
『かわさき育ち―川崎市全町内会連合会の30年―』30周年記念誌編集委員会編, 川崎市全町内会連合会, 平成3年。
『川崎市宅地開発指針』川崎市まちづくり局開発指導課, 平成16年1月。
『川崎市団地白書』川崎市企画調整局, 昭和57年3月。
『川崎市統計書』各年版, 川崎市総務局。
『川崎新時代2010プラン』川崎市, 平成5年3月。
『かわさき都市計画』川崎市, 平成15年12月。
『川崎の工業』昭和60年, 平成2, 8, 14, 19年, 川崎市総務局, 総合企画局。
「川崎の都市経済構造とその変化―大生産基地からの転換―」田中隆之(『川崎都市白書(第2版)』専修大学都市政策研究センター), 2009年3月。
「規制緩和に伴う都市再開発の動向―東京都区部における社会・空間的分化―」上野淳子(『日本都市社会学会年報』26), 2008年9月。
『最近10年のあゆみ――東急不動産創立30周年記念』東急不動産株式会社, 昭和59年7月。
『将来人口推計調査』川崎市総合企画局, 2007年5月。
「人口と産業からみた川崎市」柴田弘捷(『専修社会学』16号), 2004年。
『新産業政策研究かわさき第2号』川崎市産業振興財団, 平成16年3月。
『大都市比較統計年表』平成12, 13, 19年, 大都市統計協議会。
『東急多摩田園都市開発50年史』(CD ROM/DVD) 東京急行電鉄株式会社, 2005年。
「都市的生活様式論序説」倉沢進(『現代都市の社会学』1977)。
『2001かわさきプラン』川崎市企画調整局, 昭和58年3月。
『日本の都市再開発　5』全国市街地再開発協会, 平成12年7月。
『村の社会を研究する』日本村落研究学会編, 農山漁村文化協会, 2007年。
『平成17年度　環境局事業概要―廃棄物編―』川崎市環境局生活環境部廃棄物政策担当, 平成17年3月。
『街づくり五十年』東急不動産株式会社, 昭和48年12月。
『3つのサイエンスパークと支援機関のご紹介』かわさきイノベーション連絡協議会, 平成16年7月。
『夕べの雲』庄野潤三, 講談社, 1965年。
『横浜・川崎臨海部工場立地図』京浜臨海部再編整備協議会, 平成17年3月。

第2章
川崎市内産業・従業者特性と住民の性格

柴田　弘捷

はじめに

　戦前から京浜工業地帯の中心として，鉄鋼業，化学工業，電機産業を中核とした重化学工業都として発展してきた川崎市は，近年，その産業構造，住民構成において，大きく様変わりした。その要因は，工業の「重厚長大から軽薄短小」へ，製造業から知識産業・サービス産業化へ，さらにグローバル化という日本の産業構造の転換に伴う川崎地区の産業構造の変化であり，また隣接する首都東京のベットタウン化による住民構成の変化である。
　以下，産業構造と住民構成の視点から大都市川崎市の変化と現在の姿を明らかにしたい。

1．川崎市の産業構造の変容

(1) 産業構成の推移
　川崎市の経済，市内総生産は1975年度以降，若干の増減を伴いながらも96年度まで拡大してきた。しかし，96年度の53,778億円をピークに縮小傾向に入り，05年度には96年の89％（48,098億円）まで縮小した。06年度は05年度比3.2％増の49,651億円となったが，94年度水準（49,213億円）でしかない（図表1）。このような市経済の縮小をもたらしたのは主

図表1　市内総生産製造業出荷額等の推移

年度(年)	市内総生産(生産側,名目) 100万円	成長率(名目) %	製造品出荷額等 年末 100万円	増加率 %
1980	2 797 393	8.4	・・・	・・・
81	3 230 565	15.5	・・・	・・・
82	3 330 731	3.1	・・・	・・・
83	3 615 998	8.6	6 528 504	・・・
84	3 542 680	-2.02	6 819 686	4.46
85	3 873 186	9.33	6 764 722	-0.81
86	4 006 933	3.45	5 842 937	-13.63
87	4 353 245	8.64	5 656 709	-3.19
88	4 343 420	-0.23	5 743 150	1.53
89	4 488 346	3.34	5 935 659	3.35
90	4 865 688	8.41	6 406 463	7.93
91	4 941 512	1.56	6 486 959	1.26
92	4 867 767	-1.49	5 877 801	-9.39
93	4 729 199	-2.85	5 358 907	-8.83
94	4 921 289	4.06	4 889 933	-8.75
95	5 063 860	2.9	5 123 073	4.77
96	5 377 688	6.2	5 359 365	4.61
97	5 190 950	-3.47	5 340 766	-0.35
98	4 974 525	-4.17	4 542 135	-14.95
99	4 796 863	-3.57	4 346 334	-4.31
2000	4 842 892	0.96	4 069 736	-6.36
1	4 802 804	-0.83	3 826 761	-5.97
2	4 750 825	-1.08	3 550 479	-7.22
3	4 881 959	2.76	3 835 393	8.02
4	4 810 519	-1.46	3 858 387	0.60
5	4 809 770	-0.02	4 229 776	9.63
6	4 965 062	3.23	4 475 662	5.81
7	・・・	・・・	4 935 042	10.26
8	・・・	・・・	4 611 044	-6.57

注）「市内総生産」は年度,「製造品出荷額等」は年
資料出所:「川崎市統計書」

要産業であった工業の縮小であった。

工業統計における「製造品出荷額等」は86年に前年比13.6%の減少率を示したのをはじめ,バブル経済崩壊後の92年から3年連続の減少,98年から5年連続の減少等により,02年には35,505億円と戦後最高であった84年(68,197億円)の52%にまで減少してしまった。その後回復傾向にあるが,07年でも49,350億円で,86年の72%でしかない。リーマンショックによる世界的不況の影響が出た08年は46,110億円と07年比6.6%減少している。(図表1)

このような工業活動の縮小は,市の産業構造を大きく変えることとなった。

1975年の市内総生産における川崎市の産業構成をみると,製造業が56.3%を占め,中でも,電気機械(15.2%),化学(5.0%),一次金属(4.9%,大半が鉄鋼),石油・石炭(4.6%,大半が石油),一般機械(4.1%),輸送用機械(3.9%)等の重化学5業種でその大半を占め,第三次産業は35.0%でしかなく―不動産業(7.4%),卸売・小売業(7.0%),サー

第2章 川崎市内産業・従業者特性と住民の性格

図表2 川崎市市内総生産（名目）産業別構成の推移

項目	1975年度	1980年度	1985年度	1990年度	1995年度	2000年度	2005年度	2006年度
市内総生産（生産側）億円	164128.4	27974.0	38732.0	48657.0	50639.0	48,429.0	48,098.0	49,651.0
市内総生産（生産側）	100	100.0	100.0	100.0	100.0	100.0	100.0	100.0
1 産業	95.3	95.1	95.5	95.8	94.7	94.7	94.3	94.2
（3）製造業	56.3	56.3	54.0	46.9	39.1	27.5	24.6	25.7
（4）建設業	6.8	6.0	6.0	7.6	6.3	6.0	6.4	6.2
（5）電気・ガス・水道業	2.2	2.8	3.1	3.5	4.0	3.4	2.6	2.5
（6）卸売・小売業	7	6.9	6.4	6.9	6.7	9.4	10.1	9.8
（7）金融・保険業	2.8	2.6	2.4	2.7	2.8	3.7	3.9	3.9
（8）不動産業	7.4	7.9	8.7	10.8	14.0	16.1	18.4	18.8
（9）運輸・通信業	5.6	4.9	5.3	6.1	6.3	7.5	7.1	6.5
（10）サービス業	6.8	7.6	9.5	11.3	15.5	20.9	21.4	20.6
2 政府サービス生産者	5.4	5.0	4.7	5.0	5.9	6.7	6.3	6.2
3 対家計民間非営利サービス生産者	1.3	1.4	1.4	1.4	1.9	1.5	1.5	1.6
第2次産業	63.1	62.3	60.0	54.5	45.4	33.5	30.8	32.0
第3次産業	35	39.1	40.1	47.6	63.3	69.3	71.3	70.0
小計	102.1	101.5	101.6	102.2	102.5	102.8	102.1	102.0

注）1.農林漁業および鉱業1％未満なので、表から外した。
　　2.輸入品に課される税（控除）関税（控除）総資本形成に係る消費税（控除）帰属利子を削除してあるので、内訳計は100.0％にならない
資料出所：「川崎市統計書」

ビス業 (6.8%)—, 重化学工業中心の工業都市であった。それが大きく変容しだすのは, 都市の過密, 公害が大きな問題となり, 72年に市内ほぼ全域が「工業等制限法」の指定地域とされ, かつ「工業再配置促進法」による移転促進地域に指定され, 加えて, 73年秋のオイルショックによる不況の中で, 市内工場の市外への移転が急速に進んだことによる。

73に年新日本製鉄川崎精工所, 77年に特殊製鋼が移転し, 79年には東芝玉川工場, 昭和油化, 昭和電工（一部）, 80年には大日本電線, 沖電気, 明治製菓, 明治製糖が移転し, その後も日立精工, キトー, 池貝鉄鋼溝口工場, 荏原製作所, 三井金属鉱業, 日本ヒューム管, 日立造船（一部）等々, 90年までに1ha以上の56工場 (261ha) が市外へ移転した。90年代に入っても日本発条, 日本板硝子, 三井東圧化学, 東芝タンガロイ, 昭和電線電纜, 日本酸素等々の大規模工場の市外への移転が続いた[1]。

このような工場の市外流出により, 製造業の生産額は減少をつづけ, 2000年度には1.3兆円に低下し, その後は1.2兆円前後で推移している（05年度には90年度の54%）にまで落ち込んだ。市内総生産における製造業の比重は, 85年度54.0%, 90年度46.9%, 95年39.1%と低下し, 99年度にはついに30%を割り (28.3%), 2000年度には27.5%まで低下した。その後は25%前後で推移し, 2006年度は25.7%で75年度の半分にまでに落ち込んでいる（図表2）。

90年度川崎の製造業の中心は, 電機 (31.9%〈製造業の総生産に占める割合, 以下同じ〉), 化学 (10.5%), 一次金属 (10.4%), 石油 (9.7%), 一般機械 (8.6%), 輸送用機械 (8.3%) であり, この5重化学工業で7割強を占め, あと食料品が9.8%を占める構成であった。

しかし, 90年以降の変動は激しく, 中でも電機と輸送用機械の低下は著しい。電機は90年度に7,000億円あったものが, 06年度には1/10以下の600億円弱, 6.3%となり, リーディング産業の地位を失っている。輸送用機械も90年度の1,800億円から一時2,300億円 (95年) まで増加したが, その後急減し05年度は234億円 (4.2%) となった。これに代わって, 石

油製品が上昇し，06年度には90年度のほぼ2倍の生産額（4千億円）となり，製造業生産額の31.6%を占めるようになった。化学は生産額の減少が緩やかであり，製造業全体が生産額を減少させていたため17.3%（06年度）となり，もう一つの主要産業であった鉄鋼を中心とする一次金属は，90年度以降減少を続けていたが04年度に90年の水準（1,400億円台）を回復，06年度には2千億円強となった（シェア16.3%）。食料品は90年度以降，増減の波を繰り返しながら減少し，06年度は90年度の半額以下になっている。

この結果，製造業の生産額は06年度には90年度の58.5%まで縮小し，電機，輸送用機械が凋落し，石油（31.6%），化学（17.3%），一時金属（16.3%）の三業種でほぼ2/3を占める構成となった。その要因は，後述するように電機産業の中心を占めていた東芝，富士通，NEC等の製造工場の研究・開発・試作型事業所（サービス産業）への転換と自動車産業（いすゞ自動車）の撤退がであった。

他方，製造業が縮小していく中で，サービス業，不動産業が著しく拡大した。サービス業は75年にわずか6.8%でしかなかったものが年々その割合を増大させ，90年度11.3%，2000年度2割を超し（20.9%），その後は21%前後の割合で推移している。これに政府サービス生産者と対家計民間非営利サービス生産者を加えると06年度のサービス生産は市内総生産の28.4%（14,131億円）に達する。また，不動産業も急成長を遂げた産業である（75年度7.4%，90年度10.4%，2000年度16.1%，06年度18.8%〈9,330億円〉）。サービス産業の拡大はすでにみたように電機産業の研究開発事業所への転換が大きかった。

なお，卸売・小売業のシェアの拡大がわずかでしかないのが(75年度7.0%，06年度9.8%）特徴的である。

以下では，事業所と従業者構成から川崎市の産業構造の変化と現状をやや詳しくみていこう。

(2) 産業別事業所の変化

1)「支店都市」川崎―事業所の構成―

　事業所統計によれば，川崎市の民営・非農林業の事業所数は1960年の16,086所から72年には37,535所と急増したが（年平均17,787所，増加率19.4%），オイルショックを挟んだ72年から75年はわずか425所の増加でしかなかった。75年以降再び増加し91年に事業所数はピークとなった（75年37,960所，91年46,980所，年平均564所増，増加率7.7%）。しかしバブル経済崩壊後減少に転じ，06年には40,111所と75年水準に戻ってしまった（91年から06年の減少数6,869所，年平均減少率1.0%）。

　事業所の規模と従業者数の構成をみると，1～4人の零細事業所の割合は縮小傾向にあり（86年64.3%，06年56.2%），他の区分の事業所は増大傾向である（ただ，事業所数全体が減少傾向にあるため，5～9人，100～299人規模の事業所は92年比では減少している）。規模別の従業者数の構成は，1～4人と5～9人の小零細事業所と300人以上の大規模事業所の従業者が縮小傾向であり，他の区分の事業所の従業者は拡大傾向である。特に10～29人規模の事業所の従業者の割合の拡大が著しい（86年17.9%，06年23.0%）。なお，従業員規模1000人以上の大規模事業所は，06年には17事業所（製造業6，情報サービス業4，医療・福祉1，教育，学習支援業2，学術・研究開発機関4）である。

　06年の状況は，1～4人の零細事業所が過半（56.2%）を占めているが，その従業者は1割（4.9万人弱，10.6%）にすぎない。他方300人以上規模の事業所の従業者は9.7万人弱で2割強，1000人以上の大規模事業所は4.4万人強で（9.1%）を占めている。

　産業別にみると，91年までほとんどの産業で増加していたが，91年から96年の間は建設業，金融・保険業，不動産業，サービス業を除いた産業で減少，特に製造業は13.0%の減少であった。産業分類が変更になった96年以降でみると，情報・通信業，医療・福祉を除いて減少し，なかでも川崎市の主要産業である製造業，建設業，卸売・小売業での減少が大きい（96年→06

年 製造業 5,393 → 3,791 減少率 29.7%，建設業 4,550 → 3,560 減少率 21.8%，卸売・小売業 12,293 → 9,634 減少率 21.6%）。

　このような事業所数の推移は当然にも従業者数の推移にも反映する。従業者数は，60 年の 266,084 人から 72 年は 440,383 人に急増（増加数 174,299 人，年平均増加率 5.5%）したが，オイルショックによる不況で減少に転じ，78 年には 422,344 人となった（減少数 18,039 人，年平均減少率 0.7%）。その後増加に転じ，91 年には 528,052 人と最大となった（75 年から 91 年の増加数 105,954 人，年平均増加率 1.9%）。しかし，バブル経済崩壊を挟んで再び減少傾向になり，06 年には 479,818 人と 86 年水準となった（96 年から 06 年の減少数 48,234 人，年平均減少率 0.9%）。

　78 年以降の産業別従業者数の推移をみると，バブル経済崩壊を挟んでいるのにもかかわらず，96 年まで製造業を除いてほぼ全産業で従業者数が増加している。中でも不動産業は 4,691 人から 9,234 人と 2 倍近く（1.97 倍），卸売・小売・飲食店は 91,396 人から 134,024 人と 1.47 倍に，建設業は 33,885 人から 45,352 人と 1.34 倍に大きく増加させていた。

　しかし，96 年以降は，多くの産業で従業員数が減少，特にそれまで急増していた建設業の減少が著しい。サービス業は，複合サービス事業を除いて 96 年以降も増加が顕著である。金融・保険業は 96 年までは微増を続けていたが，96 年以降急減し，10 年間で 2/3 に縮小した（96 年 12,667 人，06 年 8,338 人 減少数 4,329 人，年平均減少率 3.4%）。

　永く多くの従業員を抱えていた製造業は 78 年以降 91 年まで 17 万人台で若干の増減を繰り返していたが，91 年以降急減し，96 年には 13 万 5 千人弱に，01 年には 9 万人強に，06 年には 8 万 5 千人弱となり，91 年の半数までに減少した。

　このような事業所数と従業者数の変動は，産業別の構成を大きく変えた。

　製造業は，事業所数で 78 年 13.5%，91 年 13.2%，06 年 9.5%，従業者数でそれぞれ 78 年 41.4%，91 年 32.4%，06 年 17.6% と大きくそのシェアを低下させ，卸売・小売・飲食店，サービス業の比重が高まってきている。

figure 3 主要産業の従業者数・構成の推移

	1981年	1986年	1991年	1996年	2001年	2006年
総数	449 753	486 406	536 531	536 614	499 176	488 613
建設	37 151	37 832	41 736	45 352	33 421	29 852
製造	173 394	174 988	171 062	134 446	90 723	84 658
運輸通信	29 915	31 396	38 338	38 418	37 301	57 688
卸小売	98 603	109 185	124 214	134 024	131 017	130 378
金融保険	10 940	11 261	12 224	12 772	9 305	8 338
不動産	5 638	6 328	8 460	9 234	8 935	10 241
サービス	81 893	104 277	128 556	150 419	176 763	156 647
総数	100.0%	100.0%	100.0%	100.0%	100.0%	100.0%
建設	8.3	7.8	7.8	8.5	6.7	6.1
製造	38.6	36.0	31.9	25.1	18.2	17.3
運輸通信	6.7	6.5	7.1	7.2	7.5	11.8
卸小売	21.9	22.4	23.2	25.0	26.2	26.7
金融保険	2.4	2.3	2.3	2.4	1.9	1.7
不動産	1.3	1.3	1.6	1.7	1.8	2.1
サービス	18.2	21.4	24.0	28.0	35.4	31.1

注：2006年調査で産業分類の組み換えがあったが，比較のため旧分類にあわせた。
　　新分類の「情報通信業」と「運輸業」は旧分類の「運輸・通信業」としてまとめた。
　　新分類の「飲食店・宿泊業」は「卸小売業」に含めた。
　　旧分類で「運輸通信業」と「製造業」に分類されていたものの一部は業態転換により，サービス業に分類された。
資料出所：「川崎市の事業所」（各年）より作成

　開設時期別の事業所構成をみると，96年には，84年以前開設の事業所が63.4%を占めていたが，06年には43.3%となっている。96～01年，01～06年の変化をみると，96～01年の5年間では，年次の古いものほど減少（廃業）率が高かった（54年以前開設31.4%減，75～84年開設20.6%）。01～06年の5年間では，54年以前開設の事業所の減少率は18.3%でしかないの対して55～64年，65～74年，75～84年は23%前後の減少，95-99開設は32.7%も廃業している。つまり，96～01年の5年間はより開設年次の古いものほどは廃業率が高かったが，01～06年の

5年間では，54年以前開設の事業所の生き残り率が高く，他方55～84年と95～99年に設立された比較的新しい事業所の廃業率が高いのである。

また，01年以降06年までの5年間で事業所数は2,736所減の39,260所であったが，そのうち01年以降存続している事業所は28,831所（存続率68.6%%，対01年事業所数），廃業した事業所は12,146所（廃業率30.9%，同）であり，他方新設事業所は10,429所（新設率26.6%，対06年事業所数）であった（図表3）。

2006年の川崎市の事業所の組織構成をみると，民営事業所が97.5%占め，その4割（39.5%）が個人経営で，会社組織が6割弱（22,059所，56.2%）である。

個人経営の事業所は15,491所あるがその大半（85.2%）は1～4人の零細なものであり，従業者100人以上の事業所は2所(ともに医療業)しかない。また，半数は飲食店（24.9%），洗濯・理容・美容・浴場業を中心とする「他に分類されないサービス業」(18.8%)，飲食料品を中心とする小売業(17.9%)であり，製造業事業所はわずか4.5%にすぎない。

会社組織の事業所は22,059所で，その9割は従業者30人未満の小零細事業所である。

そのうち，単独企業の事業所（50.4%）と複数企業49.6%）がほぼ半々である。しかし

複数企業の事業所10,936所のうち本社・本店は1,539社（14.1%）でしかない。川崎市に本社のがある企業は，企業単位でみると企業数は12,648企業，そのうち87.2%が単独企業である。つまり，企業単位でみると，単独企業が87.2%を占め，複数企業の本社・本店は12.2%（1,539社）しかない（図表4）。

また，川崎市に所在する支社・支店9,397社の本社の所在地は，川崎市内2,338社（24.9%）で，3/4は市外にであり，うち東京都がそのほぼ半分（48.1%）占めている（図表5）。

つまり，川崎市に所在する事業所の布置状況は，公共団体，非営利団体，

図表4　川崎市の事業所の構成

	全事業所数	公共団体	民営	個人	非法人	独法	その他
事業所数（所）	40 260	1 000	39 260	15 491	156	106	1 448
割合（％）	100.0	2.5	97.5	38.5	0.4	0.3	3.6
本所・支所構成							

資料出所：2006年「事業所・企業統計調査」より作成

図表5　複数事業所の本所所在地構成

調査年	1986	1991	1996	2001	2006
事業所総数	6701	8690	8941	8754	9397
構成比（％）	100	100	100	100	100
川崎市内	20.1	30.2	28.1	27.1	24.9
県内・市外	23.1	12.9	14.1	15.0	15.4
県外	56.8	57.0	57.8	58.0	59.6
東京都	48.8	48.8	48.5	47.5	48.1

資料出所：「事業所・企業統計」（各年）より作成

独立行政法人が合わせて3.2％，大半は小零細企業と想定される個人企業と単独企業（一企業一事業所）の事業所が7割（70.7％）を占め，相対的に大きい規模の企業と思われる複数企業の事業所が3割弱（27.1％）である。そのうち本社が川崎市内にある企業はわずか3.8％に過ぎない。多くの事業所の本社は川崎市外，中でも東京に所在している。また，本社・本店の形をとっていても，親会社が存在する企業が661社あることも考慮に入れれば，実態としての本社・本店機能を持つ事業所はさらに少なくなる。事実，川崎市に所在する大規模事業所（工場，研究所，大学等），大型スーパー，コンビニ，ファーストフードなどの本社・親会社・本部の大半は東京に所在している。

川崎市は支社・支店都市といっても過言ではないであろう。

2）工業の変容

川崎市の工業の比重が低下してきたとはいえ，市内総生産に占める割合は，先にみたように06年段階で，市内総生産の25％強を占めており，いまだ重要な産業であることに変わりはない。以下，工業の現状をやや詳しくみてみよう[2]。

工業統計によれば，85年時点で従業者数4人以上の事業所が3,350所，

会社	単独	本所	支所	会社企業	外国会社
22 059	11 109	1 539	9 397	12 648	14
54.8	27.6	3.8	23.3	31.4	0.03
100.0	50.4	7.0	42.6		

　従業者数は14万7千人であった。その後事業所数は若干の増減を繰り返しながら減少傾向をたどり，07年にはほぼ半数の1,734所まで減少した。従業者数はほぼ一貫して減少傾向にあり，06年には5万4千人弱で85年の36%までに縮小した。07年にやや持ち直して5万7千人となったが，85年の38.8%でしかない。製造品出荷額等は，85年の6.8兆円弱から減少傾向をたどり，バブル期にやや持ち直した（91年6.5兆円）が再び減少傾向となり，02年には3.6兆円弱（85年比52.5%）まで落ち込んだ。その後増加傾向となってい05年に4兆円台まで回復，07年で4.9兆円強となっているが，85年の3/4（73.0%）でしかない（図表6）。

　このような事業所・従業者・出荷額の激減は，日本の産業構造の変動（工業からサービス産業・知識産業へ，グローバリゼーションの進展による製造業の海外移転）が背景にあるが，すでに述べたように，多発した市外への工場移転（市外への流出）と後に詳述するように，製造工場から研究開発事業所への業態転換という特殊川崎の状況があった。

　川崎の1990年以降の工業の構成は以下のように変化している（図表6）。

　製造品出荷額等では,90年には石油化学（15.9%〈総出荷額に対する割合，以下同じ〉），化学（13.0%），鉄鋼（9.7%）を中心に素材型産業は41.5%の割合であったが，2000年に5割を超え（51.7%），05年には68.7%（石油30.4%，化学23.9%，鉄鋼12.8%），07年もほぼ同じ割合（67.4%）である。他方，電機（25.4%），輸送用機械（12.4%）を中心に50.0%を占めていた加工組立型産業は電機の割合が急激に低下し始め（95年20.5%，00年11.6%，05年4.3%），05年には23.1%まで落ち込んだ（07年25.1%）。

食料品が中心の消費関連産業はその割合に大きな変動はなく8％前後を一貫して占めている。

　従業者構成では，素材産業は多くが装置産業型で，鉄鋼を除いて出荷額に比べて従業者は少なく，90年の21.7％（2.9万人）から，鉄鋼が大きく減少し（90年1.3万人→05年0.5万人，58.9％減）したことによって，05年1.5万人まで減少したが，他部門の減少が著しいため，割合は26.7％と増大した。加工組立産業は，出荷額同様従業者数もその割合も大きく縮小した。90年に9.2万人（67.9％）であったものが，00年には4.4万人（58.1％）に，05年は3.1万人強（55.9％）となっている。従業者数では食料品製造業とプラスチック製造業が中心となる消費関連産業は，90年に1.5万人，11.0％（食料品0.6万人，4.6％，プラスチック0.3万人，2.5％）あったものが，00年以降減少し始め，05年には1万人弱（食料品0.4万人強，プラスチック0.2万人強）に減少したが，割合は17.4％と増大した。

　すなわち，90年以降の川崎の工業の構成を大きく変えたのは電機産業の縮小によるものであったと言って過言ではない。ただし，大手の電機産業は後にみるように，川崎市からの撤退ではなく，研究開発産業（サービス業）への転換によるものであった。

　2007年の工業の構成を改めて確認しておこう。

　市全体で，事業所数は1,734所，従業者数57,053人，製造品出荷額44,757億円である。その内従業者数規模4～9人の零細事業所の占める割合は，事業所数が50.8％，従業者数が9.3％，出荷額はわずか1.5％である。30～299人の中規模事業所は13.8％，従業者数が34.8％，出荷額は22.1％である。300人以上の事業所はわずか30所であるが，従業者数は38.7％で出荷額は実に71.7％を占めている。1000人以上の大事業所は4社（有機化学，製鉄，電子部品・デバイス，自動車・同部品）しかなく，従業者数の15.5％，出荷額の21.6％を占めている。

　産業別では，一般機械，金属製品，電機を中心とした加工組立型が事業所の66.1％，従業者数の55.4％を占め，中心産業のように見えるが，出荷額

図表6　川崎市工業構成の変化

	1985年	1990年	1995年	2000年	2005年	2006年	2007年
事業所数（所・%）							
	3,350	3,275	2,659	2,376	1,839	1,700	1,734
総計	100.00	100.00	100.00	100.00	100.00	100.00	100.00
素材型	9.46	9.16	9.55	10.56	10.82	11.29	11.59
化学	1.85	1.68	2.14	2.31	2.50	2.53	2.77
石油	0.39	0.52	0.49	0.55	0.71	0.88	0.98
鉄鋼	1.79	1.83	2.14	2.53	2.34	2.59	2.65
加工組立型	70.24	69.92	69.16	67.17	66.56	66.82	66.09
金属製品	18.30	18.17	18.84	17.42	17.13	17.41	16.61
一般機械	19.01	19.88	19.41	20.20	22.13	21.88	21.22
電機	26.00	25.47	24.18	24.37	11.58	11.88	12.11
輸送機	3.25	2.93	3.23	2.19	2.66	2.71	3.00
消費・その他	20.30	20.92	21.29	22.26	22.62	21.88	22.32
食料	3.94	4.09	4.51	5.47	5.60	5.41	6.23
従業者数（人・%）							
	146,983	135,269	112,908	76,298	56,232	53,540	57,053
総計	100.00	100.00	100.00	100.00	100.00	100.00	100.00
素材型	23.33	21.71	21.06	24.18	26.68	28.26	27.24
化学	7.13	6.38	6.63	9.32	11.23	11.68	10.84
石油	1.45	1.40	1.77	1.72	2.12	2.26	2.46
鉄鋼	10.41	9.67	9.10	9.56	9.54	10.34	10.34
加工組立型	66.28	67.86	67.25	58.16	55.90	55.15	55.38
金属製品	6.17	5.83	6.46	7.20	8.13	8.38	7.22
一般機械	11.05	11.94	11.33	13.43	13.76	14.59	16.28
電機	37.84	38.87	37.90	25.88	6.80	7.26	7.34
輸送機	7.81	8.65	9.31	10.07	11.15	11.86	11.07
消費・その他	10.11	11.03	10.64	17.66	17.42	16.59	17.39
食料	4.11	4.55	5.33	8.92	7.84	6.42	8.49
製造品出荷額等（100万円・%）							
総計	67,648	64,065	51,231	40,697	42,298	44,757	49,350
	100.00	100.00	100.00	100.00	100.00	100.00	100.00
素材型	48.71	41.45	41.58	51.73	68.71	67.16	67.40
化学	13.74	13.00	14.30	19.35	23.88	23.86	20.28
石油	22.17	15.87	16.52	21.11	30.39	28.44	31.92
鉄鋼	10.10	9.65	8.27	9.06	12.76	13.19	13.87
加工組立型	41.71	49.67	49.16	35.88	23.05	24.84	25.05
金属製品	2.00	2.73	2.71	12.39	1.90	1.77	1.43
一般機械	6.22	7.88	7.73	8.30	4.66	4.57	5.46
電機	23.06	25.43	20.45	11.63	2.25	2.23	2.26
輸送機	8.98	12.40	17.08	13.31	11.69	12.91	11.45
消費・その他	9.41	8.81	8.84	0.00	8.24	8.00	7.55
食料	3.85	3.90	4.55	6.15	5.39	4.98	4.84

資料出所：川崎の工業」（各年）より作成

は25.1%でしかない。他方，化学，石油，鉄鋼を中心とする素材型は事業所数で11.6%しかないが，従業者数は1000人以上の巨大事業所が3社あり，27.2%を占め，出荷額は，全体の32%を占める石油精製業，15%の有機化学，14%の鉄鋼業があることにより，実に67.4%を占める中心産業である。消費関連は，食料品とプラスチックを中心に事業所数で22.3%，従業者数で17.5%であるが，出荷額は食料品の5%を含んで7.6%にすぎない。

　このように川崎市は，従業者構成からいえば一般機械，金属製品，電機を中心とした加工組立型工業の都市であり，出荷額の構成からいえば石油精製，有機化学，製鉄・製鋼工業などの素材型産業の都市である。

　なお，18大都市[3]の中では，事業所数10位，従業者数8位，製造品出荷額等6位，従業者一人当たりの製造品出荷額等1位（8,650万円，2位は堺市，5,950万円）で，生産性の高い有数の工業都市であることには変わりがない。

　3）低い商業の地位—川崎市の商業—

　1970年以来，事業所数は卸売業，小売業ともに82年まで増加を続けてきたが，以降若干の増減を伴いながら減少傾向となり，04年に75年水準を割り，07年にはついに1万所を切った（9,105所）。従業者数は94年まで増加を続け，94年以降は調査年ごとに増減を繰り返しながらの8.5万人前後で推移している。年間商品販売額は大幅な増加を続け，91年には70年の8倍となる2.9兆円となった。バブル崩壊後減少傾向となり97年は2.5兆円弱になったが，その後増加傾向となり，07年には3.6兆円（70年の10倍）となっている。とはいえ，市内総生産に占める割合は1割程度（06年9.8%）でしかない。

　卸売業と小売業の比率は，事業所数では圧倒的に小売業が多いが，徐々に卸売業の割合が増えてきた（小売業割合70年90.5%，91年82.5%，07年81.5%）。従業者割合でも小売業従業者が卸売業従業者の数倍いるが，これも卸売業の割合が増大してきた（小売業従業者割合70年80.7%，91年70.8%，07年74.0%）。他方，年間販売額は79年までは小売業の方が多かっ

たが，82年に逆転，その後卸売業の方が多なり，その割合も，90年代前半はやや縮小気味であったが，99年以降再び増大傾向となり，07年には販売額の2/3を占めるにいたった（卸売業年間販売額割合 70年40.8%，82年50.1%，91年60.5%，97年55.7%，07年68.0%）。つまり，川崎の商業は徐々に卸売業に比重が移りつつある（図表7）。

卸売業の業種構成(07年商業調査)は，事業所数の上位5業種は，農畜産物・水産物（16.3%），他に分類されない卸売業（12.6%），食料・飲料（12.0%），建築材料（10.9%），一般機械（8.1%）である。従業者数は，自動車（31.9%〈事業所数は5.3%で8位〉）が突出し，次いで農畜産物・水産物（13.6%），他に分類されない卸売業（10.0%），食料・飲料（8.8%），電気機械器具（7.3%〈事業所数は6.8%で6位〉）の順である。年間販売額では，自動車（27.1%），他に分類されない卸売業（20.2%），電気機械器具（15.6%），農畜産物・水産物（11.6%），食料・飲料（5.6%）の順であった。

他方，07年商業調査によれば，小売業の業種構成は次のようであった。

事業所数，従業者数，年間販売額上位3業種は，コンビニエンスストアを含む「飲食料品業」，医薬品・化粧品店を含む「その他の小売業」，「織物・衣服・身の回り品小売業」である。この3業種で事業所数の87%，従業者数の85%，年間販売額の72%を占めている。（コンビニ〈524店〉を含む「飲食料品業」は事業所数2,851店（38.1%），従業者数30,511人（42.9%〈コンビニ8,757人〉），販売額4,091億円（35.1%〈コンビニ919億円〉），医薬品・化粧品店〈656店〉を含む「その他の小売業」は，事業所数2,517店（33.7%），従業者数17,080人（27.1%，〈医薬品・化粧品店5,103人〉），販売額3004億円（25.8%，〈医薬品・化粧品店631億円〉）である。織物・衣服・身の回り品業は，事業所数1,114店（14.9%），従業者数6,063人（9.6%），販売額1282億円（27.9%）である。

百貨店・総合スーパーは11店舗，従業者数3,261人（5.2%），販売額977億円（8.0%）で，人口140万の大都市にしてはその数も規模小さく，特に百貨店はわずか3店舗　従業者568人，売り場面積68千㎡）と極端に

図表7　川崎市の商業の推移

調査年	卸売業 事業所数 店	卸売業 従業者数 人	卸売業 年間商品販売額 100万円	小売業 事業所数 店	小売業 従業者数 人	小売業 年間商品販売額 100万円
1985年	1 876	15 551	1 022 200	10 446	45 159	779 412
1988年	2 151	18 361	1 340 942	10 602	53 465	922 625
1991年	2 240	21 141	1 766 507	10 551	51 141	1 152 258
1994年	2 077	20 366	1 475 214	9 815	56 892	1 157 491
1997年	1 825	16 918	1 385 245	9 104	56 712	1 101 814
1999年	2 067	20 384	1 608 762	9 274	64 977	1 175 383
2002年	1 866	19 396	1 687 491	8 458	65 000	1 140 187
2004年	1 955	19 641	1 899 548	8 372	66 357	1 140 019
2007年	1 629	22 203	2 474 771	7 476	63 117	1 165 891

資料出所：「川崎市長期データ」(「川崎市統計書」)

少ない。

大型小売店（98年まで売場面積500㎡以上，99年以降1000㎡以上）は，70年の90店舗から徐々に増加し，92年に101店舗に，その後97店舗に減少したが，98年は103店舗なった。従業者数は増減を繰り返しながらも85年の5,749人から97年の8,063人まで増大した。販売額は98年までほぼ増加傾向で85年の1938億円から97年には3,148億円まで増加した。売場面積1000㎡以上と規定変更となった99年に店舗数は75店舗になり，02年（68店舗）まで減少するが，以降増加傾向となり，08年には89店舗（百貨店2，スーパー71，専門店16）となった（図表8）。

この89店舗の開設時期をみると，1970年以前の店舗はわずか13，71～90年が20店舗，91～2000年が29，01～08年が27店舗で，91年以降に開設されたものが56店舗で全体の63％を占めており，ここ20年で大型店舗が急激に増えてきた。

従業者数は，99年の6,977人から増減を繰り返しながら05年に7,960人まで増加した。06，07年と減少したが，08年は8,131人に増加した。

販売額は99年の2,748億円から01年（2,670億円）まで減少し、その後04年まで微増を続け、06，07年と大幅に増加し、07年に初めて3億円を超えた（3,211億円）。08年は若干の減少である（3,191億円）。

小売業に占める大型小売店の割合は（調査が異なるので正確な比較はできないが，商業統計が行われた同じ年次のものを比較すると），新規定になった99年は，従業者数が10.7%，販売額が23.4%であったが，04年は従業者数で11.4%，販売額は24.5%，07年は従業者数12.3%，販売額は27.5%となり，それぞれその比重を高めてきている。

なお，伸長著しい大型小売店とコンビニエンスストア（以下，コンビニ）について触れておこう。

図表8　川崎市大型店の推移

調査年	店舗数 店	従業者数 人	年間商品販売額 万円
1985	90	5 749	19 382 430
90	93	6 767	27 904 637
91	95	6 684	29 669 327
92	99	7 244	29 835 829
93	100	6 891	29 553 694
94	101	6 758	28 676 793
95	97	6 618	28 789 127
98	103	8 063	31 475 095
99	75	6 977	27 475 859
2000	72	7 008	27 069 912
1	68	6 723	26 704 764
2	74	6 873	27 088 618
3	80	7 423	27 644 150
4	80	7 560	27 932 690
5	86	7 960	27 923 902
6	88	7 917	29 727 786
7	86	7 751	32 111 763
8	89	8 131	31 908 177

資料出所：「川崎市統計書」＋「横浜市大型小売店統計調査結果報告（年報）」

コンビニは，94年の373店から97年469店，02年528店と02年まで，店舗数を大きく増加させてきた。従業者数も5,272人→6,693人→9,019人，売り場面積も36,836㎡→47,396㎡→55,013㎡，年間販売額も687億円→827億円→959億円と増加させてきた。しかし02年から07年の変化は，売り場面積こそ58,370㎡で3,357㎡増大したが，店舗数は524店舗で2店舗減，従業者数は8,757人で262人減，販売額は919億円で40億円減少した。07年の小売業に占めるコンビニの割合は，事業所数7.0%（97年5.2%），従業者数13.9%（同11.8%），売り場面積6.4%（同6.4%），販売額7.9%（同7.5%）

である。

　最後に，川崎市の商業従事者の構成をみておこう。

　07年の商業統計によれば，就業者総数は90,050人，内男性46,400人（51.5%），女性43,650人（48.5%）である。内，卸売業の就業者は22,949人（25.5%），小売業就業者67,101人（74.5%）である。性別では男46,400人（51.5%），女43,650人（48.5%）で総数では男の方が若干多いが，卸売業は男が75.2%と圧倒的に多く，小売業では女が56.6%と女性の方が多くなっている。

　従業上の地位構成は，有給役員が6,207人（14.5%），個人業主・無給家族従業者3,774人（4.2%），正社員35,054人（38.9%），非正規45,960人（51.0%）で，正社員の割合が少なく，有給役員，非正規雇用者の割合が多いのが特徴である。有給役員の割合が高いのは，実態として自営業である小零細商店が法人組織にし，実態としての業主・家族従業者が役員になっているからであろう。非正規率の高い業種は，飲食料品小売業（65.8%），百貨店・スーパー（62.4%）である。中でも，コンビニは就業者の85.2%をパート・アルバイトに依拠している。

　なお，非正規労働者の大半（87.7%）はパート・アルバイト（40,285人）であり，それを彼・彼女らを8時間換算雇用者数にすると24,721人となり，彼・彼女らの1日の一人当たりの平均労働時間は5時間弱である。

　18大都市の中では，事業所数16位，従業者数13位，年間売上額13位であり，大型店では，データのある16大都市の内，店舗数こそ9位であるが，従業者数は13位，販売総額は15位（下から2番目）であって，人口規模9位・130万人（07年時）の大都市にしては，商業規模は著しく小さいといってよい。

　4）サービス業の伸張

　以上のような製造業の縮小，卸売・小売業も販売額は増加しているとはいえ，事業所数も状業者数も減少傾向という中で，急速に比重を高めてきたのがサービス業である。

81年以降の推移を見ると、事業所数81年の9,133所から01年には11,631所と1.27倍に、従業者数は81,393人から176,763人と2.17倍に増加し、非農林産業全体に占める割合も、事業所数で21.5%から27.3%に、従業者数では18.6%から36.1%に拡大した。なお、新産業区分で比較できる96年以降の推移は、ほぼこれまでのサービス業にほぼ対応する「飲食店,宿泊業」(飲食店は従来「卸売・小売業・飲食店」として区分されていた),「医療,福祉」,「教育,学習支援業」,「複合サービス業(郵便局と協同組合)」,「(他に分類されない)サービス業」を合計したものをみると、事業所数は96年の18,522所(旧分類のサービス業では11,719所)から06年には17,648所に減少したが、従業者数では172,569人(同150,413人)から06年には199,774人と1.16倍に増加した。シェアをみると、事業所は39.7%(同25.1%)から45.0%に、従業者数では32.7%(同28.5%)から41.6%と大幅に増大している。

　96年から06年の従業者数の変化をみると、「医療,福祉」が28,917人から44,647人と54.4%も増加、「教育,学習支援業」が23,561人から26,251人へと11.4%増加している。他方、「飲食店,宿泊業」は44,617人から43,127人と1,000人強2.4%減、「複合サービス業」が4,364人から3,633人と700人強16.8%減となった。

　「(他に分類されない)サービス業」はやや変わった動きを示している。96年に比べ01年は16,000人強(22.6%)増でシェアも17.9%まで拡大した(96年13.6%)が、06年は01年に比べ5,600人強減少(6.4%減)し1.8万人、シェアも17.1%に下がった。この大きな変動の主要因は、学術・開発研究機関の自然科学研究所の変化であった。

5) 研究開発機関の状況

　神奈川県科学技術振興調査(1999年)によると、川崎市に所在する研究開発機関は204所(民間企業183所,大学その他の研究機関21所)であった。

　他方、事業所統計によれば、学術・開発研究機関の推移は図表9の通りである。その大半は民営の自然科学研究所とその従業員である。民営学術・

開発研究機関の数は，96年の70所から99年52所，01年56所，04年52所，06年64所と増減を繰り返し，従業者数も，96年の9,126人から01年には99年には6,344人，そして01年は23,552人と一挙に2.3倍に増加したが，04年には再び大きく減少し，6年17,862人まで回復した。このように，研究開発機関数とその従業員数は変動が大きい。

01年から06年の5年間の学術・開発研究機関の異動をみてみると，存続していた事業所は35所で，廃業した事業所は20所，その従業員数は2,927人で，他方新設された事業所は32所で，従業員数2,485人であり，差し引き442人の減少である。しかし，全体の従業者数は5,513人（23.5%）減少している。つまり，存続している事業所（35所）の従業員が5000人強減少しているのである。06年の従業者数1,000人を超える研究開発機関は，96年に2所で従業員数は2,969人であったが，2001年には3所，17,185人と大幅に増加した。06年には4所となり事業所数は増えたが，従業員数は14,139人と，3,046人減少し，総減少数の55.3%を占めている。

研究開発機関は設立も多いが，廃業も多く，また従業員数の異動も大きく，変動が激しいといえる。

06年の学術・開発研究機関は，64事業所，従業者数17,986人のうち民営が49事業所で，従業者数1,000人以上の事業所が4所，その従業者数が17,458人である。大規模事業所が総従業員数の97.1%を占めている。また，単独事業所が11，本所が3，支所が35で，その本社が東京都にあるものが35機関で，その従業員は15,814人である。つまり，川崎市に存在する学術・開発研究機関の従業者は，東京に本所のある4民営巨大事業所の従業者が大半なのである。また，従業者の大半（85.9%）が男性である，という特徴を持っている。

なお，09年現在川崎市に所在する研究開発を中心とする大規模事業所は，東芝研究開発センター（小向工場，幸区1,500人），東芝マイクロエレクトロニクスセンター（幸区3,000人），富士通研究所（中原区4,700人），富士通ゼネラル（高津区1,000人），NEC玉川事業所（中原区3,200人），

図表 9　川崎市学術・開発研究機関数と従業者数の変化

	機関数（所）					従業者数（人）				
調査年	1996	1999	2001	2004	2006	1996	1999	2001	2004	2006
学術・開発研究機関	77	61	56	52	64	9,347	23,603	23,412	12,267	17,899
自然科学研究所	74	57	52	48	60	9,286	23,552	23,361	12,215	17,775
人文・社会科学研究所	3	4	4	4	4	61	51	51	52	124

資料出所：「事業所・企業統計」（各年）より作成

　NEC エレクトロニクス（中原区 4,800 人），キヤノン矢向事業所（幸区 2,200 人）等である（以上，各社「有価証券報告書」2008 年度）。これらの事業所は電気機械産業（製造業）の事業内容の転換であり，製品の研究開発・試作が主な業務であるため，製造業の範疇に入らず，「製造業」から外れてサービス業に分類されることなったが，電機機械産業企業の企業内研究所であり，その成果は一般に開放（販売）されるのではなく，親会社に提供されるものであり[4]，その意味でも製造業／工業が衰退したとは言い難い。

　なお，付け加えれば，民営の学術研究機関は大幅な赤字事業所である。やや古いが，2001 年の「サービス業基本調査」によれば，45 開発・研究機関の収支は，収入 680 億円，経費総額 1779 億円で 1099 億円の支出超過となっている。

2. 川崎市の人口構造

　以上のような産業構造をもつ川崎市の人口構造，川崎市で働いている（川崎市が従業地）中心とする昼間人口と川崎市在住者（常住人口＝夜間人口）の構成を見てみよう。05 年の川崎市の昼間人口は 115 万人，他方，夜間人口は 133 万人である。昼夜間人口比は 75 年の 95.5 から低下を続け，05 年は 87.1 と 18 大都市の中の最低となっている（図表 10）。つまり，後に詳しく見るように川崎市は昼夜間の人口の流動の激しい，しかも流出人口の方が多い，都市である。

(1) 川崎市の昼間人口

昼間人口は,完全失業者を含む就業していない者・通学もしていない者(以下,「非就業者」,「非就学者」,主に家事専業者と幼児および高齢者)と市内常住で市内就業者・就学者および市外在住の通勤・通学者(流入者)によって構成される。

1) 昼間人口の構成

川崎市の昼間人口は,1775年の96.9万人から増加を続け85年に100万人を超し,05年には115万人強となった。うち男が59.0万人,女は56.4万人で,男女すべての年齢階層で夜間人口より人数が少ない。性比は104.7で夜間人口(常住人口)性比(107.2)より2.5ポイント低く,年齢構成では,年少人口14.8%(17.1万人),老年人口が16.6%(19.1万人)であり,夜間人口よりそれぞれ1.7,2.0ポイント高い割合となっている。つまり,川崎市の昼間は,夜よりも人口数は少ないが,男性人口割合が大きく,年少者と高齢者の割合が多い構成となっているである。これは言うまでもなく,男女ともすべての年齢階層で,かつ,女よりも男が,年少者や高齢者より生産年齢層で,流入人口よりも流出人口がより多いことによっている(流入者及び流出者については5節で詳述する)。

非就業・非就学者は42.9万人,就学者が8.6万人,就業者が55.3万人で,それぞれ32.4%,7.5%,47.9%の構成である(状態不明12.2%)。非就業・非就学者は15歳未満と60歳以上の男,および女によって占められている。就学者の大半は25歳未満の者である。

15歳未満の年少者は17.1万人(14.8%),うち男8.8万人,女8.4万人でやや男の方が多い。非就学の乳幼児が8.5万人,学校に行っている者が.8.8万人(男4.5万人,女4.3万人)である。

15～64歳の生産年齢人口は79.2万人で,男が41.8万人(52.8%),女が37.4万人(47.2%)で,昼間人口の68.6%を占めているが,夜間人口のそれよりも16.6万人少なく,その占める割合も3.7ポイント低い。また性比は112.0で夜間人口よりも2.1ポイントと低く,男がより少ない層である。

図表 10　川崎市昼夜間人口

年次別	夜間人口	流出人口	流入人口	流出超過人口	昼間人口	昼夜間人口比率
1975年	1 014 951	237 693	191 597	46 096	968 855	95.5
1980年	1 039 977	263 415	202 227	61 188	978 789	94.1
1985年	1 088 502	298 290	221 129	77 161	1 011 341	92.9
1990年	1 171 041	370 441	252 851	117 590	1 053 451	90.0
1995年	1 201 881	390 077	255 500	134 577	1 067 304	88.8
2000年	1 249 029	388 178	236 239	151 939	1 097 090	87.8
2005年	1 326 152	401 148	229 432	171 716	1 154 436	87.1

資料出所：川崎市の統計データ（原資料：「国勢調査」）

　この年齢層の非就業・非就学者割合は 24.9%，就学者が 0.5% で，多くは就業者であるが，その構成は性や年齢によって大きく異なる。

　男は，非就業・非就学者が 1 割弱で，大半は就業しているが（ただ，15 〜 24 歳層には就学者が，60 〜 64 歳層には非就業者が相当数いる），そのうち市外からの流入者が 38.2% 占めている。

　女の非就業・非就学者割合は 41.1% であるが，若年層と 45 〜 54 歳層が相対的に低く，25 〜 34 歳層と 55 〜 64 歳層が高い M 字型を示している。流入者割合は 15.9% で男よりも 20 ポイント以上低い。

　65 歳以上の高齢者層は 19.1 万人で，年少人口より多く，昼間人口の 16.6% で，夜間人口より高齢化率は高い。非就業・非就学者割合は男 69.6%，女 87.1% で，就業者は少ない。男女ともに高齢化するほど非就業・非就学者割合が高くなっている。流入者はわずかである（図表 11）。

　2）市内就業者の職業構成

　昼間人口の 2/3 を占める 55.3 万人の就業者の構成は，男 35.2 万人，女 20.2 万人で，男の方が 15 万人も多い。その従業上の地位では，雇用者が 46.3 万人でその大半（83.6%）を占めている。なお，企業・事業所統計調査によると，雇用者の内，01 年時正社員は 58.9%，非正規が 41.1%，06 年時，正社員 57.6%，非正規 42.4% と，01 年に比べ非正規の割合が高く，しかも

図表11　男女，年齢（5歳階級）別昼間人口及び昼夜間人口比率（2005年）

性 年齢階級	昼間人口 総　数 （人）	非就業 非就学	就業者	年齢階級構成 総数 （%）	非就業 非就学	就業者
男						
総数	590 490	141 825	351 564	100.0	100.0	100.0
15歳未満	87 607	42 691	-	14.8	30.1	0.0
15～19歳	23 077	1 137	4 728	3.9	0.8	1.3
20～24	39 253	3 628	22 778	6.6	2.6	6.5
25～29	48 098	4 073	38 709	8.1	2.9	11.0
30～34	55 547	3 876	47 377	9.4	2.7	13.5
35～39	51 828	3 269	45 431	8.8	2.3	12.9
40～44	43 741	2 656	39 023	7.4	1.9	11.1
45～49	35 021	2 330	31 333	5.9	1.6	8.9
50～54	38 316	3 024	34 061	6.5	2.1	9.7
55～59	45 540	4 756	39 463	7.7	3.4	11.2
60～64	37 822	11 503	25 216	6.4	8.1	7.2
65歳以上	84 640	58 882	23 455	14.3	41.5	6.7
女						
総数	563 946	287 593	201 834	95.5	202.8	57.4
15歳未満	83 602	40 829	-	14.2	28.8	0.0
15～19歳	21 059	1 194	4 246	3.6	0.8	1.2
20～24	30 621	6 286	17 768	5.2	4.4	5.1
25～29	38 657	13 197	22 972	6.5	9.3	6.5
30～34	50 857	25 356	23 810	8.6	17.9	6.8
35～39	47 911	24 713	22 040	8.1	17.4	6.3
40～44	39 349	16 837	21 762	6.7	11.9	6.2
45～49	32 085	12 009	19 616	5.4	8.5	5.6
50～54	34 285	13 612	20 298	5.8	9.6	5.8
55～59	41 723	18 876	22 445	7.1	13.3	6.4
60～64	36 963	2 273	13 958	6.3	1.6	4.0
65歳以上	106 834	93 012	12 919	18.1	65.6	3.7

その割合が著しく増大してきている。

　職業構成は，生産工程・労務作業者が14.0万人で最大のシェア（25.4%）を占め，次いで事務従事者10.5万人（18.9%），専門的・技術的職業10.3万人（18.5%）であり，この3職種で2/3近くを占める。販売職，サービス職はそれぞれ12.2%，9.4%である。農林漁業従事者と保安職はわずかである。販売従事者6.7万人（12.2%），サービス職業5.2万人（9.4%）の順である（図表12）。生産・労務職は90年に比べ4.5万人強減少，割合で8.9ポイント（以下，P）低下し，他方サービス職は1.5万人増加割合で

第 2 章　川崎市内産業・従業者特性と住民の性格

| 年齢階級別割合 | | 流入人口 | | 昼夜間 | 流入 | 就業者 |
非就学非就業	就業者	総　数	就業者	人口比率	人口割合（%）	流入割合
24.0	59.5	166 735	155 901	86.0	28.2	44.3
48.7	-	1 164	-	98.1	1.3	-
4.9	20.5	5 762	922	74.1	25.0	19.5
9.2	58.0	11 742	7 222	76.7	29.9	31.7
8.5	80.5	15 669	15 424	75.1	32.6	39.8
7.0	85.3	20 920	20 880	76.0	37.7	44.1
6.3	87.7	22 079	22 063	78.2	42.6	48.6
6.1	89.2	20 140	20 136	81.2	46.0	51.6
6.7	89.5	16 131	16 128	83.7	46.1	51.5
7.9	88.9	17 231	17 231	91.1	45.0	50.6
10.4	86.7	19 479	19 478	94.9	42.8	49.4
30.4	66.7	10 410	10 410	96.8	27.5	41.3
69.6	27.7	6 008	6 007	97.9	7.1	25.6
51.0	35.8	62 697	53 031	88.1	11.1	26.3
48.8	0.0	1 950	-	98.4	2.3	-
5.7	20.2	5 327	832	73.6	25.3	19.6
20.5	58.0	9 060	6 104	71.3	29.6	34.4
34.1	59.4	8 981	8 834	72.5	23.2	38.5
49.9	46.8	8 244	8 191	79.9	16.2	34.4
51.6	46.0	6 506	6 476	85.2	13.6	29.4
42.8	55.3	5 409	5 388	87.1	13.7	24.8
37.4	61.1	4 467	4 464	88.3	13.9	22.8
39.7	59.2	4 412	4 405	90.5	12.9	21.7
45.2	53.8	4 613	4 611	93.4	11.1	20.5
6.1	37.8	2 294	2 292	96.3	6.2	16.4
87.1	12.1	1 434	1 434	99.2	1.3	11.1

2.5P 上昇している。

　これを 18 大都市で比べると，生産・労務職の割合は，浜松市，堺市，静岡市，新潟市に次いで多く，18 大都市平均（以下，平均）より 1.4P 高い。事務職は東京よりも 9.9P も低く，18 大都市の中でも浜松市，堺市次いで低く，平均より 2.1P 低い。また，販売職は最低の割合で，もっとも多い大阪市より 9.8P，平均よりも 5.3P 低い。他方，専門・技術職は実数（10.5 万人〈男 6.9 万人〉，〈女 3.6 万人〉）では東京区部より少ないとはいえ，その割合は最高で 2 位の東京より 1.5P，平均より 3.8P も高い。男の専門・技術職は全国

図表 12　川崎市 昼間人口の職業構成（2005 年）

職業大・小分類	総数（人）総数	男	女	雇用者 総数	総数（%）総数	男	女	雇用者 総数
総数	554 291	351 571	202 720	499 070	100.0	100.0	100.0	100.0
専門的・技術的職業従事者	104 746	68 823	35 923	92 836	18.9	19.6	17.7	18.6
科学研究者	3 865	3 351	514	3 865	0.7	1.0	0.3	0.8
技術者	49 903	46 045	3 858	48 171	9.0	13.1	1.9	9.7
保健医療従事者	20 890	5 690	15 200	18 189	3.8	1.6	7.5	3.6
社会福祉専門職業従事者	4 838	715	4 123	4 760	0.9	0.2	2.0	1.0
教員	10 948	5 015	5 933	10 902	2.0	1.4	2.9	2.2
管理的職業従事者	11 918	10 309	1 609	11 705	2.2	2.9	0.8	2.3
事務従事者	109 104	46 878	62 226	105 054	19.7	13.3	30.7	21.0
販売従事者	67 476	41 083	26 393	57 097	12.2	11.7	13.0	11.4
サービス職業従事者	53 200	20 767	32 433	44 639	9.6	5.9	16.0	8.9
飲食物調理従事者	16 162	7 815	8 347	12 305	2.9	2.2	4.1	2.5
接客・給仕職業従事者	13 232	4 766	8 466	12 037	2.4	1.4	4.2	2.4
保安職業従事者	6 398	6 068	330	6 375	1.2	1.7	0.2	1.3
農林漁業作業者	2 850	2 124	726	989	0.5	0.6	0.4	0.2
運輸・通信従事者	19 481	18 899	582	18 271	3.5	5.4	0.3	3.7
自動車運転者	15 739	15 390	349	14 529	2.8	4.4	0.2	2.9
生産工程・労務作業者	132 589	105 003	27 586	117 423	23.9	29.9	13.6	23.5
採掘・建設・労務作業者	54 540	41 967	12 573	47 665	9.8	11.9	6.2	9.6
分類不能の職業	46 529	31 617	14 912	44 681	8.4	9.0	7.4	9.0

資料出所：「川崎市統計データ」（原資料「2005 年国勢調査」より作成

　比で特化係数を見ると，それは 1.53 にもなっている。なお，管理職の割合は 2.1% で 18 都市の中で浜松市についで低く，1 位の東京よりも 1.4P，平均より 0.4P 低い。

　この職業構成は，性別によって大きく異なる。男性に多いのは，生産・労務（29.9%），専門・技術職（19.6%）である。なかでも技術者は 13.1%（5.0 万人）いる。しかもこのほとんど（94.0%）が男である。女性では，事務職が 30.7% で群を抜いており，次いで，保健医療職（7.5%）を中心にした専門・

技術職（17.7%）である。

　なお，常住地による職業構成と比較すると，従業者数で14.4万人少なく，流出者の多いことがうかがわれる（流出超過率20.6%）。常住者の職業構成に比べて，少ない職業は事務職（-5.4万人，-4.0P），販売職（-4.0万人，-3.3P）である。専門・技術職は2.3万人少ないが，割合ではほとんど変わらない。実数で上回っている者はないが，割合では生産・技能職が4.4Pプラスなのが目立つ。

　川崎市で従事する就業者は，増加傾向にあるとはいえ常住就業者より少ない。男女比では男性が多く，職業構成では生産・労務職，事務職，専門・技術職で6割以上を占めていること，なかでも専門・技術職の割合，特に技術者の占める割合が高いのが特色である。これは，1節で述べた，川崎市に学術・研究開発機関が多いことの反映である。

　このように，市内従業者の職業構成では，販売職，サービス職，事務職の割合が相対的に低く，生産・労務職が相対的に高い工業都市の性格を示しているが，専門・技術職の割合がずば抜けて他の都市より高く，中でも研究技術職が相対的に多いところから，研究開発型都市の姿を見ることができる。また，管理職，事務職の割合の小ささに支社・支店型の都市の様相も見て取れる。

(2) 川崎市の住民構成―夜間人口―

1）増加する人口―140万都市に成長―

　戦後川崎市の人口は，高度経済成長期1955年からの20年間で55万人も増加し75年に100万人を突破した。その後徐々にその増加率を縮小させてはいるが，95年に120万人を，05年に130万人を超し，2009年4月には140万人に達した（表）。これは福岡市に迫る9番目の大都市である。

　その間の自然増減をみると，自然増は，出生数の減少と高齢化に伴う死亡数の増加により増加数は徐々に縮小傾向となっている（70年代前半の年間出生数2万3千人台，死亡数3700人台，2000年代前半の出生数1万3千

人台，死亡数7～8千人台，08年は出生14,609人，死亡8,739人）。

　他方，社会増減は景気の動向と結びついていた。石油ショック後の低成長期には戦後初めての社会減が続き（73年の14,062人を最高に72～81年の10年間で81,915人の社会減），人口増加数を縮小させていた（76年は年間の人口増数がもっとも少ない3,159人）。83年から再び社会増の傾向となったが，バブル経済崩壊の92年から96年までは再び社会減となった（94年の4,387人を最高に92～96年の5年間で10,855人減）。その後社会増に転じ，2000年代に入って再び大幅な増加傾向に転じている（07年には21,208人の増加）。特にここ数年は，転出者の減少，転入者の増加で年間1万人を超える社会増となっている（図表13）。

　2）性・年齢構成―高い男性割合と相対的に低い高齢者割合―

　川崎市の常住人口の性比は，75年以降110前後を維持していたが，2000年を過ぎてから低下し始め，05年に107.4となり，09年は106.5まで低下してきた。とはいえ，18大都市の中で最も高く（2位は横浜市の101.2），全国平均（95.0）と比べると11.5ポイントも高い。特に25～29歳層の119を最高に，20～54歳層は110を上回り，全国平均に比べて各年齢層とも10ポイント以上高く，生産年齢層で男性の割合が相対的に多い。

　年齢構成は，出生数の減少と高齢者の増加により平均年齢や年少人口割合，老年人口割合を高めてきた。しかし，生産年齢人口はまだ70％以上を維持している（図表14）。平均年齢は75年に29.7歳であったが05年には40歳を超え（40.3歳），09年は41.1歳となった。また，老年人口割合も，75年の4.3％から95年に10.0％となり，09年には16.4％まで上昇した。とはいえ，近年の自然増を大きく上回る20～34歳層を中心とした社会増はこの年齢層の比重を高め，65歳以上が増加しているにもかかわらず，老年人口割合は18大都市の中でも最低で（最高は北九州市で22.2％），全国平均（18.2％）に比べれば3.6ポイント低くなっている。

　このように，川崎市住民の年齢構成・性比は，高齢化が進んでいるとはいえ，全国平均，また東京区部（18.5％）を含む政令指定都市と比べても，相

図表13　川崎市の人口動態

年	人口増加数（人）	自然増減（人）	社会増減（人）	転入数（人）	転出数（人）
1972年	12 935	19 470	- 6 535	133 916	140 451
73年	5 538	19 600	- 14 062	123 437	137 499
74年	4 504	17 787	- 13 283	113 101	126 384
75年	4 742	15 675	- 10 933	110 900	121 833
76年	10 545	14 791	- 4 246	105 782	110 028
77年	6 834	14 030	- 7 196	100 462	107 658
78年	8 191	13 027	- 4 836	98 516	103 352
79年	3 159	12 293	- 9 134	93 862	102 996
80年	3 552	11 059	- 7 507	90 850	98 357
81年	6 516	10 699	- 4 183	90 184	94 367
82年	9 842	10 480	- 638	96 762	97 400
83年	10 793	10 293	500	97 352	96 852
84年	11 829	10 156	1 673	96 535	94 862
85年	14 793	9 526	5 267	100 697	95 430
86年	18 726	9 250	9 476	104 877	95 401
87年	19 805	9 246	10 559	107 100	96 541
88年	16 151	8 860	7 291	104 304	97 013
89年	14 330	8 052	6 278	108 446	102 168
90年	15 097	7 933	7 164	110 989	103 825
91年	11 793	8 007	3 786	107 601	103 815
92年	7 542	7 620	- 78	108 807	108 885
93年	3 888	6 823	- 2 935	108 686	111 621
94年	2 936	7 323	- 4 387	110 517	114 904
95年	3 325	6 747	- 3 422	108 772	112 194
96年	7 011	7 044	- 33	111 293	111 326
97年	8 867	6 962	1 905	107 221	105 316
98年	12 452	6 973	5 479	108 315	102 836
99年	9 625	6 404	3 221	106 963	103 742
2000年	11 165	6 800	4 365	108 528	104 163
1年	16 929	6 786	10 143	110 726	100 583
2年	13 942	6 675	7 267	108 200	100 933
3年	11 710	5 949	5 761	108 850	103 089
4年	11 871	6 059	5 812	107 174	101 362
5年	14 185	4 911	9 274	107 188	97 914
6年	16 811	5 762	11 049	109 046	97 997
7年	27 050	5 842	21 208	119 097	97 889
8年	20 130	5 870	14 260	111 132	96 872

資料出所：「川崎市統計データ」（原資料「住民登録人口」）

図表14　年齢三区分別割合の推移

年	0-14歳	15-64歳	65歳以上
1950	35.0	62.4	2.6
55	32.5	64.7	2.8
60	26.8	70.4	2.8
65	23.1	74.0	2.9
70	23.1	73.5	3.4
75	24.1	71.5	4.3
80	22.9	71.4	5.6
85	20.2	73.0	6.8
90	16.5	75.3	8.0
95	14.4	75.5	10.0
2000	13.7	73.9	12.4
5	13.1	72.2	14.6

資料出所:｢国勢調査｣各年より作成

対的に若く，生産年齢層に男性の割合が多いのが特徴である。

3) 外国人

川崎市の外国人登録人口は，1980年代末頃から急激に増加し，90年度，91年度は年間2000人を超える増加を示した。しかし，94年度には616人の減少を見，2000年度までは増加数も少なかったが，05年度を除いて，01年度以降再び年間1000人を超える増加を見るようになり，09年3月末には全住民の2.3％に当たる32,583人となった。

もっとも多いのは朝鮮・韓国籍で全外国人の3割を占めているが，02年度以降その数はほとんど増加しておらず（06年度は減少），急増していたブラジル人も減少傾向にある。他方，中国人とフィリピン人の増加が著しい（02度から07年度の5年間でそれぞれ1.5倍，1.3倍強）。その性比は全体で91.0と女性の割合が多いが，「在日」が多い朝鮮・韓国人，中国人を除く他の外国人は男の方が多い。フィリピン人は極度に女が多く（性比は29.5），かつ25～44歳層に3/4が集中しており，他の外国人と異なった構成であるのが特徴である。

4) 配偶関係―顕著な晩婚化・非婚化―

川崎市は男の多い都市であるが，15歳以上人口の05年の配偶関係構成は，男は未婚者が41.2％，有配偶者53.1％，死別者2.0％，離別者3.0％，女は未婚者が28.3％，有配偶者57.0％，死別者9.6％，離別者4.7％であった。

男の未婚率は60年（45.2％）から低下傾向にはいり，80年の37.5％まで低下したが，その後やや上昇し，90年以降，00年を除いて41％台で推移している。有配偶率は，80年の59.1％から死別率・離別率の上昇もあっ

て，低下傾向にある。

　女は，未婚者が65年の30.5%から80年の24.4%まで低下したが，その後緩やかな上昇傾向になり05年に28.3%となった。他方，有配偶率は60年の58.7%から75年（65.5%）に上昇したが，離死別率の増q@e（70年 離別率1.8%から05年4.7%，死別率70年7.7%，05年9.6%）もあって再び低下傾向に入り，05年には57.0%まで低下した。

　年齢階級別にみると，男女とも未婚率は年齢の上昇とともに低下し，反対に死別率は年齢とともに上昇している。有配偶率は年齢とともに上昇するが，男は70～74歳（81.9%）をピークに，女は50～54歳（79.7%）をピークに，死別率の上昇に影響され，低下傾向に入っている。離別率は年齢とともに上昇し，男女とも55～59歳をピーク（男性6.3%，女性8.6%）に低下傾向となっている。まさに熟年離婚の花盛りである。

　80年から05年の年齢階級別の未婚率の推移をみると，すべての年齢階級で上昇の一途であり，男の25～29歳層で63.0%→77.6%に（14.6ポイント〈以下P〉の上昇），30～34歳層で30.4%→52.6%に（22.2P上昇），35～39歳層で14.6%→37.1%に（22.5P上昇），女の20～24歳で79.0%→91.4%（12.4P上昇），25～29歳層で26.2%→61.4%（35.2P上昇），30～34歳層で10.5%→32.9%（22.4P上昇）とそれぞれ大幅に上昇した。そして，高齢者の未婚率も上昇しており，全国傾向と同様，晩婚化・非婚化が著しくなってきている（図表15）。

　このような結果，15歳以上の男の未婚者の数は80年の15.7万人から05年には24.6万人と1.56倍に，女性のそれは9.3万人から15.7万人と1.69倍に増加した。これに離死別者を加えると，次に見るように，単独世帯，父子・母子世帯の増加につながる（もちろん，パラサイトシングルの場合もあるので未婚者のすべてが単独世帯とは言えないし，また離死別者のすべてが単独ないし父子・母子世帯とは言えないが）。

　5）世帯構成―増大する単身，高齢者世帯―

　転入者による人口増加を続けてきた川崎市は当然その世帯数を増加させる

図表 15　川崎市未婚率の推移

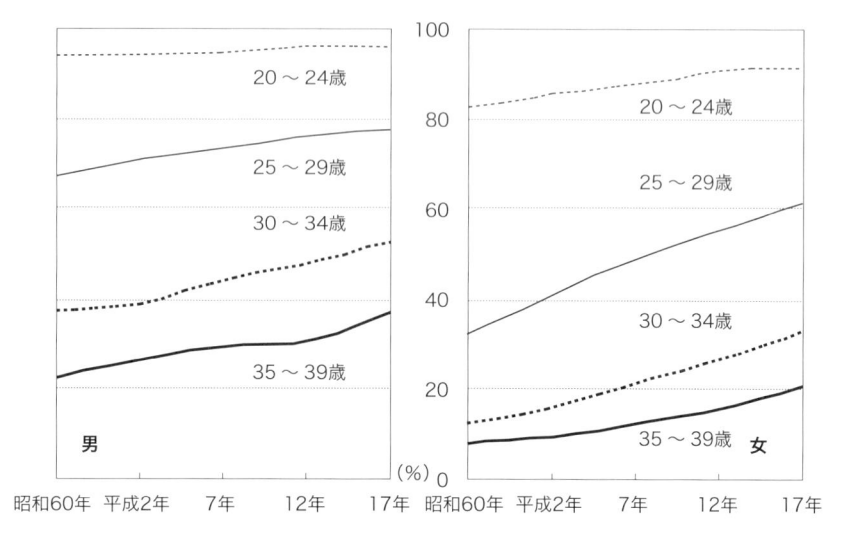

資料出所:「川崎市統計データ」(原資料「国勢調査」)

こととなる。

　人口と同様，高度経済成長期に急増してきた世帯数は，70年代後半以降その増加幅を縮めてきているとはいえ，年間1万世帯以上の増加を続け，2009年には65万世帯を超えた（652,604世帯）。以下で，近年の川崎市の世帯の構造を見てみよう。

　2005年の世帯のほとんど（99.5%）は一般世帯であり，その世帯人員をみると，一人世帯，二人世帯，三人世帯が増加し，四人以上世帯は減少し，三人以下世帯で一般世帯の81%を占めている（85年は66%）。特に二人世帯の増加は著しく，2005年には1985年の倍以上に増加した。

　一般世帯の世帯類型をみると，核家族以外の親族世帯が減少し，非親族世帯，単独世帯の増加が著しい。核家族世帯数は増加しているが，その中では「夫婦のみ」と「片親と子供」という父子，母子世帯の数と割合が増加し，「夫婦と子供」世帯の数はほとんど増えず，その割合の低下が著しい。その結果，核家族世帯の割合は低下気味であり（85年58.2%，05年は53.9%），単独

世帯が4割を占めるにいたった（85年32.4%, 05年39.6%）（図表15）。

また，高齢者の増加と相まって，高齢者のいる世帯，高齢者夫婦世帯，高齢者単独世帯の増加が著しく，単独世帯のうち，高齢者単独世帯の数も割合も増加している。とはいえ，高齢者単独世帯の割合は他の大都市に比べれば低い（図表16）。

川崎市は若者の単独世帯が多い都市ということができる。

6) 学歴構成―相対的に高い学歴構成―

15歳以上の川崎市住民の学歴構成をみると，その高学歴化は著しい。大学・大学院卒業者比率は90年の18.8%から07年には30.1%に増大した（図表17）。中でも男性は40.4%にもなっている。それも年齢が若いほど高い。25～34歳層では59.1%，35～44歳層で49.3%，45～54歳層で47.9%である。しかし，川崎市に所在する高等学校卒業者の大学進学率（57.1）は他の大都市に比べると，福岡市と並んで8番目であり，平均（56.3%）よりやや高いが，必ずしも高いとは言えない（最も高いのは京都で66.2%）。

7) 労働力状態―主婦パートの増加，専業主婦の減少―

川崎市の1960年以降の労働力状態をみると，労働力人口，非労働力人口ともに増加してきた。労働力人口は，特に，60→70年は20万人強，80→90年は15万人強とその増加は著しかった。しかし，90年以降その増加幅は縮小してきた。非労働力人口は60→70年に8万人弱の増加をみたが，その後は10年間に4万人前後と落ち着いてきた。ただ，00→05年は，労働力人口が5万人強増加したのに対して非労働力人口は1万人の増加に留まり，これまでと異なった様相を示している。労働力人口の変化を性別で見てみると，70年までは男性の増加数が多かったが，それ以降は女性の増加数の方が多く，特に90年以降はその傾向がより顕著となってきた。

15歳以上人口の労働力状態の布置状況の推移は以下のとおりである（図表18）。

男は労働力割合・就業者割合，「主に仕事」割合，通学者割合が低下傾向

図表16　家族類型構成割合の変化

調査年	一般世帯総数	核家族世帯	夫婦のみ	夫婦+子	片親+子	その他親族世帯
1995	501504	58.2%	12.1%	40.5%	5.6%	9.1%
2000	539836	56.5	13.9	36.8	5.8	7.8
2005	592578	55.2	16.0	33.1	6.1	6.9
2000	539836	55.1	17.4	31.1	6.6	6.1
2005	592578	53.9	18.2	28.8	11.3	5.5

資料出所:「川崎市統計データ」(原資料「国勢調査」)より作成

図表17　川崎市学歴構成の推移

調査年	15歳以上人口	総数	小学・新中	旧中・新高	短大・高専	大学・院	在学者
1960年	463,209	92.0%	53.5%	30.4%	3.7%	4.4%	7.4%
1970年	748,452	90.8	40.2	38.0	4.8	7.7	9.0
1980年	801,330	89.3	25.2	42.8	7.6	13.3	10.7
1990年	977,505	88.9	18.1	39.0	11.5	18.8	11.0
2000年	1,078,359	91.2	13.4	35.5	14.0	23.2	8.7
2002年	1,101,000	‥	14.3	34.9	15.8	25.3	9.8
2007年	1,186,800	‥	10.6	29.5	18.5	30.1	11.3

注）① 15歳以上人口に占める割合，② 1960-2000年は国勢調査，02年,03年は就業構造基本調査
資料出所:「川崎市統計データ」(原資料「国勢調査」「就業構造基本調査」)より作成

にあり，完全失業者割合と非労働力割合，「その他」割合が増大傾向にある。
　女は労働力割合，「主に仕事」割合，完全失業者割合，「その他」割合が上昇傾向で，非労働力割合，通学割合が減少傾向にある。特に「家事」専業者の減少が著しい。「主に仕事」割合は80年までは低下していたが，その後90年まで急上昇し，その後微増傾向となっている。
　労働力状態の配置は性，年齢，配偶関係（特に女性）によって大きく異なる。2005年の労働力状態の配置状況をより詳細にみてみよう。
　男女とも，15～19歳層の2/3強は通学者であり，労働力率は19%強に

非親族世帯	単独世帯	高齢者のいる世帯	高齢夫婦世帯	高齢単独世帯	高齢単独／単独世帯	高齢単独／高齢世帯
0.3%	32.4%	14.1%	2.9%	1.9%	5.7%	13.2%
0.2	35.5	15.1	3.3	2.4	6.9	16.2
0.4	37.4	17.4	4.4	3.4	9.0	19.2
0.7	38.0	20.5	5.6	4.7	12.2	22.8
1.0	39.6	22.5	6.4	5.5	14.0	24.6

過ぎない。ただ，「その他」(NEETか?) が11%前後存在している。20～24歳層は65%前後が労働力化しており，男の39%，女の33%が通学者である（「通学のかたわら仕事」を含む）。

男は，45～49歳層を最高 (95.3%) に25～29歳層から55～59歳層までほとんどが労働力化し，大半は「主に仕事」の状態にある。しかし「完全失業」状態にある者の割合が25～34歳層で6%弱，45歳以上で5%を超え，55～59歳層では7%を超えており，若年層と高年層の失業の深刻化がうかがえる。60歳を過ぎると急速に労働市場からの引退が見られ，労働力化率は60～64歳層では75%，65歳以上では32%まで低下する。反対に「家事」割合と「その他」を割合が急増する。

女性の労働力状態は，全体では25～29歳層 (74.4%) と45～49歳層 (68.0%) を二つの山としたいわゆるM字型の労働力率を見せ，それと逆相関で「家事のみ」の者の割合が変化する。男性と同様，60歳以降労働力市場からの引退が見られ，60～64歳層は41.6%に低下し，65歳以上層にいたってはわずか13.1%の労働力率である。しかし詳細にみると，女性の労働力状態は配偶関係に大きく影響されている。

年齢計でみると，労働力率では，離別女性が最も高く (71.6%)，次いで未婚女性 (66.4%) で，有配偶女性 (45.7%) が最も低い。「主に仕事」割合は，未婚女性と離別女性はほぼ同じ割合で (53.8%と53.9%)，有配偶女

図表 18　川崎市常住者の労働力状態

調査年	15歳以上人口総数	労働力総数(率)	就業者 (%) 総数	主に仕事	家事・仕事	通学・仕事	休業中	完全失業者	非労働力 総数	家事	通学	その他
男性												
1960	247,522	88.1%	87.3%	86.3%	0.4%	0.0%	0.7%	0.7%	11.9%	0.3%	7.8%	4.7%
1970	395,838	87.9	86.7	84.5	0.3	1.1	0.8	1.2	12.1	‥	‥	‥
1980	420,175	84.0	81.5	79.3	0.3	1.0	0.9	2.5	15.8	0.4	11.4	4.1
1990	516,394	82.8	79.8	77.4	0.2	1.5	0.7	3.0	16.6	0.5	10.4	5.6
2000	561,798	77.2	73.3	70.4	0.5	1.5	0.9	4.0	18.9	1.2	7.8	9.9
2005	596,941	76.9	72.4	68.9	0.7	1.6	1.1	4.5	18.7	1.2	6.6	10.9
2007	614,200	‥	77.8	73.9	0.6	2.6	‥	‥	‥	1.4	6.5	14.3
女性												
1960	215,687	36.6%	36.2%	32.5%	3.5%	0.0%	0.3%	0.4%	63.4%	53.1%	5.8%	4.5%
1970	352,614	44.7	44.1	30.8	12.5	0.5	0.4	0.6	55.3	‥	‥	‥
1980	381,155	43.0	41.9	25.8	15.2	0.5	0.4	1.0	56.7	43.9	8.5	4.3
1990	461,111	47.9	46.3	30.5	14.4	0.8	0.5	1.7	51.8	37.2	9.2	5.4
2000	516,561	48.3	46.0	31.3	12.7	1.3	0.8	2.3	50.1	36.2	7.0	6.9
2005	554,947	50.2	47.8	31.3	14.0	1.4	1.0	2.4	47.9	30.8	5.9	11.3
2007	572,600	‥	53.4	34.9	15.9	2.0	‥	‥	‥	32.0	5.5	9.1

注) ①1960年-2005年は国勢調査，07年は就業構造基本調査，②15歳以上人口に占める割合
資料出所：「川崎市統計データ」（原資料：「国勢調査」「就業構造基本調査」）より作成

性は21.8%でもっとも低い。他方，「家事のほか仕事」割合は有配偶女性が21.5%と高く，離別女性は10.8%で，未婚女性はわずか2.2%にすぎない。「家事」割合では有配偶女性は45.5%と「専業主婦」が半数近くとなるのに対して，離別女性は14.8%，未婚女性は4.3%にすぎない。

以下，配偶関係別にそれぞれの割合を年齢との関係でみてみよう。

8) 女性の労働力状態―未婚女性，離別女性は「主に仕事」，中年有配偶女性は「パート」か「専業主婦」―

以下で配偶関係別にそれぞれの割合を年齢との関係でみてみよう（図表19）。

女性の労働力率,「主に仕事」割合,「家事のほか仕事」割合,「家事」の割合は未婚女性と離別女性の年令による労働力状態の変化はほぼ同じような型を示しているが, 有配偶女性はそれと大きく異なっている。

　労働力率は, 未婚女性の場合, 18,19歳ぐらいから急上昇し, 24,25歳でピーク (88%) となり, 50代半ばまで緩やかに低下し (73%), 以降大きく減少する (64歳で36.1%, 65歳以上14.5%)。離別女性は, 25歳の82.6%から徐々に上昇し, 32歳で未婚女性を上回り, 40歳代は90%を超える割合となり, 50歳代に入って緩やかに低下していくが, 未婚女性を上回る労働力率を維持している (64歳で54.7%, 65歳以上でも20.8%)。

　「主に仕事」割合も未婚女性と有配偶女性は労働力率と同様の変化を示している。未婚女性は20代後半をピーク (78%台) に, 以降徐々に低下していき, 50歳代半ば (60%) から急激に低下する (64歳で29.1%)。離別女性は, 25歳 (53.5%) から徐々に上昇し, 39歳から51歳まで70%前後の割合で推移し, 50代後半から減少していくが, 未婚女性よりも高い割合である (64歳で39.0%)。

　「家事のほか仕事」割合は, 未婚女性の場合は年齢とともに上昇するとは言え数パーセント程度である (20代は2%前後, 最大で61歳の7.3%)。離別女性は各年齢とも十数パーセントで年齢による大きな変化はない。

　「家事」のみに従事しているものは, 未婚女性は10代の1%程度から年齢とともに徐々に増加し, 50代半ばに10%を超え, 60代半ばには30%近くまで上昇する (64歳で29.6%)。

　つまり, 未婚女性と離別女性は中高年まで労働力化し, しかも「主に仕事」に従事し続けているのである。離別女性が30代まで未婚女性より「主に仕事」割合が低いのは, 幼い子供のいる女性がいるからであろう。

　他方, 有配偶女性の場合は未婚女性と離死別女性とは大きく異なった労働力状態にある。

　有配偶女性の労働力率は25～29歳層 (51.8%) と45～49歳層 (64.0%) を頂点とするが女性全体より低く, かつ後ろの山の高いM字型を描く。し

図表19　配偶関係別女性の労働力状態（2005年）

年齢	未婚者 仕事が主	家事仕事	完失	家事	有配偶者 仕事が主	家事仕事	完失	家事	離別者 仕事が主	家事仕事	完失	家事
計	53.6	2.2	5.0	4.3	21.8	21.5	1.1	45.5	53.9	10.8	5.5	14.8
20	21.4	1.7	4.1	1.9	16.3	9.3	3.3	64.2	23.1	23.1	15.4	30.8
21	33.0	2.2	4.5	2.0	18.2	8.3	2.9	63.4	16.0	20.0	28.0	24.0
22	50.9	2.2	5.0	1.9	18.3	12.5	2.4	60.1	52.8	16.7	5.6	11.1
23	70.3	2.5	5.5	2.3	24.7	12.8	2.4	56.0	36.4	18.2	23.6	18.2
24	75.9	2.0	5.9	2.5	26.8	10.8	2.5	55.7	41.4	28.6	5.7	22.9
25	78.1	2.2	6.0	2.7	30.3	12.6	2.6	50.1	53.5	12.8	12.8	15.1
26	78.8	2.1	5.7	3.0	34.6	12.5	2.4	45.8	54.6	15.1	12.6	16.0
27	78.3	1.9	5.4	3.3	33.5	13.6	2.1	46.9	52.9	16.1	13.5	12.3
28	78.6	1.9	5.7	3.0	35.7	11.8	2.7	45.7	53.2	17.1	9.5	17.7
29	76.8	2.2	6.4	3.3	32.6	13.0	1.8	48.5	64.7	12.3	8.3	11.3
30	77.4	1.9	6.3	3.5	30.5	12.9	2.1	50.7	61.7	12.9	9.0	12.1
31	77.9	2.2	5.6	3.8	28.9	13.7	1.8	51.9	63.8	11.3	9.1	11.3
32	75.1	2.3	6.6	3.9	27.1	14.4	1.6	52.9	62.5	15.4	9.8	8.5
33	76.3	2.2	7.2	4.9	26.2	14.3	1.4	54.8	64.1	12.1	10.9	9.9
34	74.5	2.3	6.6	4.0	24.2	16.2	1.3	55.7	63.4	14.5	7.7	10.1
35	75.6	2.3	7.1	4.2	23.1	17.3	1.5	55.4	65.6	12.3	9.4	8.2
36	75.1	2.4	6.9	4.5	22.5	18.7	1.3	55.0	67.1	11.6	8.9	8.1
37	74.7	2.7	6.5	4.9	21.9	20.3	1.4	54.0	66.4	11.5	7.4	10.1
38	74.0	2.8	6.8	5.5	22.2	24.1	1.1	50.8	67.0	11.3	9.0	8.8
39	74.3	2.8	6.9	5.3	22.3	25.3	1.2	49.8	70.6	12.2	7.2	7.9
40	72.8	3.1	5.7	5.8	23.3	28.8	1.2	45.4	71.5	13.2	6.1	5.7
41	71.3	3.7	6.6	6.7	23.8	29.2	1.2	44.7	71.0	14.3	4.3	6.7
42	73.9	2.5	5.4	5.4	23.2	32.3	1.2	42.1	71.1	11.7	8.0	6.3
43	68.4	3.9	7.6	7.1	23.6	34.1	1.3	39.9	69.6	12.2	8.1	6.8
44	72.1	3.3	5.7	6.8	24.3	35.2	1.1	38.3	69.1	11.4	7.0	10.0
45	69.1	4.4	6.7	7.3	25.2	36.1	1.1	36.6	69.6	12.7	6.8	7.6
46	66.8	4.5	7.0	8.3	25.6	36.4	1.4	35.7	73.2	11.1	5.4	6.8
47	69.2	4.8	5.9	8.0	26.2	36.1	1.5	35.1	72.3	11.7	5.7	7.3
48	66.8	4.5	7.4	7.9	26.0	36.4	1.1	35.5	73.5	9.3	5.3	7.9
49	65.3	4.3	5.8	9.9	26.7	35.7	1.2	35.4	67.5	12.6	8.0	7.2
50	64.8	3.8	6.7	9.9	27.0	34.5	1.1	36.4	69.5	12.5	6.1	8.1
51	65.5	3.5	8.4	8.6	26.6	33.7	1.0	37.4	70.6	9.6	6.6	10.0
52	65.0	3.6	8.6	12.7	26.1	32.7	1.1	38.7	72.6	10.9	5.7	7.3
53	63.1	3.8	7.4	10.9	27.0	31.8	1.1	38.7	70.5	12.1	5.8	8.2
54	60.2	5.1	6.3	13.2	27.2	30.4	1.0	39.6	71.1	10.2	4.3	9.9
55	60.0	4.3	7.0	12.8	27.1	28.7	1.1	41.7	69.0	10.1	6.1	11.5
56	61.1	5.2	6.6	13.0	27.0	27.7	1.3	42.1	64.4	11.2	7.8	12.5
57	57.9	5.0	6.4	15.6	25.9	26.1	0.9	44.9	66.6	11.8	5.3	12.4
58	55.5	5.7	5.4	16.1	24.6	25.7	1.0	46.1	64.8	11.0	4.8	13.4
59	49.0	4.8	7.9	19.0	24.5	23.7	0.7	47.3	61.3	11.6	5.2	14.8
60	39.9	5.8	9.7	23.0	19.9	21.9	1.2	50.3	53.5	11.6	5.9	19.2
61	33.5	7.3	2.8	24.0	18.4	22.1	1.0	48.8	44.6	13.7	4.2	21.7
62	26.8	6.4	3.7	28.6	17.5	19.6	0.8	48.4	45.4	12.1	4.6	19.5
63	25.6	5.3	6.0	26.6	16.1	17.8	0.7	49.9	43.2	11.3	3.4	21.7
64	29.1	4.5	2.2	29.6	14.4	16.8	0.8	50.3	39.0	12.9	2.1	26.3
65	21.9	7.1	1.9	26.3	12.3	14.6	0.6	50.1	29.7	8.9	2.1	29.1

注）「家事仕事」は「家事のかたわら仕事」，「完失」は「完全失業者」
資料出所：「川崎市統計データ」（原資料：「国勢調査」）より作成

かし,「主に仕事」をしている者の割合は 25 〜 29 歳（33.6%）と, 40 から 54 歳でわずかながら上昇するが，その後は加齢とともに減少する。その多くがパートタイマーと想定される「家事のかたわら仕事」に従事している者の割合は，年齢とともに増加し，35 歳層（20.9%）から急増し 45 〜 49 歳層では 36.1% にまでになる。30, 40 歳代の有配偶女性の 3 割がいわゆるパートタイマーになっているのである。つまり女性労働力率の後ろの高い山は有配偶女性のパートタイマー化によるのである。

　他方「家事」のみに従事する「専業主婦」割合は 20 〜 24 歳層の 57.9% を最高に，いったん 25 〜 29 歳層（47.2%）で大きく減少，30 〜 34 歳層（53.4%）で上昇し，再び減少し，45 〜 49 歳層（35.7%）を底に再度上昇する「W 字」型の変化を示している。30 歳代の有配偶女性は半数以上が「専業主婦」なのである。

　有配偶女性のこのような年齢による労働力状態の変化は，子供の存在とその年齢，同居の親の有無に大きく左右される。

　一般世帯の夫婦の就業状態は，夫婦とも働いている共働き世帯と夫婦とも非就業の世帯の割合が増大した（95 年→ 05 年　共働き世帯 40.3 → 41.5%，非就業世帯 9.8 → 15.0%）。特に夫婦とも非就業世帯の増大割合は著しい（95 → 05 年の 10 年間に 5.2 ポイントも増加している）。これは次に見るように高齢者夫婦世帯の増加が影響している。また，同居の親有り・子供有り世帯の共働き世帯の割合は 53.3% と，子供なし（49.2%）よりも高くなっている。

　他方，夫就業・妻非就業世帯割合は低下している（95 年→ 05 年 47.2 → 38.9%）。

　夫婦のいる世帯の妻の非就業率（夫婦とも不就業を除く）は，核家族で 39.1%（同居の親有は 32.9%）あるが，子供のいる場合は 46.8%（子供なし 27.8%，同居の親ありの場合，子供有 39.1%，子供なし 32.9% で），6 歳未満の子供がいる夫婦のいる世帯の場合は 71.3% に達する。ただし，子供有り世帯の妻の就業率は上昇している（2005 年国勢調査）。

つまり，有配偶女性の労働力状態は，子供の有無，子供の年齢，親の同居に強く影響されているのである。

9) 職業構成―多い専門的技術的職業従事者―

川崎市在住就業者の職業構成はこの数十年間で大きく変わった。

就業者数は，1950年の12.3万人から増加を続け，わずか10年で2.39倍の29.4万人となり，05年には69.7万人と60年の2.37倍となっている。

戦前からの工業都市であった川崎市は，戦後1950年には生産工程・労務作業者が就業者の48％（5.9万人）に達していたが，その後も増加を続け60年には就業者の半数を超える15.4万人に，70年には17.2万人と最大の数となった。しかし，その後，微増した時期（75→80→85年）こともあったが，減少傾向となり，00年には60年時点を下回り，05年には11.4万人まで減少した。その結果，全就業者に占める割合も60年の52.4％から21.0％まで低下した。

これに対して一貫して増加をし続けたのは，専門的・技術的職業従事者（60年1.6万人→05年12.6万人〈7.91倍〉），事務従事者（同4.5万人→05年16.0万人〈3.56倍〉），販売従事者（同2.8万人→11.0万人〈3.81倍〉），サービス職業従事者（同2.2万人→6.4万人〈2.98倍〉）であった。

他方，1960年当時，すでに1万人を下回っており，就業者の3.4％でしかなかった農林漁業従事者はその後も減少を続け，05年には3千人強，0.5％を占めるにすぎなくなっている。

05年の就業者の職業構成（図表20）は，事務・技術・管理関係職業従事者が43.1％〈22.7〉（事務22.9％〈15.2〉，専門的・技術18.0％〈5.4〉，管理2.1％〈2.1〉），販売・サービス関係職業従事者が25.6％〈17.0〉（販売15.4％〈9.6〉，サービス職業9.2％〈7.4〉，保安1.0％），生産運輸関係職業従事者23.9％〈57.0〉（生産工程・労務作業者21.0％〈52.4〉，運輸・通信従事者2.9％〈5.6〉）となった［性別では，男性62.0％〈73.5〉，女性38.0％〈26.5〉，男性－事務・技術・管理関係職業従事者37.3％〈21.0〉，販売・サービス関係職業従事者24.0％〈12.2〉，生産運輸関係職業従事者30.8％〈63.9〉，女性－事務・技術・管理

関係職業従事者 52.5%〈27.6〉(事務 34.8%), 販売・サービス関係職業従事者 28.6%〈29.8〉, 生産運輸関係職業従事者 12.6%〈37.7〉]（〈　〉内は 60 年の割合, %）。

これを特化係数（対全国）でみると, 高いのは専門的・技術が 1.31（男性 1.50）, 事務 1.18, 販売 1.06 で, 反対に低いのは農林漁業 0.10, 生産工程・労務作業 0.74（女性 0.64）である。

1960 年代の男性ブルーカラー就業者が多く住む都市から, 21 世紀には, 就業女性も大幅に増加し, ホワイトカラーの住む都市に変わったといってよい。

このような職業構成の変化は, 日本の産業構造の変化（脱工業化）だけでなく, すでに見たように川崎市の産業構造の変化（脱工業化, 研究開発都市化）と川崎市のベットタウン化によるものである。

10) 不安定化する雇用

しかし, 他方有業者の雇用は不安定化してきている（図表 21）。川崎市の有業者の 9 割は雇用者（役員を含む）であるが, その中でパートタイマー, アルバイト, 派遣, 契約等の非正規雇用者の割合は 92 年の 17 万人・29% から調査年ごとに増大し, 07 年には 22.3 万人・31.8% なった。特に, 若年層と高齢者そして女性が層である。07 年の状況を見ると, 15-19 歳層の 85.0%, 20～24 歳層の 48.7%, 60～64 歳層の 54.5%, 65 歳以上の 51.4%, 女性の 52.2% が非正規雇用にある。

改めて, 川崎市 132.7 万人の 2005 年時点での住民構成を国勢調査の「社会経済分類」から見てみよう。

性・年齢構成は, 男女比では 51.8 対 48.2 で男性の方がやや多い。15 歳未満の割合は男女とも 13% で男女の差はないが, 15～64 歳の生産年齢層の割合はは男 72.2%, 女 69.4%, 65 歳以上割合は男 11.7%, 女 16.8% で, 男女比は, 生産年齢層では 53.3 対 46.1 で男の方が多く, 65 歳以上では 45.5 対 55.5 で女性の方が多い。

社会経済分類構成で最大の割合を占めるのが通学も家事もしていない「非

図表 20　川崎市常住者の職業・従業上の地位構成（2005 年）

職業大・中分類	就業者 総数	就業者 割合	就業者 総数	雇用者 総数	常雇	臨時雇	役員	業主 雇人あり	業主 雇人なし	家族従業者
総数	695 774	100.0	100.0	85.3	73.5	11.9	6.3	1.6	5.0	1.8
専門的・技術的職業	126 396	18.2	100.0	85.5	78.2	7.3	3.9	2.0	8.1	0.4
技術者	57 013	8.2	100.0	92.5	90.5	1.9	3.9	0.3	3.2	0.0
保健医療従事者	22 928	3.3	100.0	88.1	76.5	11.6	2.1	4.1	4.0	1.6
教員	11 952	1.7	100.0	98.7	86.0	12.7	1.0	0.1	0.2	-
管理的職業従事者	15 067	2.2	100.0	17.9	17.8	0.1	80.9	1.2	-	-
事務従事者	163 097	23.4	100.0	93.6	80.3	13.3	3.9	0.0	0.7	1.8
販売従事者	106 435	15.3	100.0	82.1	72.9	9.2	7.8	2.5	5.7	2.0
サービス職業従事者	65 791	9.5	100.0	82.9	58.1	24.8	3.3	3.2	5.3	5.4
保安職業従事者	6 415	0.9	100.0	99.2	81.2	18.0	0.4	-	0.4	-
農林漁業作業者	3 053	0.4	100.0	34.9	27.4	7.6	3.7	8.6	31.2	21.4
運輸・通信従事者	20 774	3.0	100.0	92.2	82.1	10.0	2.2	0.4	5.0	0.2
自動車運転者	16 760	2.4	100.0	90.4	81.2	9.1	2.7	0.5	6.2	0.3
生産工程・労務作業者	139 332	20.0	100.0	82.3	69.3	13.0	6.2	2.4	7.7	1.4
労務作業者	57 895	8.3	100.0	82.4	63.1	19.2	5.4	2.8	7.7	1.6
分類不能の職業	49 414	7.1	100.0	95.3	87.0	8.3	0.9	0.6	2.3	0.8

資料出所：川崎市統計データ（原資料「2005 年国勢調査」より作成

通学・就業者」(24.9 万人〈男 13.4 万人，女 11.6 万人〉，18.8%) である。内 15 歳未満層 (33.5%) と 65 歳以上層 (43.5%) が大部分を占め，15 ～ 64 歳層は「完全失業者」(3.9 万人) を中心とする 5.9 万人 (23.5%) である。第 2 位の割合を占めるのが「家事従事者」(18.0 万人，13.6%) である。この層は男女に大きく差（女が 96% を占める）があり，女の中で 27.0% (17.3 万人）を占め，最大の割合である。「就学者」16.3 万人 (12.3%) は第 3 位の割合を占めるが，その大半は 15 歳未満（就学者に占める割合 55.7%）と 15 ～ 24 歳層（同 41.6%）で占められている。

つまり，川崎市の全人口の内，15 歳未満を含む就学者，家事従事者，15 歳未満の非就学者および完全失業者を含む 15 歳以上の非就業者で構成され

図表21　従業上の地位・雇用形態別有業者

		総数	業主	家従	雇用者	役員	正規	パート	バイト	派遣	契約	その他
男	1992	100	8.2	0.5	91.3	・・	79.9	1.0	5.0	・・	・・	・・
	1997	100	8.4	0.9	90.7	・・	79.0	0.9	6.5	・・	・・	・・
	2002	100	9.0	0.7	90.1	8.6	75.1	2.2	8.1	0.8	4.1	0.9
	2007	100	8.5	0.7	90.7	8.0	74.2	1.5	7.0	2.4	5.6	1.3
女	1992	100	5.9	7.1	87.0	・・	55.6	28.0	7.2	・・	・・	・・
	1997	100	5.6	6.4	87.6	・・	54.1	27.3	10.0	・・	・・	・・
	2002	100	5.3	4.8	89.6	3.6	39.6	30.3	13.1	6.1	6.2	1.0
	2007	100	4.6	3.9	91.4	3.5	44.5	27.3	9.8	5.8	6.6	2.5

注：①業主は自営業主，家従は家族従業者，バイト＝アルバイト，契約には嘱託を含む。
　　②非正規割合は雇用者総数（役員を含む）に対する割合。
資料出所：川崎市統計データ（原資料「就業構造基本調査」）より作成

図表22　若者の労働力状態の構成（％）

		総数(1000人)	有業者 総数	仕事が主	仕事が従 総数	通学が主	無業者 総数	家事	通学
男	15～19歳	30.4	36.8	9.5	15.3	26.3	63.2	-	60.9
	20～24	51.0	59.8	44.7	1.3	14.3	40.2	-	36.1
	25～29	61.1	91.7	89.4	11.9	0.8	8.3	0.3	3.3
	15～29	142.5	68.5	56.3	11.9	11.1	31.4	0.1	27.3
女	15～19	28.5	21.1	3.9	17.2	14.7	78.6	0.7	76.1
	20～24	42.5	72.2	56.0	16.2	13.2	27.8	7.8	17.2
	25～29	50.9	75.2	67.4	7.9	2.8	24.8	18.1	1.4
	15～29	121.9	61.5	48.6	13.0	9.2	38.4	10.4	24.4

資料出所：「川崎市統計データ」（原資料「就業状態基本調査」2007年）より作成

る「就業していない者」は 44.6%（59.2 万人）である。

3　川崎市の若者の労働と生活

　川崎市在住の 15 〜 29 歳の若者は，川崎市人口の 2 割（15 歳以上人口の 23.5%）を占めている。コーホートでみると，00 年の 10 〜 24 歳人口に比べ 05 年の 15 〜 29 歳人口は 220,843 人から 271,189 人と 5 万人強(22.8%)増加し，特に 19 〜 23 歳の層では 49.5% という増加率であった。05 年の若者のうち 22% は，特に 19 〜 23 歳層では半分がこの 5 年間に他地域から流入した者によって占められていることになる。また，15 〜 29 歳層の 08 年 1 年間の転入転出状況をみると，転入者は 47,150 人，転出者は 34,377 人で，転入率（対 08 年 12 月末人口）18.6%，転出率（対 07 年 12 月末人口）13.5% と非常に高い移動率であることに見られるように，若者の地域流動性は非常に高い。

　川崎市の若者は，進学や就職・転職等により年間に 1/3 が入れ替わるほど流動性の高いのが特徴である。

　この若者の属性的特徴を見てみよう。

　性比は 1.17 で男性の方が 2.2 万人ほど多い。学歴は，短大・高専以上の者が男性 33%，女性 39% であるが，4 年制大卒以上になると，男性 23.5%，女 15.0% である。また，在学中の者が男女ともに 3 割いる。特に 15 〜 19 歳層では男性 84%，女性 89% である。男性の 9 割，女性の 8 割は未婚である。川崎市の若者の多くは高学歴であり，また短大・高専・大学等の学生であり，そして大半が未婚（男性 88.7%，女性 80.4%）である。

　有業者は男女とも 6 割前後であるが，年齢層によって大きく異なる。15 〜 19 歳層は「仕事が従で通学が主な者」を含めても，男性 37%，女 21%，20 〜 24 歳では男性 60%，女性 72%，25 〜 29 歳になると男性 92%，女 75% である。

　有業者（男性 97.8 千人，女性 75.0 千人）の状態をみると（図表 23），

図表 23　有業若者の就業状態（2007 年）

	男				女			
年齢階級	15-19	20-24	25-29	15-29	15-19	20-24	25-29	15-29
総数（1000人）	11.2	30.6	56.0	97.8	6.0	30.7	38.3	75.0
従業上の地位・雇用形態								
自営業主	-	2.3	3.8	2.9	-	2.0	-	0.8
家族従業者	-	-	-	-	-	-	0.8	0.4
雇用者	100.0	97.4	96.3	97.0	100.0	98.0	99.2	98.8
役員	-	1.3	2.0	1.5	-	-	1.0	0.2
正規	16.1	51.6	87.5	74.9	6.7	47.2	59.5	55.3
パート	-	1.3	0.4	0.6	-	5.2	11.5	8.0
アルバイト	80.4	35.6	2.5	21.8	95.0	31.6	7.6	24.4
派遣社員	3.6	5.2	2.3	3.4	-	4.6	11.5	7.7
契約社員	-	1.6	0.4	0.7	-	4.9	7.3	5.7
その他	-	1.0	1.3	1.0	-	4.6	1.0	2.4
就業時間								
200日未満　計	71.4	26.8	7.1	20.7	70.0	34.2	12.0	25.7
規則的就業	39.3	19.0	4.8	13.2	51.7	24.4	12.0	20.3
不規則的就業	31.3	7.5	1.8	7.0	15.0	9.1	-	4.9
200日以上　計	28.6	70.9	92.9	78.6	15.0	64.2	88.0	72.4
35時間未満	8.9	12.1	4.6	7.5	-	6.5	6.0	5.7
35-42時間	10.7	13.1	19.6	16.6	8.3	25.7	35.8	29.5
43-48	3.6	27.7	22.9	22.0	5.0	10.7	25.8	18.0
49-59	2.7	6.2	21.1	14.3	-	15.3	12.3	12.5
60時間以上	2.7	12.4	24.6	18.3	-	5.9	8.1	6.5
年収								
200万円未満	80.4	42.5	6.6	26.3	86.7	45.9	25.8	38.9
200-249	10.7	16.0	4.5	13.5	5.0	25.7	12.8	17.5
250-299	-	20.3	12.5	13.5	-	9.4	16.7	12.4
300-399	3.6	10.1	30.0	20.8	-	9.1	23.8	15.9
400-499	-	8.5	28.4	18.9	-	6.8	14.6	10.3
500万円以上	4.5	0.7	16.8	2.5	-	1.0	5.5	3.2

資料出所：「川崎市統計データ」（原資料「就業構造基本調査」）より作成

男女ともほとんどが雇用者であり,自営業主,家族従業者は微々たるもの（合わせて,男性2.9%,女性1.2%）である。また,「会社などの役員」もわずかである(男性1.5%,女性0.5%)。正規雇用者は男性75%,女性55%であり,男性の2割,女性の4割強は非正規雇用者である。しかし,この割合は年齢層によって大きく異なる。15〜19歳では,アルバイトが大半を占め（男80.4%,女95.0%),就業時間を見ても,男性は年間就業日数200日未満が71.4%（内「不規則的就業」の者が31.3%),200日以上就業しても週労働時間35時間未満が8.9%である。女性は70.0%（同15.0%),で,大半が「仕事が従」という働き方である。つまりこの年齢層の大半は学生のアルバイトであると思われる。

年齢層の上昇とともに正規雇用・「仕事が主」働き方になり,25〜29歳の男性では,正規雇用者が3/4を占め,年間就業日数200日以上が93%となり,週労働時間35時間未満の者は男7.5%で,反対に週60時間以上という長時間労働者が24.6%もいる。

女性の場合は,正規労働者は55.3%で,パート（11.5%)や派遣（11.5%)の割合が多くなるが,年間就業日数200日以上の者が88%で,週労働時間60時間以上の者も8.1%いる。

若者の職業では,男性は「生産工程・労務作業者」(24.7%),「専門・技術的職業」(20.8%),「販売」(16.4%),「事務」(12.4%),「サービス」(10.5%)で大半を占める。女性は「事務」(32.4%),「専門・技術」(20.6%),「販売」(16.6%),「サービス」(14.9%)で大半を占め,「生産工程・労務」(6.2%)は男性に比べて少ない。男女とも,「管理的職業」,「保安」,「運輸・通信」,「農林漁業」はほとんど見られない。

しかしこの職業分布も年齢層によって大きく異なる。15〜19歳では,男性は「生産・労務」(35.5%),「サービス」(24.0%),「販売」(20.4%)に,女性は「サービス」(32.7%),「販売」(30.6%)に大きくシフトしている。25〜29歳になると,男女とも年齢計の分布と近くなる。

ところで,上記のような就業状態にある若者の年収はどうなっているので

あろうか。

300万円未満は，男性の半数以上（53.85），女性の7割弱（78.8%），500万円以上の者は男性で2.5%，女性で3.2%とわずかでしかない。

年収200万円未満の男性で1/4強（26.3%）に当たる1万3千人強，女性で4割弱（38.9%）にあたる4万2千人強もいる。15～19歳層では男女とも8割以上が200万円未満である。

若者の半数強は親等家族と同居しているが，48.9%（8.5万人）は単身者である。この単身者の2割（19.1%，1.77万人）が年収200万円未満の未満である。これで生活している彼らはワーキングプアというべきであろう。

4　高齢者と高齢者世帯

すでに見たように川崎市も高齢者（65歳以上）の割合は15.6%で，全国平均（22.1%）や大都市の中でもっとも低い割合である（18大都市平均〈18.2% 05年〉）。とはいえ，その増加は著しい。65歳以上人口は，75年の4.3万人（4.3%）から05年には21.3万人（14.6%）ととなり，08年には75年の5倍強となる22.3万人と推計されている。その内，男が44.5%，女性が55.5%で，年齢が高くなるにつれ，女性の割合が増加している（75歳以上では60.7%）が女性である。

その結果，65歳以上の高齢者のいる世帯は，85年の56,744世帯から05年には133,496世帯（2.35倍）に増え，一般世帯の22.5%を占めている。中でも夫婦のみの高齢夫婦世帯と単独世帯の増加が著しい。高齢夫婦世帯は12,208世帯から40,888世帯（3.35倍，高齢者のいる世帯の30.0%），単独世帯（一人暮らし）は7,501世帯から32,877世帯（4.38倍，同24.6%）に増加，拡大している。なお，高齢単身者の性別は，男が10,879人，女が21,998人で，女が男のほぼ2倍となっている（図表16参照）。また，一人暮らしの75歳以上のいわゆる「後期高齢者」は14,823人（85年比6.5倍，同年齢人口の26.4%）に増加・拡大した。

高齢者の労働力状態は，男性の労働力率は 31.6%（「主に仕事」は 23.4%），女性のそれは 13.1%（同 6.0%）である。つまり男性の 7 割，女性の 9 割近くは働いていないのである。

　夫が 65 歳以上・妻が 60 歳以上の高齢者夫婦世帯の就業状態は，夫婦とも就業者である共働き世帯は 11.7%，夫が就業・妻は非就業のタイプが 18.4% で，夫婦とも非就業タイプは 64.4% に増加しているが，夫の年齢が高くなるほどこの割合は増大している。しかも 00 年に比べその数も割合も増えている（2005 年国勢調査）。つまり，高齢者夫婦世帯の数が増え，非就業世帯の数と割合が増え続けているのである。

　世帯の所得を見ると，一般世帯では，年間所得 200 万円未満の割合は 3.9% であるが，世帯主の年齢が 60 歳以上の一般世帯で 7.3%，単身世帯では 43.1% となり，低所得の高齢者世帯が多数存在している（07 年就調）。

　このことが高齢者の生活保護，要介護・支援認定者の増加の大きな要因となっている。

　川崎市の生活保護人員数，保護率は 95 年の 10,777 人，8.96‰ から 97 年には 10‰ を超え，その後も年々上昇を続け，97 年には 15‰ を越し，06 年には 24,304 人（17.88‰），07 年は 24,307 人（17.74‰）となっている。世帯数で見ると，95 年の 7,858 世帯から 07 年には 17,378 世帯と 13 年間で 2.2 倍になっている。中でも高齢者世帯の増加は著しく，95 年の 2,944 世帯（内高齢者単身世帯が 90.8%）から 07 年には 7,481 世帯で（内高齢者単身世帯が 91.0%）と 2.54 倍となり，保護世帯の半数近く（42.6%〈97 年は 37.5%〉）を占めている。また，要介護（要支援）認定者の数も 2000 年の 16,151 人から 07 年には 33,949 人へと 2.1 倍に増加した（図表 24）。

5　人口高流動都市川崎

　川崎市は，転入・転出者の割合が高く，また市外への通勤・通学移動者の割合が多く昼夜間人口の差も大きい人口高流動都市である。

(1) 社会動態

　川崎市の社会増減の傾向を見ると，石油ショック後の低成長期には戦後初めての社会減が続き（73年の14,062人を最高に72～81年の10年間で81,915人の社会減），83年から再び社会増の傾向となったが，バブル経済崩壊の92年から96年までは再び社会減となった（94年の4,387人を最高に92～96年の5年間で10,855人減）。その後社会増に転じ，2000年代に入って再び大幅な増加傾向に転じている（07年には21,208人の増加）。特にここ数年は年間1万人を超える社会増となっている。05～09年の転出入者数をみると，転入者は毎年11万人前後，転出者は9.7万人前後で，4年間の社会増は6万人弱（年平均14,869人）で大幅な転入者増である。

　このような社会増をもたらす転入・転出はどのような年齢層によってなされているのであろうか。1995年，2000年，2005年の国勢調査の年令別人口をもとにコーホート分析をしてみよう（図表25）。

　65年時118,594人が川崎市に在住していた20～24歳の1941～45年生まれは，70年には119,921人と若干増加したが75年時（30～34歳）に100,811人に減少，以降減少を続け，80年時9万人，85年時8.6万人，05年（60～64歳）には7.7万人と35年間で4.2人減少している。

　団塊世代を含む1945～49年生まれの者は，65年時（15～19歳）100,096人であった。70年（20～24歳）には138,775人と1.3倍に膨張したが，75年には124,577人，80年110,404人，85年（35～39歳）102,566人, 95年時（45～49歳）には9.7万人と10万人を割り, 05年（55～59歳）には92,635人と70年時から30年間に45万人流出している。

　65年時10～14歳であった1951～55年生は65年には55,686人であるが，70年には88,459人に，オイルショックをによる不況で川崎市の人口動態が社会減あったにもかかわらず，75年（20～24歳）には113,796人とほぼ倍増している。しかしそれ以降は減少（流出超過）傾向となり，80年には10万人を切り, ,90年（35～39歳）には9万人を割り, 05年（50～54歳）では79,931人にまで減少している。

図表24 生活保護世帯数・人員，要介護・支援認定者の推移

年度	総数	単身高齢者	二人以上世帯の高齢者	年度	生活保護実人員	保護率(‰)	要介護・支援認定者数
1995	7 858	2672	272	1995	10 777	8.96	-
2000	11 707	4223	499	2000	16 225	12.98	16 151
2005	16 675	6029	642	2001	17 818	14.06	19 556
2006	17 085	6457	658	2002	19 863	15.49	23 530
2007	17 378	6806	675	2003	21 672	16.75	27 388
1995	100.0	34.0	3.5	2004	22 869	17.51	29 482
2000	100.0	36.1	4.3	2005	23 580	17.81	31 403
2005	100.0	36.2	3.9	2006	24 032	17.88	32 900
2006	100.0	37.8	3.9	2007	24 307	17.74	33 949
2007	100.0	39.2	3.9				

資料出所:「川崎市統計書」各年より作成

　65年時5～9歳であった1956～60年生層は10～14歳時には減少し，15～19歳時（70年），20～24歳時（75年）に増加，0～4歳層は10～14歳時まで減少，15～19歳で増加（80年），90年（25～29歳）まで増加し，以降減少（流出超過）という傾向をたどる。

　65年以降生まれの者も，10～14歳までは減少（流出超過），15～19歳から増加（流入超過）し，30～34歳層（1971～74年生）まで増加（流入超過）している。

　つまり，川崎市の住民は，14歳までは転出するものが多い（流出超過）のであるが，15歳を過ぎると転入者が転出者を上回り（流入超過），景気変動に影響されて，25歳過ぎないし30歳過ぎからふたたび転出者が上回る。70年から2000年まで，すくなくとも1931年以降（65年時30～34歳層），1956年以前生まれ（65年時5～9歳）のすべての出生コーホートが30～34歳以上層になると転出超過であった。

　70年代は，15～29歳層の大幅な転入増にもかかわらず，若年層と30歳以上層の転出超過で社会減となり，80年代後半からバブル崩壊までは反

対にそれを上回る生年層の転入超過が社会増をもたらしていた。しかし、バブル崩壊の不況は再び青年層の転入を上回る若年層と30歳以上層の転出があった。

95年と2000年の国勢調査を使って転出入率を年齢階級別で計算すると、95〜00年の5年間の転出者数は215,529人で95年人口にに対する転出率は17.9%で、5〜9歳層は24.9%、15〜19歳層までの転出率は低下するが、20〜24歳層19.6%、25〜29歳層32.7%、30〜34歳層34.9%と上昇し、以下低下していく。他方、転入者は248,736人、00ふ年人口に対する転入率19.9%で、20〜24歳層40.5%、25〜29歳層41.6%、30〜34歳層38.2%高い率を示しているる。5年間で、川崎市の人口は1/3以上が、20〜39歳層では半分以上が、特に25〜34歳層では7割以上が入れ替わる勘定になる。

表に見られるように、15歳未満層と35歳以上層は実は流出超過であって、川崎の人口増をもたらしているのは、15〜34歳層である。特に、18歳から23歳の間に川崎市に転入してくる者の割合が高い。95年から2000年までの5年間に増加した人口の6割を20〜24歳層（5年前の15〜19歳層）が占め、2000年から05年では20〜29歳層（5年前の15〜24歳層）が56.8%占めていた（20〜24歳層36.5%、25〜29歳層20.3%）。04〜09年の出生コーホートで増減者数をみると、09年年齢0〜15歳と55歳以上はわずかながら減少しているがそれ以外の年齢層はすべて増加している。とくに18歳から29歳の若者の増加数は57,446人で増加者数の55.5%を占めている。中でも、22〜24歳層は1.5倍を超える増加率である。

また、05〜09年の転出入者数をみると（図表26）、転入者は毎年11万人前後、転出者は9.7万人前後で、4年間の社会増は6万人弱（年平均14,869人）で大幅な転入増である。当然この年令層の流動性は高くなる（2008年の転出入率をみると、全体で転入率8.1%、転出率7.1%であるが、20〜24歳、25〜29歳、30〜34歳の転入率はそれぞれ22.9%、21.1%、13.7%であり、転出率は14.8%、18.5%、13.0%であった）。つまり、20

図表25　川崎市出生コーホートによる人口増減

生年	1970-65年	1975-70年	1980-75年	1985-80年	1990-85年	1995-90年	2000-95年	2005-00年	2005年年齢
1996-2000年生								-4 364	05-09歳
1991-95年生							-4 699	-934	10-14歳
1986-90年生						-8 201	-2 143	6 529	15-19
1981-85年生					-4 958	-4 434	7 142	28 150	20-24
1976-80年生				-7 611	-2 638	6 661	28 287	15 662	25-29
1971-75年生			-11 523	-4 692	11 154	29 018	6 416	8 212	30-34
1966-70年生		-15 968	-5 999	9 604	37 398	4 831	-1 205	-3 145	35-39
1961-65年生	-10 044	-7 251	10 411	28 916	7 737	-6 149	-5 936	-1 414	40-44
1956-60年生	-4 043	15 657	24 188	-3 642	-467	-8 691	-3 988	-209	45-49
1951-55年生	32 809	25 301	-13 799	-7 455	-3 762	-6 039	-2 605	-205	50-54
1946-50年生	38 679	-14 198	-14 173	-7 838	-2 399	-2 928	-2 485	-2 119	55-59
1941-45年生	1 327	-19 110	-10 321	-4 062	-226	-1 994	-3 274	-3 477	60-64
1936-40年生	-9 963	-14 057	-6 424	-1 509	-324	-2 715	-4 612	-3 553	65-69
1931-35年生	-8 335	-7 581	-3 075	-1 470	-1 727	-4 412	-4 443	-4 115	70-74
1926-30年生	-4 816	-3 621	-2 826	-2 412	-2 751	-4 195	-4 248	-4 760	75-79
1921-25年生	-1 707	-2 441	-2 440	-2 364	-2 960	-3 590	-4 018	-4 688	80-84
1916-20年生	-965	-2 263	-2 330	-2 620	-3 120	-3 120	-4 398	-4 549	85-89

資料出所:「川崎市統計データ」(原資料「国勢調査」)より作成

〜34歳人口は1年間に15%前後が転出し，2割前後が転入者で占められているのである。

しかし，30歳代以上になると，何らかの理由（転勤，転職等）で川崎市への転入よりも，転出する者の割合が多くなる。このことが，川崎市の高齢化の進展のスピードを他の都市よりも遅らせている要因になっていると思われる。

もっとも，転入者が急増した07年，08年では，10歳未満を除いて，ほとんどの年齢階層が転入超過となっている。社会増の8割強が20〜34歳層である（20〜24歳層で48.2%）。

しかし，リーマンショックによる不況が深刻化した09年は07，08年とはやや異なり，10歳未満層と55〜74歳層が社会減となり，25〜29，30〜34歳層の社会増が大きく減少し（07年4,422，2,175人，08年3,016，558人，09年2,281，568人）。それでも，転入者，転出者ともその2/3が20〜39歳層で占められている。つまり，高校を卒業して進学ないし就職で，短大・専門学校，大学を卒業して就職で，あるいは，後に見るように，通勤・通学圏としての住居を求めて川崎市に転入してくるのである。

しかし，2005年を過ぎると少し風向きが変わり，中高年層まで転入超過の傾向が現れてきた。川崎市の人口動態統計をもとに04年から08年の5年間の転出入の動向をやや詳しく見てみよう。

転入者は，04年の10.6万人から徐々に増加し，07年には前年比1万人増の11.8万人と急増し，08年はやや減少して11.0万人となり，5年間で55.0万人，年間平均11.0万人転入者であった。他方，転出者は04年の10.0万人から06年の9.2万人に減少したが，07年に9.7万人に増加した。5年間で48.4万人，年平均9.7万人の流出である。その結果，転入増は，04年の0.6万人が急増し，07年には2.1万人増となり，08年はやや減少して1.4万人となった。5年間の増加者数は6.6万人，年平均1.3万人増であった。

ただ，リーマンショックによる不況が深刻化した09年（08.10.1〜09.9.30）は07，08年とはやや異なり，転入者が減少し，転出者が増加し，10歳未満層と55〜74歳層が社会減となり，社会増は07年の21,577人，08年の14,804人から09年13,430人に減少し，中でも25〜29，30〜34歳層の社会増が大きく減少し（07年，25〜29歳層4,422人，30〜34歳層2,175人，08年，同3,016人，同558人，09年同2,281人，同568人）。それでも，転入者，転出者ともその2／3が20〜39歳層で占められている。

04〜08年の5年間の転出入者の性・年齢構成を見ると，転出入者とも5年間平均では男性が55％であるが，06年は女性の転出者がやや多く，男性割合は52.9％とやや低下している。増加者数では，04年は女性割合が多く

(52.3%), 06年は男性が67.0%と突出している。しかし，5年間の平均では男性が55%となっている。5年間累計で，男性の増加者数が女性のそれを6,500人上回っている。

性・年齢階級別割合では，転入よりも転出の方が，そして転出入者とも男性よりも女性の方が，年齢階級による集中度が低く相対的に広がりを持っているといえる。とはいえ，転出入ともに男女とも20～39歳層で全体の2/3占めており，とくに25～29歳層が突出し（22%前後）している。2000年以前と異なり15～19歳層の転入者の占める割合は3.8%で相対的に少ない（転出者は2.3%でしかない）。

転出入者の差し引きでは，男性は0～9歳層を除いて転入者の方が多く，女性は0～9歳層と，わずかではあるが35～39歳層と55～64歳層で転出超過である。そして，男女計では，0～9歳層および60～64歳層で転出超過となっている。この結果，転入超過者数の88.3%を15～29歳層，中でも20～24歳層は45%に達している。

2008年の転出入率をみると，全体で転入率8.1%，転出率7.1%であるが，転出入率ともに0～4歳から年齢の上昇に伴って低下していくが，15～19歳層から増加し，転入率は20～24歳層をピーク（転入率22.9%）に，転出率は25～29歳層をピーク（18.5%）に，30歳をすぎると急激に低下し始め，65歳を過ぎると1%台までに低下する。

20～24歳，25～29歳，30～34歳の転入率はそれぞれ22.9%，21.1%，13.7%であり，転出率は14.8%，18.5%，13.0%である。つまり，川崎市の20～34歳人口は1年間に15%前後が転出し，2割が新規の転入者で占められていることになる。

17政令指定都市と都区部を比較した「大都市比較統計年報」によれば，人口1000人当たりの市内への転入率は，川崎市は04年67.0で2位（1位は大阪市で69.2），05年663.で2位（1位大阪市67.5），06年67.2で2位（1位大阪市68.0），07年72.4で1位（2位大阪市68.2）である。また転出率は，4年62.6で2位（1位は大阪市で66.4），05年59.4.で2位（1

位大阪市 64.1), 06 年 59.2 で 2 位 (1 位大阪市 65.1), 07 年 57.2 で 2 位 (1 位大阪市 64.1) である。3 位以下の他の都市の転入率, 転出率は高いところでも 10 ポイント前後低い。

以上ように, 川崎市は 20 歳代から 30 歳代前半層を中心とした転入・転出者の多い, 大阪市と肩を並べる, 群を抜いた高移動社会なのである。

(2) 通勤通学移動―流出入―

05 年の国勢調査によると, 通勤・通学による日々市域を超えた移動者も多く, 市外への通勤・通学者 (流出者) は 40.1 万人, 市外から川崎市への通勤・通学者 (流入者) は 22.9 万人で, 合わせて川崎市の人口の半数に近い 63.1 万人が, 川崎市を出入りしている。

川崎市に常住し市外へ通勤・通学する者は, 調査年毎に増加示し, 1975 年の 16.7 万人から 05 年には 39.5 万人と 2.37 倍にもなった。05 年の市外通勤者は 35.3 万人, 市外通学者 4.2 万人 (15 歳以上, 以下同じ, 未満を含むと 4.9 万人) でそれぞれ 75 年に比べ 2.63 倍, 1.28 倍, 市内在住就業者の 50.6%, 市内在住通学者の 58.6% となっている。つまり, 市内在住の就業者, 就学者ともにその半数以上が市外へ通勤・通学しているのである。

他方川崎市への流入人口は, 60 年の 14.8 万人から 95 年 (25.6 万人) まで増加し続けていたが, 00 年 (23.6 万人), 05 年 (22.9 万人) と近年減少傾向にある。流入率は 60 年の 17.7% から 90 年 (24.0%) まで上昇し, 以降低下傾向に入り 05 年は 19.9% と 75 年水準まで戻っている (図表 27)。

05 年の川崎市への通勤者は 20.9 万人で, 川崎市内就業者の 37.8%, 通学者は 1.7 万人で通学者の 36.9% を占めている。つまり, 市外から川崎市に通勤・通学してくるものは市内就業者・就学者の 36,7% を占めているのである。

就業者・就学者ともに流出超過である。昼夜間人口比率は 65 年の 97.9 から低下の一途をたどり, 05 年には 87.1 まで低下した。この比率は 18 大都市の最低である (下から 2 番目は横浜市の 90.4)。

図表 26　川崎市社会移動数

年齢階級	社会増減 05-06年	06-07年	07-08年	08-09年	05-09年計	転入 05-06年	06-07年
総　数	9 665	21 577	14 804	13 430	59 476	106 901	119 571
0～4歳	-1 114	-247	-1 033	-815	-3 209	6 048	7 195
5～9	-276	162	-33	-45	-192	2 717	3 094
10～14	8	339	392	307	1 046	1 602	1 966
15～19	2 764	3 358	2 939	3 100	12 161	5 855	6 164
20～24	6 098	8 343	7 522	7 198	29 161	20 487	22 347
25～29	2 917	4 422	3 016	2 281	12 636	23 956	25 870
30～34	228	2 175	558	568	3 529	17 625	19 911
35～39	-686	766	128	137	345	9 751	11 691
40～44	-178	676	339	147	984	5 278	6 067
45～49	138	464	406	360	1 368	3 192	3 598
50～54	-16	387	300	171	842	2 707	2 976
55～59	-49	329	-67	-35	178	2 652	3 169
60～64	-128	42	42	-44	-88	1 723	1 742
65歳以上	-41	361	295	100	715	3 308	3 781
総　数	100.0	100.0	100.0	100.0	100.0	100.0	100.0
0～4歳	-11.5	-1.1	-7.0	-6.1	△5.4	5.7	6.0
5～9	-2.9	0.8	-0.2	-0.3	△0.3	2.5	2.6
10～14	0.1	1.6	2.6	2.3	1.8	1.5	1.6
15～19	28.6	15.6	19.9	23.1	20.4	5.5	5.2
20～24	63.1	38.7	50.8	53.6	49.0	19.2	18.7
25～29	30.2	20.5	20.4	17.0	21.2	22.4	21.6
30～34	2.4	10.1	3.8	4.2	5.9	16.5	16.7
35～39	-7.1	3.6	0.9	1.0	0.6	9.1	9.8
40～44	-1.8	3.1	2.3	1.1	1.7	4.9	5.1
45～49	1.4	2.2	2.7	2.7	2.3	3.0	3.0
50～54	-0.2	1.8	2.0	1.3	1.4	2.5	2.5
55～59	-0.5	1.5	-0.5	-0.3	0.3	2.5	2.7
60～64	-1.3	0.2	0.3	-0.3	△0.1	1.6	1.5
65歳以上	-0.4	1.7	2.0	0.7	1.2	3.1	3.2

注：　各年前年10月-翌年9月の1年間の移動人口
出所：「川崎市年齢5歳階級別移動人口」（各年）より作成

			転出				
07-08年	08-09年	05-09年計	05-06年	06-07年	07-08年	08-09年	05-09年計
111 813	110 956	449 241	97 236	97 994	97 009	97 526	389 765
6 228	6 091	25 562	7 162	7 442	7 261	6 906	28 771
2 731	2 568	11 110	2 993	2 932	2 764	2 613	11 302
1 754	1 743	7 065	1 594	1 627	1 362	1 436	6 019
5 806	5 839	23 664	3 091	2 806	2 867	2 739	11 503
21 914	21 528	86 276	14 389	14 004	14 392	14 330	57 115
24 305	23 666	97 797	21 039	21 448	21 289	21 385	85 161
18 066	17 626	73 228	17 397	17 736	17 508	17 058	69 699
10 613	10 955	43 010	10 437	10 925	10 485	10 818	42 665
5 814	6 108	23 267	5 456	5 391	5 475	5 961	22 283
3 605	3 821	14 216	3 054	3 134	3 199	3 461	12 848
2 776	2 803	11 262	2 723	2 589	2 476	2 632	10 420
2 676	2 683	11 180	2 701	2 840	2 743	2 718	11 002
1 826	1 908	7 199	1 851	1 700	1 784	1 952	7 287
3 699	3 617	14 405	3 349	3 420	3 404	3 517	13 690
100.0	100.0	100.0	100.0	100.0	100.0	100.0	100.0
5.6	5.5	5.7	7.4	7.6	7.5	7.1	7.4
2.4	2.3	2.5	3.1	3.0	2.8	2.7	2.9
1.6	1.6	1.6	1.6	1.7	1.4	1.5	1.5
5.2	5.3	5.3	3.2	2.9	3.0	2.8	3.0
19.6	19.4	19.2	14.8	14.3	14.8	14.7	14.7
21.7	21.3	21.8	21.6	21.9	21.9	21.9	21.8
16.2	15.9	16.3	17.9	18.1	18.0	17.5	17.9
9.5	9.9	9.6	10.7	11.1	10.8	11.1	10.9
5.2	5.5	5.2	5.6	5.5	5.6	6.1	5.7
3.2	3.4	3.2	3.1	3.2	3.3	3.5	3.3
2.5	2.5	2.5	2.8	2.6	2.6	2.7	2.7
2.4	2.4	2.5	2.8	2.9	2.8	2.8	2.8
1.6	1.7	1.6	1.9	1.7	1.8	2.0	1.9
3.3	3.3	3.2	3.4	3.5	3.5	3.6	3.5

以下，05年の国勢調査の結果に基づいて，通学流入出者と通勤流出入者のそれぞれについて見てみよう。

1）通学流出者

川崎市在住の就学者は7.2万人で，その2／3に当たる4.8万人強が市外に通学している。つまり，川崎市在住の就学者の半数以上が市外に通学しているのである。

通学流出者の61.8%（2.6万人）は男性で，女性は2.2万人である。15歳未満の小・中学生の流出者は多くなく6千人（12.7%，流出率3.8%人），15歳以上は4.2万人でそのほとんど（4.0万人，82.3%）が25歳未満であり，25歳以上1,424人（0.3%）でしかない。通学者の大半は当然にも高校生，短大生，専門学校生，大学生であると想定される25歳未満の者である。

通学流出者の通学先は，横浜市を中心に神奈川県内が13,207人（27.2%），区部を中心とする東京都が35,398人（70.1%）である。区部では，世田谷区6,757人，渋谷区3,274人，千代田区2685人，新宿区2,242人，港区2,193人で，東京都への通学者の半数（50.3%）を占めている。

2）通勤流出者―市外通勤者―

川崎市から流出する就業者（市外通勤者）35.3万人のうち男性は23.6万人（67.0%，流出率54.9%），女性は11.6万人（33.0%，流出率43.9%）である。流出者は青壮年層が中心で，男性は25～44歳層で半数以上(57.3%)を，女性は24～39歳層で2/3（63.0%）を占めている。流出女性のうち有配偶女性は43.1%である。特に男性の30～49歳層，女性の25～34歳層の流出率は60%前後となっている。年齢が高くなるほど流出率は低下している。なお，有配偶女性の流出率は平均よりもやや少なく（35.6%），特に「家事のほか仕事」している者の市外流出率は24.4%に過ぎない。しかし，「主に仕事」の女性の半数近く（45.9%）は市外で働いている。つまり，市外通勤者の中心は男性の青壮年層，独身女性と「主に仕事」をしている有配偶女性によって構成されている。

市外通勤者の従業上の地位・職業はどうであろうか（図表28）。

図表 27　川崎市流出入人口の推移

	流入人口			流出人口			流入超過人口(b－c)
	総数(b)	15歳以上就業者数	通学者数	総数(c)	15歳以上就業者数	通学者数	
1960年	111 597	105 674	5 923	95 080	78 869	16 211	16 517
65年	148 348	132 235	16 113	166 701	133 619	33 082	- 18 353
70年	180 891	162 478	18 413	202 484	163 724	38 760	- 21 593
75年	191 597	169 267	22 330	237 693	191 879	45 814	- 46 096
80年	202 227	178 051	24 176	263 415	215 826	47 589	- 61 188
85年	221 129	196 422	24 707	298 290	250 217	48 073	- 77 161
90年	252 851	224 453	28 398	370 441	311 651	58 790	- 117 590
95年	255 500	228 327	27 173	390 077	331 012	59 065	- 134 577
2000年	236 239	212 897	23 342	388 178	335 718	52 460	- 151 939
05年	229 432	208 932	20 500	401 148	352 543	48 605	- 171 716

(注)（1）昭和55年以降の常住人口は年齢不詳を除く。（2）1）- は流出超過である。
資料出所：「川崎市統計データ」（原資料「国勢調査」）

　彼ら／彼女らの大半（91.9%）は雇用者であり，常住者平均（85.2%）よりもその割合は高く，また常雇率も高い。

　職業は，事務従事者（29.4%），専門的・技術的職業（21.4%），販売従事者（18.7%）が中心で，いずれも常住者平均よりも高い。流出率をみると，事務職は（65.0%），販売職（61.1%），専門・技術職（59.9%），数は少ないが保安職（59.8%），管理職（58.6%）が高い割合で流出している。他方，農林漁業従事者（11.2%），サービス職（35.4%），生産工程・労務職（39.9%）などの流出率は低い。

　つまり，雇用者で事務職，専門・技術職，販売職，管理職などのホワイトカラー層が市外に通勤しているのである。

　川崎市に常住している就業者69.7万人のうち青壮年層で雇用者の事務職，販売職，専門・技術職，管理職を中心にその半数に当たる35.3万人が市外に通勤し，その多くが東京都区部で就業している。また，就学者7.2万人のうち6割近くの4.2万人が市外に通学している。この結果，市内在住

の就業者・就学者の半数以上の 39.5 万人（51.4%）が市外，主に港，千代田，渋谷，世田谷，大田，品川，新宿，中央区など東京都区部（26.6 万人，38.7%）に流出しているのである。いわば川崎市は東京都区部の就業者のベットタウンになっているのである。

3）流入就学者―川崎市への通学者―

川崎市での 15 歳以上の就学者 47 千人のうち市外から通学してくるものは男性 9 千人，女性 8 千人，計 17 千人（36.9%）であり，ほとんどが 25 歳未満である。これに加えて，15 歳未満の市外通学者も若干存在するする。

彼ら／彼女らの常住地は就業者よりバラツキが大きく，横浜市（27.0%）を含む県内は 47.6% に過ぎず，東京都が 35.1%（区部 19.3%）である。横浜市の 4.7 千人を除いて 1,000 人を超える市区はない。

4）通勤流入者―市外からの通勤者―

川崎市を従業地とする就業者 55.3 万人のうち 20.9 万人（37.8%）が市外から流入している。流入者の 3/4（15.6 万人）は男性で，女性は 5.3 万人（25.4%）である。年齢層は，男性が 35～59 歳層が中心で（この年齢層で流入者の 3/4（74.4%），女性は 20～44 歳層（同 66.0%）が中心であり，有配偶女性の割合は 45.7% で流出者（43.1%）に比べその割合はやや高い。

流出者に比べ男性は 50 歳以上の占める割合が多く（34.2%，流出者 26.4%），女性もやや中高年層の割合が多い。有配偶女性の割合は 45.7% で流出者（43.1%）に比べその割合はやや高い。

流入者の従業上の地位・職業はどうであろうか（図表 29）。

彼ら／彼女らのほとんど（92.3%）が雇用者であり，常住者平均（85.2%）よりもその割合は高く，また常雇率も高い。

職業は，生産工程・労務職（25.1%），専門・技術職業（25.0%），事務従事者（23.4%）が中心で，流出者に比べ生産工程・労務職（+8.6P），専門的・技術職（+3.5P）の割合が高く，販売従事者（-6.5P），事務職（-6.0P）の割合が低い。

流入率をみると，平均 37.8% で流出率に比べ 12.8P も低い。専門・技術

職（50.8%），事務職は（46.7%），数は少ないが保安職（58.9%），管理職（46.6%）が高い割合で流入している。他方，当然ではあるが農林漁業従事者（5.4%）がもっとも低く，サービス職（20.4%）の流入率も低い。

流入者は，流出者とことなり，専門・技術職，事務職のホワイトカラー層と生産工程・労務職に分極している。

流入者の常住地

流入者の常住地は，流出者より地域の集中度が高く，横浜市（46.7%）を中心に神奈川県内が多く（63.6%），東京都は36.4%（区部28.6%）であった。常住者が多い市町村は，横浜市98千人，相模原市9千人，大田区10千人，町田市9千人，世田谷区6千人等であり，これら5市区で流入者の62.5%を占めている。

図表28　流出者の職業・従業上の地位別構成

	流出者数（人）	流出率（%）	構成（%）
総数 1)	352 543	50.6	100.0
専門的・技術的職業	75 377	59.9	21.4
管理的職業従事者	8 672	58.6	2.5
事務従事者	103 726	65.0	29.4
販売従事者	65 853	61.2	18.7
サービス職業従事者	22 787	35.4	6.5
保安職業従事者	4 013	59.8	1.1
農林漁業従事者	361	11.2	0.1
運輸・通信従事者	8 285	41.1	2.4
生産工程・労務作業者	58 254	39.9	16.5
分類不能の職業	5 215	10.7	1.5
雇用者	324 141	54.6	91.9
常雇	288 772	56.6	81.9
臨時雇	35 369	42.0	10.0
役員	17 036	44.0	4.8
自営業主	9 940	2.0	2.8
家族従業者	1 426	9.9	0.4

1) 従業上の地位「不詳」を含む。
資料出所：「川崎市統計データ」（原資料「国勢調査」）より作成

6. 周辺都市との関係と都市施設の特性

(1) 周辺都市との関係

川崎市と周辺都市との関係を川崎市の通勤・通学移動者によってみると，川崎市は東京都への流出超過都市であった。改めてその状況をみると次のと

おりである。

　全体として流出超過であることはすでに述べたが，神奈川県内は，横浜市を含めて，川崎市への流入が 8.5 万人もの超過となっている。しかし，東京都には流出者の 3/4 が集中し，東京都からの流入者は 3 割しかおらず，23.1 万人もの流出超過（その 99% は区部）となっている。東京都区部へは 26.6 万人が流出し，区部からはわずか 3.6 万人しか流入せず，22.9 万人の流出超過となっている。

　就業者に限定して流出入先の地域を見ると，以下のとおりである（図表30）。

　川崎市在住の就業者 69.7 万人のうち，50.6% 当たる 35.3 万人が市外で就業している。その就業地域は，横浜市（6.3 万人）を中心に神奈川県内が 7.7 万人（21.8%）しかなく，東京都区部（24.3 万人）を中心に東京都が 75.9%（26.8 万人）を占める。区部では，港区，千代田区，大田区，渋谷区，中央区，品川区へ 2 万人以上（港区は 4.4 万人弱），次いで新宿区，目黒区へ 1 万人以上通勤している。

　他方，川崎市で従業しているの就業者 55.3 万人のうち市外からの通勤者は 37.8% に当たる 20.9 万人である。彼ら／彼女らの常住地は，横浜市（9.8 万人）を中心に神奈川県内が 46.7%（13.3 万人）で，東京都は 6.0 万人（28.6%）で，区部は 3.3 万人しかいない。比較的多い市区は，大田区（1 万人），町田市（0.9 万人），相模原市（0.8 万人），世田谷区（0.6 万人）である。

　つまり，川崎市と神奈川県，東京都の各市区町との関係は，横浜市をはじめ，神奈川県の各市町は川崎市への労働力の給源になっているのに対して，東京都なかんずく区部に対して川崎市は，労働力の供給源になっているのである。

　そして，東京への流出者の多くは，若年では 20〜24 歳の学生層，青壮年のホワイトカラーであった。このことは，川崎市に高等教育機関が少ないこと，ホワイトカラー職場が相対的に少ないことという川崎市の産業構造の特性と，隣接する東京都に高等教育機関，ホワイトカラー職場が多く，かつ東京都区部の住宅費の高さが相対的に安い住宅を求めた東京都区部の学校，

職場に通う者のベットタウンになっていることを示している。

15歳以上の就学生は，市内在住の就学生は72,136名いるが，市内の学校に通学する者は市外からの流入者も含めて47,086人しかいない。つまり，市内昼間の就学生は常住就学生よりも25,050名も少ないのである。

このことは以下のことを結果する。川崎市の住民の構成は，川崎市での職業構成に比べ，専門学校生，短大生，大学生，そして，ホワイトカラー層が多いということになる。

図表29　通勤流入者の職業・従業上の地位

	流入者数(人)	流入率(%)	割合(%)
総数1)	208 932	37.8	100.0
専門的・技術的職業	52 137	50.8	25.0
管理的職業従事者	5 351	46.6	2.6
事務従事者	48 868	46.7	23.4
販売従事者	25 477	37.9	12.2
サービス職業従事者	10 586	20.3	5.1
保安職業従事者	3 872	58.9	1.9
農林漁業従事者	246	7.9	0.1
運輸・通信従事者	7 437	38.5	3.6
生産工程・労務作業者	52 475	37.4	25.1
分類不能の職業	2 483	5.4	1.2
雇用者	192 833	41.7	92.3
常雇	172 825	43.9	82.7
臨時雇	20 008	29.0	9.6
役員	9 149	29.7	4.4
自営業主	5 915	13.2	2.8
家族従業者	1 035	7.4	0.5

従業上の地位「不詳」を含む。
資料出所：「川崎市統計データ」（原資料「国勢調査」）より作成

以上のような，流出入地域の特性は川崎市内の鉄道網と大きく関係する。本書「まえがき」iiiページにある川崎市市域図に見られるように，川崎市内を通る鉄道は，JR東海道線・京浜東北線が川崎―品川・東京，京浜急行が新川崎―品川，東急が武蔵小杉―渋谷，小田急が新百合ヶ丘―新宿というように，川崎市内を横断して，東京の中心都市と結びついている。唯一市内を縦断する南武線は，川崎―武蔵小杉―登戸を通って立川に至る。この南武線を除けば川崎市内の都市を結び合わせる鉄道がないのである。多くの市民は川崎市の中心地川崎駅に出るよりも，それぞれの鉄道で東京に出る方が便利な

のである。このことが,川崎を東京のベットタウンにした大きな要因である。

(2) 川崎市の都市施設の特性

以上のような川崎市の人口構造のありようが,川崎市の都市施設のありように影響していると想定される。以下で都市施設の状況を他の大都市との比較を交えていくつか見てみよう。

1) 大型小売店

07年末の大型小売店数は41店舗,従業員数5,421人,売場面積217千m²,販売額1,884億円,従業員一人当たりの販売額は3,476万円,うち百貨店はわずか3店舗,従業員数568人,売場面積58千m²,479億円,従業員一人当たりの販売額8,435万円である。

大型小売店の店舗数,従業員数,年間販売額は16大都市のうちで,北九州市,堺市に次いで下から3番目,売場面積は最下位である。隣接する東京区部はすべての点で1位,横浜市は2位である。店舗数は東京の1/5,従業員数は,売場面積は1/8,販売額に至っては1/15でしかない。一人当たりの販売額は3,476万円で,仙台市,堺市に次いで下から3番目で,平均(4,398万円)よりも1,000万円も少ない。

百貨店はデータのある11大都市で,店舗数,従業員数,売場面積,販売額ともに最下位である。東京区部と比較すると,店舗数はほぼ1/9,従業員数は1/35,売場面積は1/18,販売額は1/43でしかない。一人当たりの販売額も11大都市のうち最低であり,平均(8,857万円)よりもやはり400万円強少ない。

2) 中・高等教育機関(08年5月1日現在)

川崎市の中・高等教育機関数および在学生数は,高等学校25校・21,577人,短期大学3校・1,274人,大学8校・30,417人,専修学校10校・1,780人である。高等学校数は東京区部の1/13,堺市と同数で18大都市の最少,生徒数は東京区部の1/10,堺市に次いで下から2番目である。短期大学数は東京区部の1/11,浜松市,さいたま市,静岡市,仙台市,堺市に次

いで下から6番目，学生数は都区部の1/15，下から5番目である。大学は専修大学，明治大学，日本女子大学，聖マリアンナ医科大学，洗足学園大学，洗足学園音楽大学，昭和音楽大学，日本医科大学の8校あるが，学生数は東京区部の1/16，8番目である。18大都市のなかで国公立の大学がない唯一の都市である。専修学校は東京区部の1/22，1学生数は東京区部の1/77で，ともに8大都市のうち最少である。

3) 病院 (07年10月1日現在)

一般病院38 (2.8)，精神科病院5，一般診療所916 (66.9)，歯科診療所702 (51.3)，病床数10,866床，医師数4,018.5人，看護師数6,176.4人である。一般病院病床 (666.4)，常勤医師数 (666.4)，常勤歯科医師数 (73.3)，看護師・準看護師数（常勤換算465.4）である〈( ) 内は人口10万人当たりの数〉。人口10万人当たりの数で大都市と比較すると，一般病院数は最少，一般診療所数は札幌市に次いで下から2番目，一般病床数はさいたま市，横浜市に次いでは下から3番目，常勤医師数と常勤換算の看護師・準看護師数はさいたま市，横浜市に次いでは下から3番目，常勤歯科医師数は下から9番目下からである（常勤医師数，常勤歯科医師数，看護師・準看護師数の数値は05.10.1現在）。

4) 利便施設

その他の09年末現在の生活利便施設の人口10万人当たりの数も見ておこう。

図表30　就業者の流出入地域の構成

流出先/流入元都市	流出者数	流入者数
流出者／流入者総数	352 543	208 932
県内	76 691	132 820
横浜市	62 900	97 661
他県	275 852	76 112
東京都	267 685	59 098
特別区部	242 782	33 029
千代田区	29 394	…
中央区	20 596	…
港区	44 461	…
新宿区	19 360	…
品川区	20 338	2 917
目黒区	10 007	1 628
大田区	25 904	10 108
世田谷区	21 195	5 722
渋谷区	25 628	…

注）「…」印の区は，流入者数上位5区に入っていないため，流入者数は不明。
資料出所：「川崎市統計データ」（原資料「2007年国勢調査」より作成

薬局数は34.8店で，さいたま市に次いで下から2番目，理容・美容所数は146.5所で最少，クリーニング所は76.8所で横浜市に次いで下から2番目，郵便局数は6.9局で最少となっている。

　以上のように，高等教育機関，医療関係，デパートを含む大型小売店，生活利便施設等の川崎市の水準は他の大都市に比較して大変低いと言わざるを得ない。

むすびに代えて

　かつて重化学工業都市として発展し日本の工業化を推進してきた一大拠点であった川崎市は，高度経済成長末期からその重化学工業都市の姿を徐々に変え，21世紀には入って大きく変貌した。

　産業構造としては，工業の比重が低下したとはいえ，工業は今なお川崎の主要産業の一つであることには変わりはない。かつて，川崎のリーディング産業であった電機機械の産業の大手が研究開発・試作型事業所に転換し，市政も研究開発型産業の育成に方針を展開（インキュベータ施設の設置，マイコン・シティに代表される研究開発企業誘致の土地造成等）したこともあって，研究開発機関の数も増加し，それらがサービス業にカウントされることによって，サービス業の比重が増大してきたように見えるが，大規模研究開発機関は，その研究・開発の成果を社会にオープンではなく，親企業へ提供されるものであり，製造業企業の一部門として機能している（事実，先に見た富士通，東芝，キヤノン，NEC等の大規模研究機関の売り上げの大半は親企業への売り上げで占められている）。

　臨海部およびそれに連なる内陸部は鉄鋼，石油化学，研究・開発・試作型事業所を中心とした産業都市なのである。

　他方，北西部の丘陵地帯は，首都東京の拡大の中で，東京勤務者の住宅としての宅地開発が進み，中高層マンションが数多く建設され，東京勤務者の大量流入が見られる，住宅都市・東京のベッドタウンの様相を示している。

川崎市は,産業都市としての臨海部(川崎区)とそれに接続する内陸部(幸区,中原区)と北西部の丘陵地帯の中高層マンションの林立した「川崎都民」の住む住宅都市・東京のベッドタウン(多摩区,宮前区,麻生区)に分極しているといっても過言ではない。

　そして,就学・就業の場と住宅を求めて毎年大量の社会移動が繰り返される。また多くの人々が,東京と川崎を日々通勤・通学移動する「高流動社会」となっているのである。

【注】
1) 川崎市経済労働局産業振興部長伊東数良作成(2008年7月)「元気都市かわさき」
2) 市の工業統計のデータが従業者4人以上の事業所に限定されているので,分析の対象は従業者4人以上の事業所に限定されている(すでに見たように,06年の事業所・企業統計によれば,川崎市の製造業のうち,4人以下の事業所は1,789所,従業者数4,378人で,製造業全体に占める割合はそれぞれ47.2%,5.2%であった。これから類推すると,川崎市の工業事業所のうち従業者数3人未満の事業所が相当数存在することに留意する必要があるが,従業者数の占める割合はわずかであると推定され,従業者数に関しては4人以上の事業所でほぼ全体を代表できると考えられる)。
3) 18大都市とは,2007年末での17政令指定都市(札幌市,仙台市,さいたま市,千葉市,川崎市,横浜市,新潟市,静岡市,浜松市,名古屋市,京都市,大阪市,堺市,神戸市,広島市,北九州市,福岡市と東京都区部である。
4) 2004年の「サービス業基本調査」によれば,「その他の教育・学習支援業(内教養・技能教授業を除く)と開発・研究機関を合わせた459事業所(うち開発・研究機関事業所52)が得た収入1,837億円(その大半は開発・研究機関の分と考えられる)のうち同一企業・団体から得た分が1,314億円で71.5%を占めており,他の企業からの分は293億円しかない,ことからも推察される。

【参考文献:いちいち本文中に書名を挙げなかったが,以下の文献を参考にした。】
島崎稔・安原茂編著『重化学工業都市の構造分析』1987年,東京大学出版会
小内　透著『戦後日本の地域変動と地域社会類型』1996年,東信堂
専修大学社会知性開発研究センター・都市政策研究センター『川崎都市白書』2007年7月,同第2版2009年3月
その他,「国勢調査」,「就業構造基本調査」,「事業所・企業統計」,「川崎市統計書」,「大都市比較統計年報」各年,「川崎市の統計情報」(インターネット)を利用した。

第3章

戦前期川崎市における社会事業の形成展開
―― 川崎社会館の活動を中心に ――

宇都 榮子

はじめに

　1924（大正13）年7月，川崎町・大師町・御幸村の合併により川崎市は誕生した。川崎町の時代の明治末期から工業都市としての顔を持ち始めた川崎は，さらに大正期に入って工業化の進展をみている。市制施行当時川崎市の面積は22.2平方キロ，翌年の国勢調査によると川崎市の人口は5万5529人だった。市制施行後は工業都市としての性格を強くし，周辺の町村を吸収合併し，今日のように南部から北部までにわたる縦長の都市を形成し，現在では政令指定都市として，面積144.35平方キロ，人口141万826人（平成22年1月1日現在[1]）であり，「都市別人口（平成20年）」[2]によると，大都市の中では8番目に人口の多い都市となった。

　社会福祉サービスの形成は，人びとの自助，相互扶助による生活保障システムだけでは，生活を支えきれない事態が生じたときにその形成が始まってきた。川崎市のなりたちを見るとき，工業化の進展，それに伴なう都市化の進展が始まる前は，それぞれの地域では相互扶助機能がかなりの役割を持っていたのではないかと思う。それが工業化の進展に伴ない，日本各地から人びとが流入してくると，出身地の共同体から切り離された人びとが川崎市での暮らしを開始していくことになる。また，こうした人びとの流入によって旧来からその地に住んでいた人の暮らしも変わってきたと思われる。

そこで，筆者は，①川崎市の各地域において，かつて見られた生活保障システムはどのようなものであったか，②新住民の流入により各地域において新にどのような住民どうしの生活保障システムが形成されたか，③各地域の変化に伴ない社会的な協同のシステムとしての社会福祉を含む生活保障システムがどのように形成されてきたのか，④地域に代わる役割を果す職場での労働者に対する生活保障システムはどのように形成されたのか，⑤これら前4者がどのようにからみあって川崎に住む人びとの生活の安定を保障してきたのか，⑤こうした川崎市における生活保障システムのありかたは日本社会の中でどのように位置づけることができるのか，⑥「メトロポリスの自立性」ということを考えるとき社会福祉はどのような役割を果しているとみることができるのかといったことをみてみたいと研究開始当初は問題を設定した。しかしながら，③に関わる資料整理しかできていない。極めて不十分な形でのまとめであるが，現時点で把握できるだけのものを発表することで責めを果たしたい。

1. 川崎市における社会事業形成過程の研究[3]

川崎市の社会事業形成史についてはまだまとまったものはない。

川崎市編集発行の『川崎市史』における昭和戦前期の記述についてみてみると，社会福祉の前史的形態である社会事業についての記述は多いとはいえない。しかしながら，『川崎市史　通史編第3巻近代』では，「第二編　京浜工業地帯の発足」の「第三章　変わる川崎町と社会問題」の中で「第五節　社会事業の始め」が取り上げられている。

この第5節では，米騒動発生後の翌年，神奈川県当局・県資産家・知識人らによって「県下における細民生活の状態を調査し，その救済方法を講じ，これが実行を期する」として1919（大正8）年10月設立された神奈川県救済協会，同年12月神奈川県匡済会と改称した匡済会によって1921（大正10）年5月設立された「川崎社会館」の活動について述べられている。

川崎町堀之内 17 番地に開館した川崎社会館では，本館では宿泊・人事相談職業紹介・保育事業を行い，食堂，公設浴場，公設市場も開場したことがわかる。川崎社会館のほか，貝塚託児所，川崎市職業紹介所，富士瓦斯紡績の従業員向け託児所【1914（大正 3）年 7 月】・幼稚園・宿泊所【1917（大正 6）年 5 月男子労働者向け】を開設，一般幼児を対象とした川崎幼稚園の設立【1918（大正 7）年 4 月】，公設住宅建設【1920（大正 9）年～】についてふれられている。

『資料編 3 近代』『資料編 4 上 現代 行政・社会』では，通史編に対応した形で社会事業・社会福祉に関する資料が掲載されており通史編の理解を深める助けとなっている。

川崎労働史編さん委員会編『川崎労働史 戦前編』（川崎市，1987 年）は，工業都市として多くの工業労働者をかかえた川崎市の主要な一面を物語る歴史書である。労働者の生活とかかわって発生する社会問題の解決に社会事業は大きく関わってくるが，本書でも社会事業について取り上げられている。

「第一章 近代的工業の進出と工業都市川崎の形成」の「第四節 川崎の米騒動」では，「四 神奈川県匡済会の設立と川崎社会館，公設市場の建設」がとりあげられ，先にあげた『川崎市史 通史編第 3 巻近代』よりも詳述されている。

また，「第二章 関東大震災と川崎の産業と労働」では，川崎社会館の業務実績，職業紹介所紹介実績，市営住宅一覧，川崎託児所の事業実績などについてふれている。

さらに，川崎社会館については，本書「第三章 昭和恐慌期の川崎の産業と労働」では，川崎市の失業対策として，社会館の活動の状況がとりあげられている。本章では失業救済事業の実際，窮民救済の実際として救護法による救済の実際がとりあげられている。

このように労働者の生活をめぐって川崎市における社会福祉の形成の一端を『川崎労働史 戦前編』から知ることができる。

『神奈川の社会事業』（神奈川県民生部，1953 年）は，第二次大戦後の占

領の時期を終って独立講和後の神奈川県の社会事業についてまとめられたものである。本書によって，川崎市の社会福祉がいかであったかを詳細に知ることはできないが，県下の流れを概観することはできよう。

1951（昭和26）年4月，神奈川県社会福祉協議会は結成されたが，二十年史編集委員会『県民福祉をめざして　神奈川県社会福祉協議会二十年の歩み』（社会福祉法人神奈川県社会福祉協議会，1973年）は，本協会の活動について年次別に昭和26年度から46年度までについてまとめたものである。その前史として横浜開港前夜から敗戦後の混乱にいたるまで県下の慈善事業，社会事業について概観されている。本書を通して川崎市の社会福祉の形成展開過程を知る詳細な資料を得ることはできないが，県内の動きがどのようであったかについて概観することはできる。

社会福祉法人神奈川県匡済会『神奈川県匡済会四十五年のあゆみ』（社会福祉法人神奈川県匡済会，1963年）は，米騒動発生後の翌年，神奈川県当局・県資産家・知識人らによって「県下における細民生活の状態を調査し，その救済方法を講じ，これが実行を期する」として1919（大正8）年10月設立された神奈川県救済協会，同年12月神奈川県匡済会と改称した匡済会の45年史である。

本書では，神奈川県匡済会設立の経緯についてその社会的背景にもふれ詳述されており，会成立後1962年までの事業の展開についてまとめられている。この中に川崎社会館の活動について記されており，川崎市の社会福祉について語るとき本書をさけて通ることはできない。

さらに，匡済会については，『神奈川県匡済会七十五年史』（社会福祉法人神奈川県匡済会編集兼発行，1994年）がある。前述の四十五年史以降の神奈川県匡済会の事業について書き加えられ，1993（平成5）年までの活動について記述されている。それ以前についても四十五年史をそのまま踏襲したものではなく，『社団法人神奈川県匡済会報告　第一輯，第二輯』や四十五年史あとがきに記載されていた会所有の資料などやその他新資料を加えて新しい記述となっている。川崎社会館についても，川崎社会館の宿泊

者について，宿泊者数，職業別人員，年齢別，教育程度，府県別出身地別などについて，図表が新に加えられている。『社団法人神奈川県匡済会報告　第一輯，第二輯』に掲載されていた1921（大正10）年から1928（昭和3）年までの統計表を用いて棒グラフを作成し視覚的にそれぞれについて理解できるよう工夫が加えられている。

　川崎社会館について1921（大正10）年から1928（昭和3）年までの活動実績だけの紹介となったのは，昭和4年3月以降，川崎社会館は神奈川県匡済会の手を離れ，川崎市の仲立ちで財団法人平間寺社会事業部に無償譲渡されたからである。平間寺は真言宗智山派・大本山金剛山金乗院平間寺のことで通称厄除弘法大師または川崎大師のことである。

　匡済会の活動について詳述したものとしては，『社団法人神奈川県匡済会報告　第一輯，第二輯』がある。第一輯では，1918（大正7）年の神奈川県匡済会創立から1920（大正9）年8月までの活動について記述され，年度末の12月18日付けでまとめられている。本会沿革，匡済会施設事業の概況，社団法人神奈川県匡済会定款，大正9年度歳入歳出予算書など神奈川県匡済会の事業並びに各種調査によって得た匡済会事業に関するデータがまとめられている。沿革について執筆者は佐々井信太郎となっている。また，講演の記録も掲載されている。

　第二輯では，第一輯でとりあげた活動について，その後の活動状況も含めて，匡済会事業の主たる事業である横浜社会館，川崎社会館，沖人夫休憩所について，建物の写真，仕事の概要，事業の実際について1921（大正10）年12月8日付けでまとめられている。各施設の利用者について府県別，年齢別，職業別の統計があげられており興味深い。さらに，「社団法人神奈川県匡済会規程」「社団法人神奈川県匡済会会計事務取扱規程」などの各種規程，大正9年度歳入歳出決算，大正10年歳入歳出予算，横浜社会館開館式辞，祝詞なども掲載されている。規程のところでは，「社団法人神奈川県匡済会社会館規則」もとりあげられているが，この規程には社会館の事業の内容利用規則など細かい規程が盛り込まれており，当時社会館の運営がどのように

なされていたかを知る貴重な資料となっている。

川崎市社会課編集の『昭和十五年版　川崎市社会事業概要』（1940年7月30日）は，川崎市社会課所管の社会事業の大要をまとめたもので，1940（昭和15）年6月1日現在の時点での事業について記載されている。

目次を紹介すると

総説	四　失業保護事業
一　社会課の沿革	一　職業補導
二　社会課内係別事務分掌	二　失業応急事業
三　社会課関係歳出予算	五　銃後施設事業
四　社会課所管社会事業施設一覧	一　授産場
五　社会課関係従事員一覧	六　社会改良事業
事業概要	一　人事法律相談
一　救護事業	二　融和事業
一　救護法に依る救護	三　協和事業
二　母子保護法に依る扶助	七　其の他の助成事業
三　貧困者救助に関する事業	一　川崎市社会事業協会
四　巡回指導	二　戸手授産場
五　方面委員事業	三　川崎市共同福利組合
二　経済保護事業	四　農繁期託児所
一　工員寮舎	市内私設社会事業施設状況
二　労働宿泊所	一　恩賜財団済生会川崎病院
三　市営住宅	二　川崎大島相談所
四　住宅組合	三　川崎市民診療所
五　公益質屋	四　川崎少年学園
三　児童保護事業	五　子供の家保育園
一　託児所	六　国民健康保険組合
二　児童健康相談所	付録
	川崎市社会事業関係規程

となっており，当時，社会事業として救護事業，経済保護事業，児童保護事業，失業保護事業，銃後施設事業，社会改良事業などが含まれていたことがわかる。

『川崎市市勢要覧』にも，社会事業に関する記述を見ることができる。たとえば，『昭和二年四月　川崎市勢要覧』(1927 (昭和2) 年6月1日刊行) では，「第十三　社会施設」として一，公設市場，二，職業紹介所，三，公設住宅，四，川崎託児所，五，川崎社会館（合宿所），六，簡易食堂，七，公設浴場，八，住宅組合についてその事業実績が掲載されている。先にあげた『川崎市史』においても，社会事業について記載されたところでは『川崎市市勢要覧』が資料として使用されている。

また，神奈川県社会事業協会が作成した『昭和二年十月一日現在　神奈川県社会事業便覧』(神奈川県社会事業協会，1928 (昭和3) 年2月) と『神奈川県施設概要　昭和十三年版』(財団法人神奈川県社会事業協会，1938 (昭和13) 年3月31日) がある。この2書では，神奈川県下の公私の社会事業施設について網羅しその事業について紹介している。1927 (昭和2) 年のものでは，以下の事業について取り上げている。

1. 救護救療事業（恤救規則，棄児養育給与方，行旅病人行旅死亡人取扱法，罹災救助基金法，軍人救護法及軍人援護資金，横浜市救護所，横浜市臨時保護所，私立横須賀救護所，横須賀救済院，横浜市療養院，済生会神奈川県病院，同診療所，同委託診療，日本赤十字社神奈川県支部中村町診療所，今泉山静養所，曹交会宿泊所，霊和会，横浜市内案内所，横浜市方面委員 2. 児童保護事業（各施設略） 3. 福利事業 　職業紹介所，公設市場，簡易食堂，小口生業資金貸付，各町質舗，宿泊所，横浜社会館，川崎社会館，鶴見社会館，婦人ホーム，日本波止場沖仕	休憩所，住宅組合，公営小住宅，授産所などがここでは含まれている 4. 教化事業 　隣保館，禁酒会，婦人矯風会横浜支部，少年保護所，地方改善事業，神奈川県内鮮協会，訓盲院，聾唖学級，基督教青年会などがここに含まれている。 5. 連絡統制及研究 　横浜連合婦人会，神奈川県報徳社連合会，神奈川県児童福利協会，神奈川県盲人協会，神奈川県社会事業協会，横浜社会問題研究所 6. 社会事業行政 　神奈川県社会課，横浜市社会課 7. 神奈川県社会事業施設類別表

1938（昭和13）年版の目次は，以下の様である。

> 「一，一般事業」として社会福祉協議会などの連絡・助成・調査団体が挙げられている。「二，方面事業」では方面委員，方面委員連盟，方面事業後援会について取り上げている。「三，生活保護事業」では，窮民救助，養老，母子保護（婦人ホーム），盲聾唖者保護，助葬が入っている。「四，軍事扶助事業」，「五，医療保護事業」として病院，診療所，結核予防療養所，「六　児童保護事業」では保育，乳幼児保護，妊産婦保護，育児，少年教護，虚弱児保護，水上生活児保護が入っている。「七，経済保護事業」では公益質屋，宿泊，「八，職業保護事業」では職業紹介所，更生訓練，授産，「九，司法保護事業」，「十，隣保事業として隣保館」，「十一，教化事業」では禁酒会，修養団などの教化団体，「十二，其の他の事業」という構成になっている。

　川崎市公文書館には市政に関する文書や歴史的公文書が所蔵されている。『川崎市史』において社会福祉，社会事業に関する記述のなかで公文書館所蔵の資料が利用されている。川崎市公文書館所蔵の『歴史的公文書目録【分類別編】』によると，『社会事業書類』は1924（大正13）年から1938（昭和13）年までのものがある。『社会統計書類』も大正13年からみられ，公設市場や公益質屋など，社会事業関連の統計や書類，各種調査への回答などが綴られている。『恤救書類』は1925（大正14）年，1926（大正15年），1927（昭和2）年〜1938（昭和13）年までそろっている。この書類の中には窮民救助，行旅病人，行旅死亡人関係，精神病者監護関係の書類が含まれている。

　このほか『母子保護関係書類』『救護関係書類』『保護事業書類』がある。戦後は『社会福祉関係書類』『児童福祉書類』『民生事業関係綴(民生委員関係)』『授産事業活計綴（福祉関係書類）』『身体障害者福祉関係書類』『生活保護関係種類綴』などがある。

　このように，川崎市公文書館所蔵の社会事業・社会福祉関係史資料は戦前期から戦後期までにわたっており，今後の検討を必要としている。

2. 川崎市社会事業の形成と展開

(1) 社会事業成立期の社会状況と社会事業の展開[4]

　第一次世界大戦はわが国に未曽有の好景気をもたらしたが，反面，米価を中心とする急激な物価騰貴を引き起こし，1918（大正7）年，富山県から米騒動が起こり全国に波及した。1920年以降の戦後恐慌は多くの社会問題を生み，いっこうに緩和されない生活難，労働強化の中で社会運動は復活し，労働争議が頻発した。さらに，1923年には関東大地震が発生し，窮乏層の輪がいっそう拡大された。

　このような社会情勢下，大正デモクラシーを背景に，日本における社会事業は大正中期から後期にかけて成立した。その成立の基礎として，① 1917（大正6）年8月の内務省救護課設置を手始めとする社会事業行政機構の整備，② 1918年，社会政策立法等の諸手段の調査実施のための救済事業調査会の設置，③ 1918年，地域の救済要否調査を行い適切な救済をめざす方面委員制度の設立(大阪)，④科学的専門知識を有する有給社会事業家養成の為，宗教大学社会事業研究室(1918年, 現・大正大学)，東洋大学感化救済科(1919年)，日本女子大学校社会事業学部（1921年）などが設立された。これらは前時代の社会救済のあり方とは異なり，貧困問題を社会問題として認識するものだった。

　こうして，救貧対策である細民対策＝少額所得者対策として，この時期には生活の低下を予防する各種の防貧制度が実施された[5]。防貧制度としては，経済保護・失業保護が行なわれた。経済的保護施設としては，公設市場，簡易食堂，公益質屋，公営住宅，公営浴場，共同宿泊所などである（表1．参照）。

　また，「在来の育児，感化，異常児保護等比較的消極的なる児童保護事業より進んで児童保護の根本に溯り，胎児乳児及幼児の保護より始めて就学児童，労働児童等一般児童に及ぼし，又在来の児童保護事業の完備を図り，更に遊戯，体育，教化等に至るまで各種の児童保護施設を徹底的積極的に遂行

表1　経済的保護施設数

種別	1920 (T9)	1922 (T11)	1923 (T12)
公設市場	276	328	409
職業紹介	65	111	140
宿泊保護	37	31	46
簡易食堂	20	20	73
授産	19	20	27
住宅供給	8	12	12
公設浴場	4	4	266
公益質屋	5	5	*41

＊1925（大14）年6月の施設数
資料：『戦前期社会事業資料集成』

表2　事業別施設数（1911、1925）

1911（明治44）		1925（大正14）	
施設分類	施設数	施設分類	施設数
育児及保育事業	150	社会事業ニ関スル機関	221
養老事業	17	児童保護	886
施薬救療事業	72	経済保護	1088
窮民救助事業	42	失業保護	207
授産及職業紹介事業	30	救護	239
宿泊救護事業	13	医療保護	373
婦人救済事業	2	社会教化	364
軍人家族遺族救護事業	10	其ノ他	220
感化教育事業	53		
特殊教育	114		
その他	45		
計	548	計	3598

出典：『感化救済事業一覧』（M44年末調）、内務省地方局、1912年、『社会事業一覧』（大正14年末）、内務省社会局、1927年

せんとす。」として、児童保護事業（総数886ヶ所）においても救貧よりも防貧的な事業を推進するとして、大正14年度末には、妊産婦保護事業(172)、乳幼児保育事業（342）、児童相談事業（64）などの新たな事業が展開されるようになった[6]（表1参照）。

(2) 川崎市における社会事業の形成とその特徴

1) 川崎市における社会事業概観

京浜工業地帯の形成とともに川崎市の社会事業の形成も開始されたと言えるのではなかろうか。

1940（昭和15）年版の『川崎市社会事業概要』や『川崎市史　通史編3』によって戦前期の川崎市における社会事業施設の形成過程について表3にまとめた。1924（大正13）年7月の市制施行前の川崎町時代には、社会

福祉の前史的形態である慈善事業や社会事業の創設数は少ない。庄司拓也[7]による「表4　1938（昭和13）年『神奈川県社会事業便覧』掲載施設一覧」によると，明治期は，横浜市を中心に慈善事業施設が開設されており，川崎地域には施設の開設を見ることはできない。横浜は開港地として外国人の居住者もあり，キリスト教の普及もあって，メソジスト派系の施設も開設されている。芹沢勇『神奈川県社会事業形成史』[8]においても，明治期は横浜を中心に施設が形成されたことが述べられている。川崎地域における慈善事業・社会事業施設の開設はそれより遅く，日本の社会事業が成立したとされる大正期から社会事業の形成は開始されている。

表3　戦前期川崎市（川崎町）における社会事業施設形成年表

年　月		事　項
1914 （大正3）	7/-	富士瓦斯紡績，工場内で満4歳未満の乳幼児の依託保育開始。
1915 （大正4）	-/-	富士瓦斯紡績，工場内における乳幼児の依託保育を一時閉鎖。
1917 （大正6）	-/-	富士瓦斯紡績，工場内における満4歳未満の乳幼児の依託保育を再開。
1921 （大正10）	5/-	神奈川県匡済会川崎社会館（川崎町堀之内17番地，敷地1,391坪，総建坪537坪）開館。本館，食堂・託児所・浴場・公設市場を設置。
1922 （大正11）	3/21	田島海岸住宅組合（小田1403）設立。
	8/10	川崎町職業紹介所，宮前19番地に開設。
1923 （大正12）	5/-	市営住宅58戸（貝塚28戸，宮前町20戸，貝塚10戸）が完成。
	-/-	富士瓦斯紡績工場内託児所，関東大震災のため建物倒壊，一時休所。
1924 （大正13）	1/8	神奈川県川崎託児所（貝塚23），震災直後の応急施設として神奈川県が経営開始。
	4/1	神奈川県川崎託児所を県より継承し，川崎市立川崎託児所として経営開始。川崎市における託児所の濫觴。
	4/27	親和住宅組合（渡田1981）設立。
	4/-	富士瓦斯紡績，託児所退所から学齢までの児童を保育するために保育園を開設。4歳以上児童を保母二人で保育。保育料は無料，開所当時児童数は35人。
	7/-	富士瓦斯紡績工場内託児所再開。7人の保母で40人の幼児を預かり，保育料は会社負担。
	8/-	市営住宅56戸（榎町7戸，並木町8戸，東町12戸，旭町26戸，御幸3戸）完成。
	10/28	有終住宅組合（渡田1249）設立。
	11/25	川崎勤倹住宅組合（中幸町1-244）設立。

年	月日	事項
1925 (大正14)	3/28	川崎親和住宅組合（南河原84）設立。
	10/-	市営住宅119戸（中島11戸,大島29戸,渡田51戸,小田19戸,下新田9戸）完成。
1926 (大正15)	7/20	興神住宅組合（大島801）設立。
	9/-	市営住宅80戸（榎町20，北東20戸，戸手20戸，川中島20戸）完成。
	9/-	市営住宅115戸（久根崎19戸，戸手16戸，南河原8戸，中瀬24戸，上平間12戸，中丸子10戸，下沼部12戸，南東4戸，境町9戸，御幸1戸）完成。
1927 (昭和2)	3/31	川崎榎町住宅組合（南幸町56），川崎共栄住宅組合（小田668），育英住宅組合（下並木66）設立。
	4/1	田島共栄住宅組合（大島674），文化住宅組合（大島12）設立。
1928 (昭和3)	1/20	川崎共存住宅組合（渡田1017），川崎昭和住宅組合（砂子1-58），第二桃郷住宅組合（南河原101）設立。
	1/30	都南住宅組合（下並木61）設立。
1929 (昭和4)	3/11	高津戊辰住宅組合（二子523）設立。
	4/-	市営住宅9戸（境町）完成。
	10/-	川崎社会館の一部に恩賜財団済生会神奈川県診療班を設置し診療を開始。
	11/20	川崎共和住宅組合（渡田1310），川崎桜橘住宅組合（紺屋町27），川崎第二共栄住宅組合（大島540），川崎成和住宅組合（下並木67），川崎末広住宅組合（渡田1150）設立。
	12/4	川崎合同第一住宅組合（堀川町20）設立。
1930 (昭和5)	4/1	川崎市立川崎託児所の名称を変更し貝塚託児所とする。定員70名，保母3名。
	4/1	私立南河原託児所（南幸町1-1417）を市営の託児所とする。収容人員70名。保母3名。敷地150坪，建坪46坪。
	4/1	大師託児所（東門町2-2686）開所。収容人員60名，保母2名。敷地110坪，建坪52坪。
	4/1	渡田託児所（東渡田4-1629）設立。収容人員80名(保母2名)。敷地面積339坪，建坪58坪。
	5/-	市営住宅5戸（田島4戸，渡田1戸）完成。
	8/25	恩賜財団済生会診療所境町一番地に竣工。
1933 (昭和8)	10/16	神奈川県乳児保護協会と提携して川崎市小児保健所を川崎市貝塚託児所内に設置し，一般家庭の児童の健康，育児，衛生等相談に応じ，軽微な疾病処置も実施し，家庭に保健婦を派遣し巡回相談に当たらせる。
	12/-	川崎少年保導会「川崎少年学園」（東1-45）設立。東京少年審判所より個人委託の形式により少年の依託保護教養に努める。
1934 (昭和9)	1/2	田島公益質屋(渡田1662の2)竣工。木造平屋建倉庫鉄筋コンクリート二階建，敷地面積90坪，建坪42坪。
	2/11	「子供の家」保育園開園（日本基督教会川崎教会経営）。
	4/-	神奈川県乳児保護協会と提携して渡田託児所内に小児保健所を設置。
1935（昭和10）	3/-	神奈川県乳児保護協会と提携して南河原託児所内に小児保健所を設置。
	5/-	神奈川県乳児保護協会と提携して大師託児所内および中原青年団小杉支部倶楽部内にも小児保健所を設置。

第 3 章　戦前期川崎市における社会事業の形成展開

1936 (昭和11)	5/-	中部方面委員会，専任保健婦を置き，同方面第一種，第二種カード者の家庭訪問を行い，保健，家庭，経済，その他各般の指導をなし生活の向上に資した。
	6/15	川崎少年学園，川崎少年保導会より川崎市仏教会有志の手に移り，川崎市東小田町一番地に事務所を建築移転。
	11/-	貝塚託児所内の川崎市小児保健所を川崎市の単独経営とし名称も貝塚児童健康相談所（貝塚23）と改称し設立。木造平屋建，敷地面積26坪，建坪15坪。
	11/-	南河原託児所内の川崎市小児保健所を川崎市の単独経営とし名称も南河原児童健康相談所（南幸町1-1417）と改称し設立。木造平屋建，敷地面積24坪，建坪14坪。
	12/18	川崎少年学園，司法省より保護団体として認可。
	12/-	渡田託児所内の川崎市小児保健所を川崎市の単独経営とし名称も渡田児童健康相談所（東渡田4-1629）と改称し設立。木造平屋建，敷地面積35坪，建坪21坪。
	12/-	大師託児所内の川崎市小児保健所を川崎市の単独経営とし名称も大師児童健康相談所（東門前2-2686）と改称し設立。木造平屋建，敷地
1937 (昭和12)	3/29	南河原公益質屋（大宮町181）竣工。木造平屋建倉庫鉄筋コンクリート二階建，敷地面積114坪，建坪34坪。
	3/29	恩賜財団済生会川崎病院開設。4月1日より入院開始。川崎診療所は廃止。
	3/-	中原青年団小杉支部倶楽部内の川崎市小児保健所を川崎市の単独経営とし名称も中原児童健康相談所（小杉914）と改称し設立。木造平屋建。
	12/-	川崎市共同福利組合設立。扶助を要する応召応徴軍人軍属の遺族，家族，傷痍軍人及びカード階級の人びとに日常生活必要品を原価で供給し更生生業資金援助として購買者に福利貯金を給与し，また購買資金などを貸し付け生活の安定を図ることを事業目的とする。
	-/-	神奈川県協和会川崎支部設立。
1938 (昭和13)	3/25	出征軍軍属の遺族及び家族の婦人を対象とし，精神的，経済的生活の安定向上を目的とする銃後施設として授産場（大島町4-47）設立し事業開始。木造二階建，敷地面積1000坪，建坪373坪。
	11/-	川崎市社会事業協会設立。
1939 (昭和14)	3/-	転失業者及びその家族のために川崎市授産場に職業補導施設を併置し，軍需品検査事業を開始し，更に工作機械技術工の養成を実施。定員30名。
	10/10	財団法人平間寺社会事業部社会館を閉鎖し，労働宿泊所（大島町4-47）を設立し事業開始。収容人員300人（室数38室，1室8人）。付帯施設として大浴場栄養食堂あり。木造二階建，敷地面積1640坪，建坪850坪。付帯施設，浴場，食堂。
	10/10	第一工員宿舎（大島町4-47）設立し事業開始。付帯施設，浴場，食堂。収容人員250人（6畳125室，1室定員2人以上）。木造二階建，敷地面積1,640坪，建築面積479坪125，総延坪850坪。
1940 (昭和15)	1/17	川崎市社会事業協会，出征軍人軍属の遺族家族及び少額所得者を対象とし，これら家庭の婦女子のために手工業に必要な簡易の技能を授け工賃を取得せしめ生活の安定，向上のため戸手授産場（戸手59）を設立し事業開始。
	3/25	第二工員宿舎（塚越165）設立し事業開始。大食堂を付設す。収容人員250人（1室定員2人以上）。木造二階建，敷地面積1579坪，建築面積562坪20，建坪910坪45。

資料：『川崎市史　通史編3』，『社会事業概要1940年』から作成

このことについて川崎市社会課が作成した『昭和十五年版　川崎市社会事

業概要』の中にも「本市に於ける社会事業の沿革は比較的新らしく，大正十三年七月一日川崎市制施行当時の施設は僅かに市営住宅，職業紹介所及び託児所一ヶ所の三施設に過ぎず甚だ寂寥たるものであった」と記されている[9]。ここでいうところの「本市に於ける社会事業」とは公立社会事業施設のことを指しているようだが，「表3　戦前期川崎市（川崎町）における社会事業施設形成年表」にあるように，川崎町に進出した工場付設の託児所，保育園，社団法人神奈川県匡済会経営の川崎社会館における宿泊所・公設食堂・託児所・公設浴場・公設市場などの事業が展開されていた。しかしながら，横浜市と比較すると施設の種類は少なかった。

2) 川崎市における社会事業行政機構

市行政機構の面でも，1924（大正13）年の市制施行当時は，社会事業の取り扱いは勧業課の一部事務として扱われていたが，1925（大正14）年には庶務課内に社会係が置かれ，1929（昭和4）年12月には社会課として独立した課が設置され，課内には公営係，救護係が置かれた。さらに戦時体制の中で1937（昭和12）年7月の盧溝橋事件勃発後，軍人援護事業の拡大や，軍需工場の新設・増設があいつぎ，そこで働く労働者のための住宅施設の必要も生じ，対策をたてていくためには，先に述べた二つの係だけでは対応できない状態となったため，1938（昭和13）年4月には庶務係，福利係，保護係の三つの係が置かれた。

そして，社会課所管の社会事業施設も「表5　社会課所管社会事業施設一覧」にみられる通り拡大を見た。また，1929（昭和4）年制定，1937（昭和7）年施行の救護法による救護も行われて行った。川崎市公文書館所蔵の資料から救護法による救済の実際を見ることができるが，現時点では充分な分析を行うに至っていないので，今後の課題としたい。

本稿では，川崎市において大正期から展開された社会事業のうち，児童保護事業ならびに労働者保護事業を展開した川崎社会館の事業を中心に見ていくこととしたい。川崎社会館の活動については，1921（大正10）年の創設当初から社団法人神奈川県匡済会から財団法人平間寺社会事業部にその経営

第 3 章　戦前期川崎市における社会事業の形成展開　131

表 4　1938（昭和 13）年『神奈川県社会事業便覧』掲載施設一覧

名　　称	施設数	分　類	経営	所在地	設立年	備　考
神奈川県社会事業協会		一般		横浜市	大正11	
神奈川県職業協会		一般		横浜市	昭和12	
横浜市社会奉仕協会		一般		横浜市	昭和4	
匡済会		一般		横浜市	大正7	
若草会		一般		横浜市	昭和2	
済生会神奈川県支部		一般		横浜市	昭和6	
総持寺社会事業部		一般		横浜市	昭和2	
日本海員済会神奈川支部		一般		横浜市	明治13	
方面委員		方面事業	市町村	川崎市など		
横浜市方面委員		方面事業	市	横浜市		
神奈川県方面委員連盟		方面事業	県	横浜市	昭和12	
横浜市方面委員連盟		方面事業	市町村	横浜市	昭和12	
方面事業後援会	95ヵ所	方面事業		横浜市など		
横浜市教護所		生活保護	市	横浜市	明治35	
横浜市教護所支所		生活保護	市	横浜市	昭和10	
横須賀市教護所		生活保護	市	横須賀市	昭和2	
浴風会横浜分園		生活保護		横浜市	昭和3	
横浜市母子寮		生活保護	市	横浜市	昭和9	
春光園母子寮		生活保護		横浜市	昭和10	
明徳寮		生活保護	市	横浜市	昭和11	
横浜婦人ホーム		生活保護		横浜市	大正14	
山王寮		生活保護		横浜市	大正5	
神奈川県盲人福祉協会		生活保護		横浜市	昭和2	
神奈川県立盲唖学校		生活保護	県	平塚市	明治42	
横浜市立聾唖学校		生活保護	市	横浜市	昭和8	
横浜盲人学校		生活保護		横浜市	明治22	
横浜訓盲学校		生活保護		横浜市	明治22	
横須賀市盲学校		生活保護	市	横須賀市	大正14	
馬岡盲唖学校		生活保護		横須賀市	昭和4	
神奈川県立盲唖学校後援会		生活保護	市	平塚市	昭和4	
横浜霊友会		生活保護		横浜市	大正15	
軍事扶助神奈川県地方委員会		軍事扶助		横浜市	昭和10	
帝国軍人後援会神奈川県支会		軍事扶助		横浜市	明治27	
愛国婦人会神奈川県支部		軍事扶助		横浜市	明治34	
日赤神奈川県支部		軍事扶助		横浜市	明治29	
神奈川県軍事扶助団体連合会		軍事扶助		横浜市	昭和10	
傷兵院		軍事扶助		大窪村	明治39	
大日本傷痍軍人会神奈川支部		軍事扶助		横浜市	昭和6	
済生会神奈川県病院		医療		横浜市	明治44	
済生会川崎病院		医療		川崎市	昭和6	
済生会根岸診療所		医療		横浜市	大正13	
済生会鶴見診療所		医療		横浜市	昭和7	
済生会平塚診療所		医療		平塚市	昭和9	
横浜同愛記念病院		医療		横浜市	昭和2	
若草会病院		医療		横浜市	昭和10	
横浜市膓保館診療所	4ヵ所	医療	市	横浜市	大正14-	
日赤神奈川県支部診療所		医療		横浜市	大正9	
総持寺鶴見病院		医療		横浜市	昭和9	
大雄山病院		医療		横浜市	昭和9	
実費診療所横浜支部病院		医療		横浜市	明治45	
日本海員済会横浜病院		医療		横浜市	明治39	
神奈川県立浴風会		医療	県	横浜市	昭和12	
横浜市療養園		医療	市	横浜市	大正9	
日赤神奈川県支部根岸療院		医療		横浜市	大正13	
神奈川県立芹香院		医療	県	横浜市	昭和4	
横浜保育院		児童保護		横浜市	大正2	
浦島保育院		児童保護		横浜市	大正12	
立正幼児園		児童保護		横浜市	大正14	
蒔田託児所		児童保護		横浜市	大正14	
愛国婦人会託児所		児童保護		横浜市	大正13	
相沢託児園		児童保護		横浜市	明治38	
中村愛児園		児童保護		横浜市	明治32	
芙蓉幼稚園		児童保護		横浜市	昭和5	
横浜市膓保館託児所	3ヵ所	児童保護	市	横浜市	大正14-	
横浜市婦人授産所本牧支所託児所		児童保護	市	横浜市	大正11	
明徳学園		児童保護		横浜市	昭和2	
善隣館金沢保育園		児童保護		横浜市	昭和7	
川崎市託児所（貝塚など）	4ヵ所	児童保護	市	川崎市	大正13-	
横須賀市託児所（田浦など）	2ヵ所	児童保護	市	横須賀市	昭和2-	
逸見託児所		児童保護		横須賀市	昭和3	
坂本託児所		児童保護		横須賀市	昭和2	
佐野託児所		児童保護		横須賀市	昭和3	
横須賀隣人会託児所		児童保護		横須賀市	大正14	
横須賀海軍下士官兵家族共励会幼児預所		児童保護		横須賀市	昭和8	
私立平塚保育園		児童保護		平塚市	昭和3	
徳化幼児園		児童保護		平塚市	昭和5	
徳風保育園		児童保護		三崎町	大正14	

名　称	施設数	分　類	経　営	所在地	設立年	備　考
小田原託児所		児童保護		小田原町	大正13	
神奈川県乳児保護協会		児童保護		横浜市	大正13	
神奈川県育児食料品配給所		児童保護		横浜市	大正15	
神奈川県小児保健所（鶴見など）	6ヵ所	児童保護		横浜市	昭和4	
神奈川県川崎大島小児保健所		児童保護		川崎市	昭和11	
川崎市児童健康相談所（仲原など）	5ヵ所	児童保護	市	川崎市	昭和11	
横浜市産婆会付属産院		児童保護		横浜市	昭和2	
横須賀市産婆会付属産院		児童保護		横須賀市	昭和2	
田浦産婆会付属産院		児童保護		横須賀市	昭和3	
中郡女子青年会巡回助産所		児童保護		秦野町	昭和3	
愛国婦人会柿生巡回助産所		児童保護		柿生村	昭和2	
愛国婦人会箱根巡回助産所		児童保護		箱根町	昭和2	
高部屋村愛育班		児童保護		高部屋村	昭和11	
横浜孤児院		児童保護		横浜市	明治32	
鎌倉保育園		児童保護		鎌倉町	明治29	
聖保禄学園		児童保護		横浜市	昭和5	
聖光社子供の家		児童保護		茅ヶ崎町	昭和11	
四恩会育児院		児童保護		足柄村	明治45	
神奈川県少年教護会		児童保護		横浜市	昭和11	
神奈川県立国府実修学校		児童保護	県	国府村	明治36	
薫風会		児童保護		国府村	昭和2	
横浜家庭学園		児童保護		横浜市	明治39	
横浜少年教護会		児童保護		横浜市	昭和11	
横浜少年教護会子供の家		児童保護		横浜市	昭和11	
白十字林間学校		児童保護		茅ヶ崎町	大正6	
湊西寮		児童保護			昭和5	
公益質屋	24ヵ所	経済保護	市町村	横浜市など	大正13	
横浜市労働宿泊所（堀の内など）	2ヵ所	経済保護	市	横浜市	昭和8	
日本救世軍民衆館		経済保護		横浜市	大正13	
横浜社会館		経済保護		横浜市	大正13	
横浜新興クラブ		経済保護		横浜市	大正10	
川崎社会館		経済保護		川崎市	大正10	
日本海員済会横浜海員ホーム		経済保護		横浜市	大正14	
日本海員組合横浜支部船員無料宿泊所		経済保護		横浜市	大正15	
神奈川県働交会宿泊所		経済保護		横浜市	大正12	
公営職業紹介所（保横など）	15ヵ所	職業保護	市町村	横浜市など	大正10	
横浜船員職業無料紹介所		職業保護		横浜市	昭和2	
神奈川県労働訓練所		職業保護	県	横浜市	昭和11	
横浜市労働者訓練道場		職業保護	市	横浜市	昭和11	
横浜市婦人授産所		職業保護	市	横浜市	大正12	
横浜市婦人授産所本牧支所		職業保護	市	横浜市	大正13	
横浜市婦人授産所神奈川支所		職業保護	市	横浜市	大正12	
愛国婦人会神奈川支部婦人授産所		職業保護		横浜市	大正13	
退職軍人授産会		職業保護		横浜市	大正2	
横須賀婦人自助会授産場		職業保護		横須賀市	昭和2	
横須賀隣人会授産場		職業保護		横須賀市	大正13	
横須賀海軍下士官家族共励会		職業保護		横須賀市	明治36	
浦賀町婦人会副業部		職業保護		浦賀町	大正13	
神奈川県連合保護会		司法保護		横浜市	昭和7	
神奈川県仏教報徳会		司法保護		横浜市	大正2	
修道会		司法保護		横浜市	明治45	
幼年保護会横浜力行舎		司法保護		横浜市	明治39	
小田原少年園		司法保護		足柄村	大正12	
明徳会横浜支部		司法保護		横浜市	昭和12	
日本少年保護協会神奈川支部		司法保護		横浜市	大正13	
自彊社		司法保護		横浜市	大正15	
総持寺横浜少年保護所		司法保護		横浜市	大正7	
川崎少年学園		司法保護		川崎市	昭和8	
横浜少年保護会		司法保護		横浜市	昭和7	
横浜市隣保館	4ヵ所	隣保事業	市	横浜市	大正14	
神奈川県内鮮協会協和館		隣保事業		横浜市	昭和12	
横須賀市隣保会館		隣保事業	市	横須賀市	大正14	
神奈川県教化団体連合会		教化		横浜市	昭和10	
修養団神奈川県連合会		教化		横須賀市	昭和3	
神奈川県報徳社連合会		教化		小田原町	大正8	
神奈川県禁酒連合会		教化		大船町	昭和6	
横浜禁酒会		教化		横浜市	明治19	
婦人会矯風会横浜支部		教化		横浜市	明治25	
基督教青年会		教化		横浜市	明治17	
基督教女子青年会		教化		横浜市	大正2	
神奈川県内鮮協会		教化		横浜市	大正14	
神奈川県清和会		教化		横浜市	大正14	
横浜市労務者共済会		その他		横浜市	昭和11	
匡済会西波止場沖仕休息所		その他		横浜市	大正11	
匡済会日本波止場沖仕休息所		その他		横浜市	大正11	
神奈川県動物愛護会		その他		横浜市	明治39	
日本海員液済会横浜普通海員養成所		その他		横浜市	大正3	
日本海員液済会横浜出張所		その他		横浜市	明治17	

出典：庄司拓也「神奈川県における社会事業施設と団体の形成過程」『地域のおける社会福祉形成史の総合的研究』平成15年度～平成17年度科学研究費補助金（基盤研究（B））研究成果報告書, 研究代表者長谷川匡俊, pp. 136-137

第3章　戦前期川崎市における社会事業の形成展開

表5　社会課所管社会事業施設一覧

事業種別	施設名称	所在	事業開始年月	建物区別	敷地面積	建坪	建設費	収容人員	備考
貸与住宅	市営住宅	市内27箇所	大正10(1921)年4月	木造平屋建440戸	坪 14,470	坪 7,537	円 410,000		敷地の内 市有地 172坪 借地 14,298坪
託児所	貝塚託児所	貝塚23番地	大正13(1924)年4月	木造平屋建	200	50	2,165	70名(保母3)	敷地は借地
託児所	南河原託児所	南幸町1-1417	昭和5(1930)年4月	木造平屋建	150	46	840	70名(保母3)	敷地は借地
託児所	大師託児所	東門前2-2686	昭和5(1930)年4月	木造平屋建	110	52	1,023	60名(保母2)	敷地は借地
託児所	渡田託児所	東渡田4-1629	昭和5(1930)年8月	木造平屋建	339	58	7,100	80名(保母2)	昭和11年9月新舎屋を建築す。市有地
公益質屋	田島公益質屋	渡田1,662の2	昭和8(1933)年12月	木造平屋建倉庫鉄筋コンクリート二階建	90	42	8,349	貸付金額(一口に対し20円以内。1世帯に対し100円以内)	借地
公益質屋	南河原公益質屋	大宮町181	昭和12(1937)年3月	木造平屋建倉庫鉄筋コンクリート二階建	114	34	7,395	貸付利率月一分2厘5毛 流質期間4ヶ月	借地
児童健康相談所	貝塚児童健康相談所	貝塚23	昭和11(1936)年11月	木造平屋建	26	15	800	健康、栄養、育児等の相談に応じ簡易処置処方箋発行。週3日、中原は月3回	借地
児童健康相談所	南河原児童健康相談所	南幸町1-1417	昭和11(1936)年11月	木造平屋建	24	14	600		借地
児童健康相談所	渡田児童健康相談所	東渡田4-1629	昭和11(1936)年12月	木造平屋建	35	21	―		託児所と同時に建築せる為建設費託児所内に合まる
児童健康相談所	大師児童健康相談所	東門前2-2686	昭和11(1936)年12月	木造平屋建	―	―	―		託児所の一部を利用
児童健康相談所	中原児童健康相談所	小杉914	昭和12(1937)年3月	木造平屋建	―	―	―		青年団楽部の一部を利用
授産事業	授産場	大島4301	昭和13(1938)年3月	木造平屋建一部二階建	1,000	373	97,820		建物は管理等、作業等倶楽部託児室等に分つ
工員宿舎	第一工員宿舎	大島町4-47	昭和14(1939)年10月	木造二階建	1,640	850	182,574	250人(6畳125室、1室定員2人以上)	付帯施設として大浴場栄養食堂あり
工員宿舎	第二工員宿舎	塚越165	昭和15(1940)年3月	木造二階建	1,579	910	173,331	250人(1室定員2人以上)	大食堂を付設す
宿泊保護	労働宿泊所	大島町4-47	昭和14(1939)年10月	木造二階建	575	372	61,500	300人(室数38室、1室8人)	付帯施設、浴場、食堂

資料：『昭和15年版川崎市社会事業要覧』

が移管される以前の1928（昭和3）年までの活動については，先に取り上げた『社団法人　神奈川県匡済会報告　第一輯，第二輯』や『神奈川県匡済会七十五年史』で明らかにされている。しかしながら，平間寺社会事業部に経営が移管された後の活動については，ほとんど知られておらず，『平間寺史[10]』，『平成九年開創八百七十年記念　川崎大師平間寺近現代史』[11]中の記述と『川崎労働史　戦前編』に昭和恐慌下の川崎社会館を利用している宿泊労働者の様子が紹介されているぐらいである。

　平間寺によると，1945（昭和20）年，戦火によって諸堂伽藍のすべてを焼失したため，川崎史料館に関する資料は現存していないとのことであった。そこで，ここでは，『平間寺史』と川崎公文書館所蔵資料をもとに，その活動の一端を明らかにしたい。

3）川崎市における児童保護事業
①託児所

1906（明治39）年9月の横浜製糖川崎工場の操業開始以来，1909（明治42）年に東京電気川崎工場，1910（明治43）年に日本蓄音器商会，1913（大正2）年に日本鋼管，1914（大正3）年に鈴木商店（味の素）川崎工場，1915（大正4）年に富士瓦斯紡績川崎工場が操業を開始し，川崎市には近代的大工場が林立するようになり，工業都市としての様相をみせていく[12]。その中で，『昭和十五年版川崎市社会事業概要』によると，「少額所得者の家庭にありては生活難の為，世帯主のみならず婦女子其の他職業能力ある者は何れも労働に従事する関係上，幼児に対する保護教養の適切を欠き，為に児童の身体及精神上に及ぼす影響誠に寒心すべきもの多々存し，加ふるに折角職場を発見するも乳幼児の為充分能率を挙げ得ない等の悲痛なる事情の存する」として，託児所の必要について述べている。

②民間の託児所，保育園

1924（大正13）年の第1回労働統計実地調査によると，川崎市の12工場の労働者総数は8,153人となっているが，うち女性労働者は4,817人（12工場労働者の59.08%）であった。富士瓦斯紡績株式会社川崎工場では女性

労働者が3,718人であり，この調査の対象となった川崎市内工場勤務の女性労働者のうち，77.18％を占めている[13]。

こうした工場に勤務する女性労働者の中には幼児を抱えて働いているものもあり，託児所，保育園の設立は必要であった。先に述べたように，富士瓦斯紡績川崎工場には多数の女性労働者が働いていたので，1914（大正3）年7月，工場内で満4歳未満の乳幼児の依託保育を開始している。託児所は，途中，閉鎖，休所などを経て1924（大正13）年7月には再開し，40人の幼児を7人の保母でお世話し，保育料は会社が負担した。さらに，同年4月には，この託児所を出た幼児を学齢に達するまで預かる保育園を設立し，保母2人で担当，この場合も保育料は無料であった。保育園開所当時の児童数は35名だった[14]。前述した富士瓦斯紡績川崎工場の女性労働者数からすると，託児所入所児童数，保育園入所児童数はあまりにも少ないが，富士瓦斯紡績は他の紡績工場と同様に，若い女性労働者を低賃金で雇っていたとのことであるから[15]，子どものいる労働者は少なかったのではなかろうか。

東京電気では1915（大正4）年，授乳所を，既婚女子従業員のために開設したが，1926（大正15）年に制定された「女子工員授乳規則」によると，子どもが満1歳に達するまで，午前，午後各1回30分間の授乳時間を作業時間中に認めている（資料1参照）[16]。

こうした工場付設の託児所，保育園，授乳についての規則のほかに，日本基督教会川崎教会は，1934（昭和9）年2月11日，川崎市見染町131番地に「子供の家」保育園を開設している。1940（昭和15）年当時の受託児童数は約30名，職員は，園長，保母2名，書記1名，入園料1円50銭，保育料月1円50銭を徴収しているが，経費の大部分は後援会員の寄付によっている。1935（昭和10）年以降は，川崎市から補助金が交付されている[17]。

③公立託児所

1924（大正13）年1月，神奈川県は，川崎町貝塚23番地に関東大震災後の救済事業として神奈川県川崎託児所を開設した。同年4月には，経営は

県より川崎市に移り川崎市営となった[18]。ここでは乳幼児の保育は行わず，一般の幼稚園の日課を適用した保育を行っている。収容幼児数一日約60人，職員3人で担当した。1925年の託児所入所者数は表6の通りであるが，男児の数が64.7%を占めている。保護者の職業は，職工18人，会社員7人，店員4人，人夫3人，官吏・公吏・教師・大工・とび職各2人，工夫・船員・行商・煉瓦職・画家・雑業・針術業・指物職・産婆各1人となっている[19]。

表6　川崎託児所入所児童数　1925（大正14）年6月末

5歳			6歳			7歳			総計		
男	女	計	男	女	計	男	女	計	男	女	計
2	1	3	22	8	30	9	9	18	33	18	51

資料：川崎市編『川崎市史　通史編3　近代』川崎市，1995年，382頁より作成

　市営の託児所について，『昭和十五年版　川崎市社会事業概要』からみてみよう。1930（昭和5）年1月には，私立南河原児童園を市営の南河原託児所（定員70人，保母3人）とし，さらに大師託児所（定員60人，保母2人），8月には渡田託児所（定員80人，保母2人）を開設した。こうして川崎市営の託児所は貝塚託児所を含めて4ヶ所となった。満3歳以上の学齢未満の幼児を対象とし，保育料は無料であったが，菓子代1ヶ月50銭を徴収した。この費用は，極貧家庭は免除された。保育時間は午前6時〜午後6時までとし，1月1日，2日，3日，日曜及び祭日は休日とした。保育内容は，「健全なる心身の発育を計り社会的良習慣を涵養する」ことを目的として，遊戯，唱歌，談話，手技など幼稚園に準じた保育が行われた（資料2．「川崎市託児所規程」参照）。随時受託児童の家庭訪問を行い，育児に関して母親の指導を行っている。また，夜間に母の会も行った。

　④児童健康相談所

　工業化の進展の中で煤煙による空気の汚濁が問題視され，児童の健康，育児，衛生等あらゆる相談に応じ，軽微な疾病に対して対応し，その家庭に保健婦を派遣して巡回相談に当たらせることが必要であるとして，1933（昭

和8)年10月神奈川県乳児保護協会と提携して川崎市小児保健所が貝塚託児所内に設置された。次いで乳児保護協会と協力の上，翌年1934年4月には渡田託児所内に，1935年3月には南河原託児所内，同年5月には大師託児所内及び中原青年団小杉支部倶楽部内にも設置された。そして，1936 (昭和11) 年には，川崎市の単独経営となり，名称を児童健康相談所と改めた[20]。

　貝塚，南河原，渡田，大師の4相談所では，健康，栄養，育児等の相談に簡易な処置処方箋発行を，毎週3日，午前9時～午後4時まで，相談料無料にて行い，診査のない日は保健婦が各家庭訪問を実施した。中原相談所では，毎月第1，2，4水曜日の午後2時～4時まで，他の相談所と同様の相談を行っている。5相談所の取扱人員は32,301人，その内，来所者は24,947人，保健婦訪問は7,354人，取扱事項は，治療23,275，栄養1,348，育児3,616，健康2,590，処方3,784，その他4,119であった[21]。

4. 川崎社会館の創設とその事業

(1) 第一次世界大戦による国民生活の変化

　第一次世界大戦参戦により日本の輸出市場は急激に拡大し，危機的経済状況から抜け出し未曾有の大戦景気を迎えた。海運・機械・造船・綿業・化学工業などの発展はめざましかった。会社数は，1914 (大正3) 年の20,969から1919 (大正8) 年の37,424に増大，払込資本金も約3倍に達し，こうした発展により労働者数も増大し，階級として確立してきた。同時に都市人口と都市の商業・雑業人口をも膨張させた。

　1912 (大正元) 年8月，鈴木文治の呼びかけのもと15名の労働者によって労働組合・友愛会が結成され発展した。

　大戦景気により労働者の賃金は上昇したが，それに増して物価騰貴がまさった。労働者の実質賃金は1914(大正元)年を100とすれば1918(大正7)年には68まで低下した。米価は暴騰し，シベリア出兵はそれに拍車をかけた。

表7 実質賃金の低下

年次	物価指数	賃金指数	実質賃金指数
大3(1914)	100	100	100
大4(1915)	103	100	97
大5(1916)	144	107	74
大6(1917)	179	127	71
大7(1918)	230	157	68

出典：信夫清三郎『大正政治史』勁草書房, 1968, p. 542

こうした状況の中で, 1918年7月22日の夜,「米をよそにやるから高くなるがだじゃ」「ジョーキ（汽船）に米を積ませんようにせんまいけ」と話し合った富山県魚津町の漁民の女房たちは, 翌日米の移出反対嘆願のため海岸に集まった[22]。これが西水橋, 東水橋, 滑川の大規模な騒動を呼び起こし, さらに全国に波及し, 1道3府38県に及ぶ米騒動に発展した。

(2) 神奈川県匡済会設立

神奈川県でも米騒動の開始以前から物価騰貴が生じていた。表8に見られるように戦争中に物価の急騰がみられた。米騒動終息後の1918（大正7）年8月21日, 県知事有吉忠一は, 横浜市長, 横浜商業会議所会頭ほか有志34名に呼びかけ「神奈川県救済協会」設立を協議し, 同年10月11日に同会は設立をみた[23]。

「神奈川県救済協会設立趣意書」では,「産業の勃興を見るに至り」たるも,「幾多社会的欠陥を醸成」し,「貧富の懸隔益々甚し」く「救済施設の急を訴ふるに至」るとして,「県下住民生活の実況に鑑み救済」するために「必要なる事業の研究調査」を専務調査委員に行わせ,「併せて其の事業の施設」経営を行うなどといったことをうたっている。1918（大正7）年12月には37名を設立者として社団法人設立認可を申請することとし, 翌1919（大正8）年認可された。協会の会則には, 第2条に「本会は県下に於ける細民生活の状態を調査し其の救済方法を講じ之か実行を期するを以て目的とす」とその目的を記している。そして, この目的を達するために, 第3条では「一, 救済に関する各種の調査研究を為すこと。二, 調査の結果に基き必要と認めたる事業を実行すること。三, 救済に関する行政を翼賛すること。四, 其の他評議員会の議決により必要と認めたる事項。」に関する事業を行うとして

いる[24]。趣意に賛同して横浜市内の「著名なる会社，工場及び富豪」によって総額104万1,000円の寄付金が寄せられた[25]。

協会設立の頃，神奈川県でも横浜市を中心に労働争議が頻発した。そこで，協会はこうした状況に対応しようと1919（大正8）年に会則を改め，その目的を「一般社会状態及生活状態を調査し之か匡済の方法を講し」とし，名称も「神奈川県匡済会」と改めた[26]。

協会設立当初は，神奈川県実施の米及木炭の廉売を行ったり，悪

表8 穀物価格一覧（1918年，1915年）
（石建，価額円単位）

			1918（大正7）年4月中平均	1915（大正4）年4月中平均
玄米	伊勢	上	28.950	14.750
		中	27.250	13.500
		下	26.650	12.600
	美濃米	中	27.700	13.700
	栃木米	中	27.700	13.450
内国白米		上	31.000	16.050
		中	29.900	14.700
		下	29.050	13.500
外国白米		上	24.000	12.680
		中	23.500	12.250
		下	23.000	11.900
大麦	相模	中	14.600	4.500
小麦	相模	中	24.000	12.400
	裸麦		20.500	6.750
大豆	北海道	中	18.450	8.350
小豆	北海道	中	22.550	13.600

注：外国米は4月中平均価額不明に付3月中平均による。「市民生活」『横浜貿易新報』大正7年5月30日
出典：『神奈川県匡済会七十五年史』6頁

性感冒流行に際し救療費の支出などを行ったが，「労働者合宿所及び其の施設に関係深き社会的事業を併設する」ことが計画され，次いで「中産階級及び俸給生活者の為めに住宅供給の必要」を認め，これらの施設についての具体案がまとめられた。そして横浜匡済館，川崎匡済館が設立される運びとなった[27]。

(3) 川崎社会館の設立

前述したような経緯で労働者合宿所及び付帯施設が川崎町方面にも建設される運びとなった。1920（大正9）年1月24日に開催された県救済協理事会において，日本鋼管5万円，東京電気2万円，明治製糖1万円ほか個人寄付，総計19万円をもとに，川崎町には，「川崎匡済館」（1921〈大正10〉年には川崎社会館と改称されているので，以下川崎社会館と称す）が設立されることとなった[28]。予算総額は19万円，その内訳は上に掲げた通

川崎社会館正門
(出典:社会福祉法人神奈川県匡済会編兼発行『神奈川県匡済会七十五年史』
1994(平成6)年,176頁)

川崎匡済館建設予算	
川崎合宿所	83,200 円
川崎公設浴場	25,890 円
川崎公設市場	38,390 円
鶴見公設市場	30,400 円
小計	177,880 円
備品費	7,583 円
予備費	4,537 円
計	190,000 円

りである。

「川崎社会館」建設概要も詳細に決定された(表9参照)[29]。「横浜社会館」は,開設時,都下の新聞にその記事が掲載された際に「世人はこれを労働殿堂と称し,または是れにクレムリン宮殿の名を与えた」とされているが,木造作りの川崎社会館とは異なり鉄筋3階建ての総建坪1,387.12坪であり川崎社会館の三倍ほどの広さがあった(図1参照)[30]。

川崎社会館は,以上のような建設概要の建物として図2のような施設として,1921(大正10)年4月25日に竣工し5月1日開館し,即時に宿泊,人事相談,職業紹介などの事務ならびに食堂を開始し,川崎町長小林五助,井上孝哉神奈川県匡済会会長,財団法人協調会理事添田敬一を迎えて,同月25日に開館式を挙行した。寄付者,匡済会会員,神奈川県県会議員,県下各郡市長,橘樹郡会議員,川崎町会議員及各名誉職,川崎町所在各学校及官公署長,各新聞記者,川崎町及び隣接町村所在各工場主など130名の参列

第3章　戦前期川崎市における社会事業の形成展開　141

表9　川崎匡済館建設概要

一，敷地　川崎市堀の内，敷地面積1,391坪，総建坪437坪8合7勺5才
一，本館　木造2階建，屋根スレート葺，外部ペンキ塗，建坪100坪 　　正面及左右に昇降口を設け，階上及階下一部に合宿室，9室（1室広さ9坪）を画す。階下には事務室，授産室，診察室，物品保管室，宿直室，応接室を設け，相談室，及び理髪室を玄関土間に連接す。 　　合宿室床には，耐久にして衛生的な相当弾力性の圧搾コルクを畳代用に敷込み，室内に各自の所持品を保管するための物品棚及衣類帽子掛け等を配設。 　　外部，壁，入口廻り等は特に雨水の侵入防止に留意し換気採光等を充分にする。昇降口，玄関，散髪室，相談室は，土間とし，コンクリート叩きモルタル上塗を施し，特に玄関は人造石洗出し塗とし，階上階下に洗面所を4箇所設置。
一，食堂は木造平屋建，屋根スレートき，外部防腐剤塗，建坪68坪，正面入口に札売場，及郵便局出張所，手洗台等を設置。 　　床は，コンクリート面にアスファルト滑かに塗立て，炊事場は准防火的構造とし，天井及周囲壁は鉄網コンクリート塗。膳部出し入れ口5箇所，中央部に娯楽用小室設置。 　　炊事場に隣接して，炊事夫居室，及食料材料倉庫を置き，倉庫内部，壁及天井は亜鉛引，鉄板張。
一，付属家は木造平屋建，屋根スレート葺き，外部防腐剤塗，建坪34坪にして託児室，病室，小使室，湯沸場，物置等を有す。 　　託児室は，内部に戸棚を設け，玩具を置き，児戯に供し，特に隣接して小児用便所，並手洗所を設備す。 　　託児室及病室は圧搾コルク敷込み，廊下，湯沸等，物置は土間とす。
一，便所，木造平屋建2棟，屋根スレート葺とし，建坪11坪2勺5才。1棟を本館に接続し，1棟は合宿所，食堂，付属家と廊下にて連絡をとり，防臭且衛生的なる大正式便器及糞槽を設備。
一，浴場は平屋建72坪，耐火鉄筋ブロック積み構造。書面入口は道路に接し，男女両入口，両翼に便所を設け，中央に番台を置き，脱衣室の監視に便ならしむ。 　　浴槽は流失，1個大きさ約2坪，揚り湯槽，及水槽は間仕切，中央に配置し，共用。浴槽及水槽は人造石仕上，屋根中央に採光，及換気の小屋根を設置。
一，公設市場及付属事務室，便所，其他木造平屋建，屋根スレート葺き，外部ペンキ塗，建坪125坪2合5勺。 　　道路に沿い建設。売店11室を有し，床はコンクリート叩きとし，新炭及米麦売店には特に倉庫を隣接し，米麦倉庫，内壁及天井は亜鉛引鉄板張りとし，鼠，虫の害を防止。休憩室，便所を設置。付属事務所は市場中央背面に設け市場を管理。
一，渡廊下平屋建て，屋根亜鉛引，波形鉄板葺き，建坪16坪5合。本館及付属家，食堂との連絡をなす。
一，井戸は本館，食堂，市場，浴場に各1ヶ所を設け，浴場は特に掘抜井戸とし屋形を設ける。
一，敷地の周囲には鉄条柵を設け，本館，食堂の正門柱，コンクリート製木製扉付ペンキ塗とし，通用門は木造にて浴場左ভに1ヶ所，市場浴場の界1ヶ所を配置。
一，各室及廊下には電灯を配設し，排水設備を完備し，適当に樹木を植付け風致を添う。

出典：『社団法人神奈川県匡済会報告』第1輯pp37-38から作成。

図1　横浜社会館建築設計図

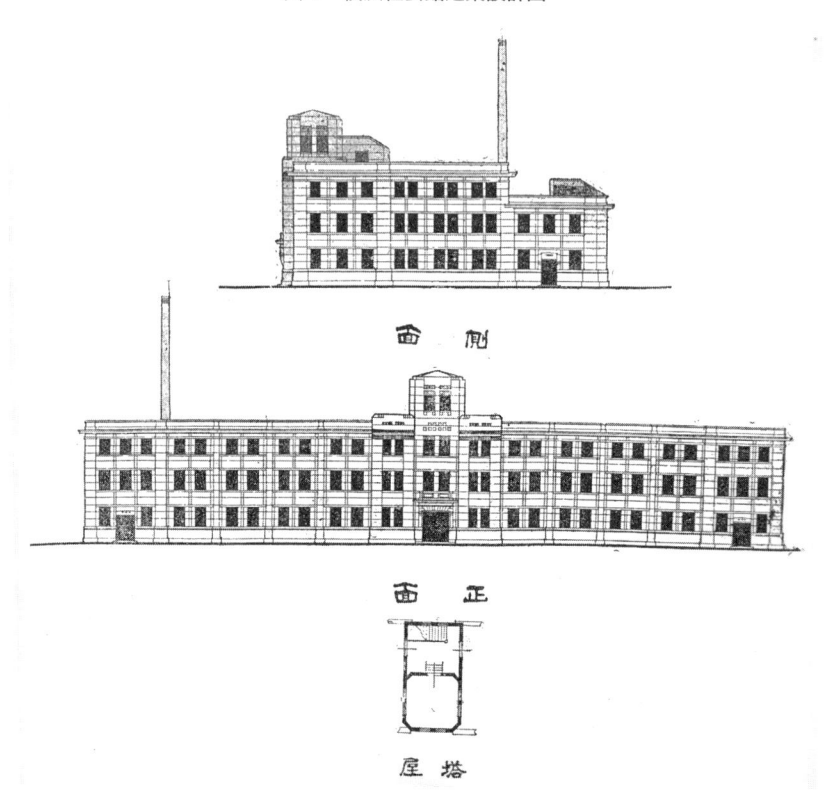

側面

正面

塔屋

出典:『社団法人神奈川県匡済会報告　第一輯』設計図の頁より転載

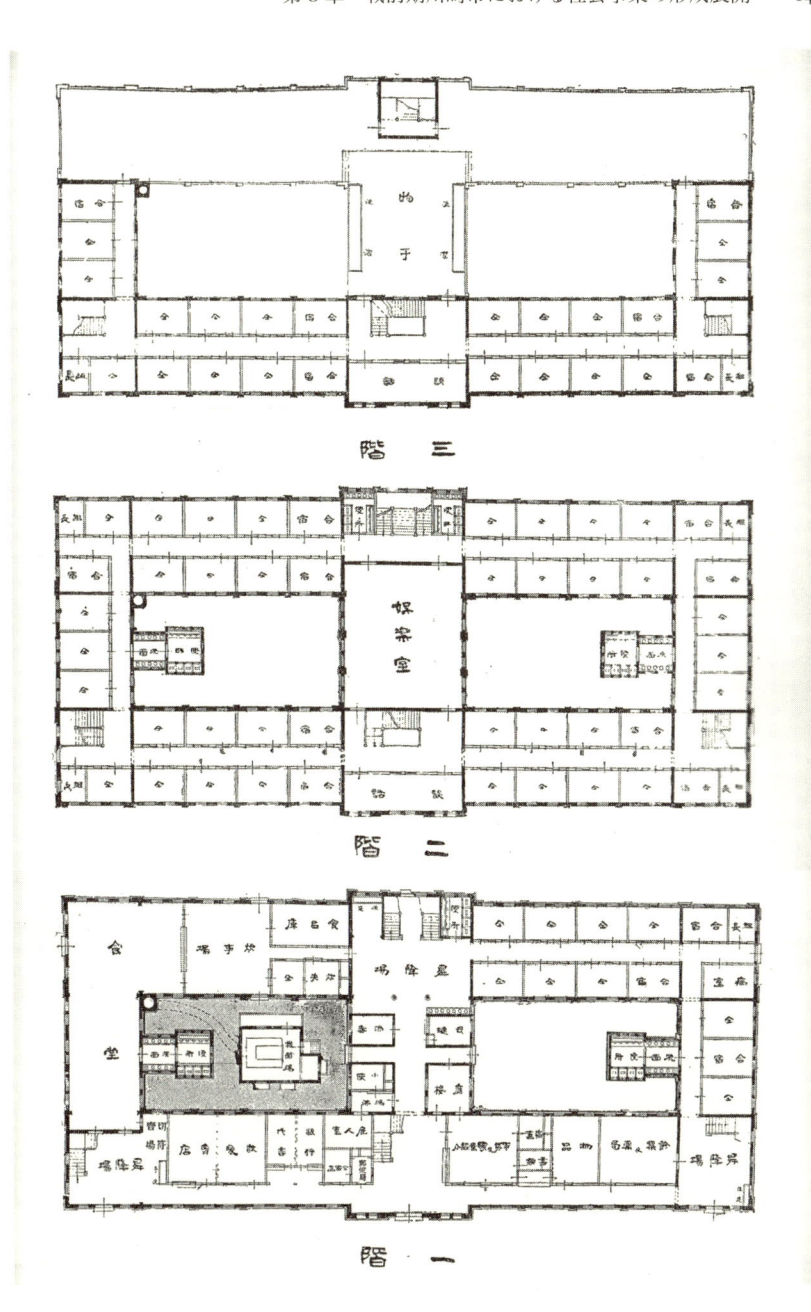

第3章　戦前期川崎市における社会事業の形成展開　143

者があったという。初代館長には黒川隆信が就任した[31]。

　川崎社会館の運用は，横浜社会館同様，本稿末尾に掲載した「資料4　社団法人神奈川県匡済会社会館規則」に基づいて行われ，宿泊事業及び宿泊施設付設の食堂事業，公設浴場，公設市場の事業が行われた。横浜社会館では，これらの事業に加えて教化・娯楽事業として宿泊者を対象としての文化講習会（博物の話，日本及び世界地理の話，日本史話，西洋史話，化学の話，生理衛生の話，初等英語，法制一般，社会学概要，経済学概要，心理の話，林学概要，宗教の話），職業講習会，一般労働者を対象にした横浜労働公民学校や労働講座，職業紹介，診療部，理髪所と社会事業団体の会合，研究会，講習会等のために社会事業倶楽部の事業が行われた。さらに，1922（大正11）年には横浜社会館長左右田喜一郎を所長として横浜社会問題研究所が開設され，社会問題の関する調査研究，図書雑誌の刊行，講演会・講習会の開催などを行うことになった[32]。さらに社会事業図書館も開設された。

(4) 神奈川県匡済会川崎社会館において実施された社会事業

　川崎社会館の主な事業のうち宿泊事業についてみてみる。「表10　川崎社会館宿泊者府県別【1921（大正10）－1928（昭和3）】」によると，社会館宿泊者の出身は国内は北海道から沖縄までに及び，さらに台湾，樺太，朝鮮に及んでいる。工業化された川崎市に労働者として全国から労働者が参集した様子を伺うことができる。開設当初1921年の宿泊者12,299人の職業は人夫が3割をしめ，職工，商人，学生，大工，求職者など多種多様であった[33]。

　社会館付設の公設浴場の利用者は開設当初は1日平均500人前後であったが，大震災を契機に1日平均6,7百人の来場者があった[34]。

　宿泊所・付設食堂，公設浴場の他に公設市場も設立され，適正な価格で生活物資を提供した。

第３章　戦前期川崎市における社会事業の形成展開

図２　川崎社会館及び公設市場正面図ならびに平面図

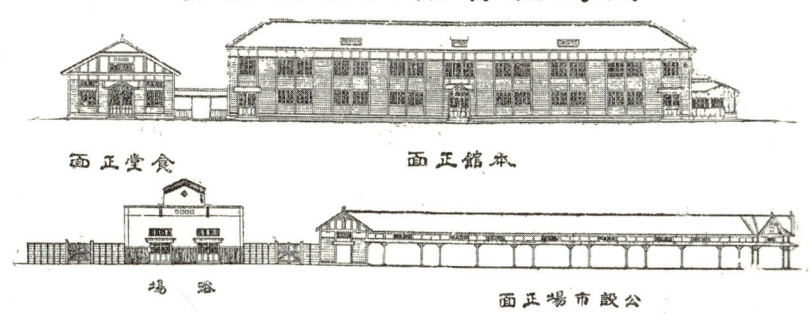

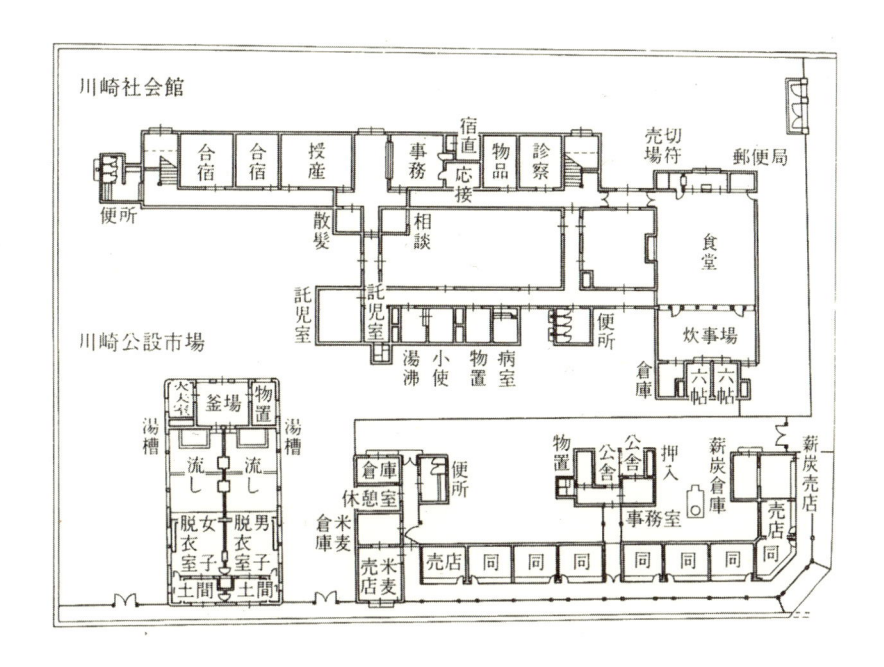

出典：『社団法人神奈川県匡済会報告』第１輯所収の設計図
　　　ならびに『川崎市史　通史編３　近代』より転載

表10　川崎社会館宿泊者府県別【1921(大正10) - 1928(昭和3)】

地方及府県別		1921(大10)	1922(大11)	1923(大12)	1924(大13)	1925(大14)	1926(昭元)	1927(昭2)	1928(昭3)	総計
北海道		322	256	344	1,231	880	288	233	306	3,860
東北区	青森	103	460	389	442	278	137	115	123	2,047
	岩手	146	159	146	488	444	153	299	207	2,042
	宮城	158	287	213	728	608	271	402	208	2,875
	秋田	365	560	522	2,165	1,163	621	586	1,112	7,094
	山形	198	315	174	244	125	106	106	378	1,646
	福島	482	992	1,135	1,525	786	609	659	632	6,820
関東区	茨城	361	894	514	950	673	412	368	545	4,717
	栃木	268	655	595	960	310	209	176	203	3,376
	群馬	471	757	1,093	1,804	1,039	613	541	987	7,305
	埼玉	539	934	1,157	902	741	1,014	952	737	6,976
	千葉	835	1,664	2,028	1,813	1,156	909	937	706	10,048
	東京	1,794	3,200	3,998	3,186	3,385	4,964	5,345	6,531	32,403
	神奈川	1,897	2,686	4,474	4,801	3,614	4,449	4,658	4,917	31,496
北陸区	新潟	488	1,312	1,744	2,143	1,501	969	929	1,103	10,189
	富山	187	460	483	627	852	448	576	313	3,946
	石川	83	179	402	458	431	516	314	389	2,772
	福井	57	36	320	290	104	23	34	37	901
東山区	山梨	65	567	776	786	142	369	195	428	3,328
	長野	447	1,414	1,004	2,041	994	454	601	884	7,839
	岐阜	81	157	84	19	114	51	237	254	997
東海区	静岡	630	1,534	1,594	806	632	867	876	1,239	8,178
	愛知	284	591	1,015	1,132	564	142	154	398	4,280
	三重	85	63	271	67	36	65	73	86	746

第3章　戦前期川崎市における社会事業の形成展開　147

近畿区	滋賀	25	57	116	9	29	36	43	13	328
	京都	71	259	278	126	27	31	48	175	1,015
	大阪	153	125	313	435	273	327	461	305	2,392
	兵庫	128	197	310	792	388	143	129	230	2,317
	奈良	12	2	164	253	170	34	10	46	691
	和歌山	6	8	1	11	6	27	67	238	364
中国区	鳥取	24	14	39	48	39	37	18	33	252
	島根	―	2	4	52	21	53	28	71	231
	岡山	17	194	332	344	275	430	524	427	2,543
	広島	121	136	494	543	555	626	472	769	3,716
	山口	31	93	132	167	36	82	81	64	686
四国区	徳島	10	9	44	78	12	14	76	9	252
	香川	44	163	238	157	62	51	23	148	886
	愛媛	45	71	193	71	150	163	227	153	1,073
	高知	64	439	133	112	523	437	421	171	2,300
九州区	福岡	108	601	538	261	403	318	496	346	3,071
	佐賀	7	27	126	497	415	20	21	19	1,132
	長崎	11	72	191	220	71	115	122	18	820
	熊本	22	181	151	15	72	32	43	44	560
	大分	11	41	384	605	180	378	382	602	2,583
	宮崎	23	194	56	2	4	20	16	150	465
	鹿児島	63	264	359	502	91	367	349	110	2,105
沖縄		17	210	291	90	35	88	119	―	850
台湾		―	―	―	―	2	―	―	―	2
樺太		―	―	―	―	1	―	―	―	1
朝鮮		370	1,140	2,113	8,927	9,255	3,189	2,972	1,684	29,650
其ノ他		570	385	337	76	294	76	40	9	1,787
計		12,299	25,016	31,812	44,001	33,961	25,753	26,554	28,557	227,953

資料：『社団法人神奈川県匡済会報告　第二輯』

(5) 社団法人神奈川県匡済会から財団法人平間寺社会事業部への移管

　1926（大正15）年3月に開かれた社団法人神奈川県匡済会の通常総会では，横浜社会問題研究所に対する県の予算削減および川崎社会館の移管問題で紛糾した。そこで，川崎社会館を移管することとなった。移管先については県を通じて平間寺川崎大師との間で折衝が行われ，新たに財団法人平間寺社会事業部を設立して移管する運びとなった。1928（昭和3）年3月29日，財団法人平間寺社会事業部の設立認可通知があり，同年7月31日の匡済会理事会において平間寺に川崎社会館事業を移管する交渉を行うことを決している[35]。そして10月1日，平間寺住職高橋隆超より川崎市を通じて匡済会宛に川崎社会館（付川崎町公設浴場，川崎公設市場）の経営一切の無償譲渡を願う以下の申請書[36]が提出された。さらに，1928（昭和3）年10月13日，川崎市長から匡済会宛に平間寺が社会館経営を遂行できると認められるから無償譲渡について考慮してほしいとの副申書が匡済会に提出されたので，同月26日に匡済会臨時総会においてこれが承認され，財団法人平間寺社会事業部設立認可と同時に，川崎社会館の施設を無償譲渡することとなった[37]。

　　　　　記
一，財団法人平間寺社会事業部基金は五万円とし，法人設立と同時に一万円を，翌年より八カ年間に残り四万円を積み立てること。
一，財団法人平間寺社会事業部経常費として同寺より毎年一万円内外を寄付すること。

そして，1929（昭和4）年4月8日付で財団法人平間寺社会事業部と匡済会との間で，以下の事務引き継ぎがなされた。

事務引き継ぎ要項[38]

引継ぐべき物件は左のとおり。

一，川崎市宮前一七番地所在
　　川崎社会館建物及現在事業に使用中の備品全部
一，川崎市宮前一八番地所在
　　川崎市公設浴場建物及現在事業に使用中の備品全部
一，川崎市宮前一七番地所在
　　川崎公設市場建物全部
一，特別基金二百五十円二十五銭
　　（神奈川県農工銀行川崎支店定期預金証書）
一，契約保証金　三百円
　　（浴場契約保証金）
一，宿泊人その他一時預金　四十四円
　　（昭和四年三月三十一日現在の一時預金台帳）
一，火災保険証書八通
　　川崎社会館昭和四年五月五日限り五通，川崎公設市場昭和四年四月二十日限り三通。
一，自　大正十年五月　至昭和四年三月　重要書類全部
　　右引継ぎを証する為本書二通を作成し各一通を領置す。
　昭和四年四月八日
　　　　　　　　　　　　神奈川県匡済会副会長
　　　　　　　　　　　　　　　渡辺利二郎
　　　　　　　　　　　　財団法人平間寺社会事業部
　　　　　　　　　　　　　　　理事長　高橋隆超

　こうして，川崎社会館は，財団法人平間寺社会事業部が経営を継承することとなった。上記の資料によれば，引継ぎ書類は平間寺にもあったはずであるが，平間寺は，第2次世界大戦の戦火で諸堂伽藍の全てを焼失しており，現在，平間寺に引き継がれた以降の川崎社会館関係の資料は平間寺には残されておらず，『平間寺史』，川崎公文書館所蔵資料からその活動を知ることができるのみである。
　川崎大師として多くの人に親しまれている平間寺は，1967（昭和42）年，

社会事業の実践を目的として「社会事業研究委員会」を設立し，1993（平成5）年，「社会事業委員会」と名称変更し，各種奨学金制度，各種団体の助成を行っている[39]。しかしながら，川崎社会館のような施設事業は，現在は行っていない。川崎社会館を引き受けた当時の住職高橋隆超については，以下の記録が残されている。

代表者　高橋隆超略歴

明治廿九年七月四日出生卅八年一月十日平間寺大僧正佐伯隆運室へ入寺同四十一年十二月廿九日隆運大僧正に随て染衣得度同四十四年三月廿八日受戒大正四年三月二十一日高輪中学校卒業大正八年三月十日智山大学卒業大正七年三月十九日教師□補となり其後漸次累進して桂中僧正となり大正十四年六月廿六日神奈川県川崎市大師河原一,六四八番地新義真言宗智山派別格本山平間寺住職任命今日に至る現在神奈川県宗務支所管理集議菩提院結衆，教学審議会委員，本山会議員，智山派宗会議長たり昭和四年三月財団法人平間寺社会事業部を創設せられ之が部長となり今日に至る

（資料：川崎公文書館所蔵資料『社会事業書類昭和8年』）

『東京新聞』（1968〈昭和43〉年9月19日）[40]によると，高橋隆超は，1896（明治29）年，東京市芝区に生れ，数え年10歳の時平間寺41世佐伯隆運師の室に入り，大師小学校，高輪中学校を経て，1919（大正8）年7月に横浜市の観音寺住職，1924（大正13）年6月に平間寺院代となり，1925（大正14）年4月，30歳の若さで平間寺43世貫首に就任，平間寺の震災復興を果たした。また，師は，県立川崎中学校（現，県立川崎高校）の建設への助力，大師図書館（1926年）や大師幼稚園（1937年）の開設，財団法人川崎弘道中学校（夜間中学校，1940年）開設など，教育事業への貢献もしている。また，東京に1879（明治12）年に開設された福田会育児院の事業へも助力をしていることが，『福田会育児院月報』の中に見ることができる。従って，このように教育事業や，社会事業に関心のある高橋隆超住職の時代だったからこそ，川崎社会館の事業を平間寺が受け継いだのでは

ないかと思われる。

(6) 財団法人平間寺社会事業部時代の川崎社会館

1915（昭和4）年3月28日，財団法人平間寺社会事業部の創設と共に川崎社会館の経営は神奈川県匡済会の手を離れ，平間寺に受け継がれ，1939（昭和14）年10月10日川崎市労働宿泊所開設と共に閉鎖された。

平間寺時代の川崎社会館の事業について見て行きたい。

事業としては，後掲した「資料5　財団法人平間寺社会事業部寄付行為」によると，事業は，簡易宿泊，市場，簡易食堂，浴場，人事相談，図書館，其の他理事会で必要と認めたものとなっている。事業の経営規則のようなものが『平間寺史』[41]に以下のように記されているが，ここでは宿泊所，食堂，浴場のみについての記載である。

宿　泊　所
　一，宿泊人ハ単身ノ男子ニ限ル（定員百名）
　　　但伝染病，嫌忌スベキ疾患者，又ハ泥酔者，其他係員ガ不適当ト認メタル者ハ宿泊ヲ許可セズ
　一，宿泊申込時間午後四時ヨリ十一時マデ
　一，門限　宿泊人ノ外出時間ヲ午後十一時マデトス
　一，宿泊ハ一泊主義ニテ翌朝八時マデニ必ズ退出セシム
　　　但継続宿泊ヲ妨ゲズ
　一，宿泊料ハ一人一泊十五銭（入浴料共）トシ十日以上継続宿泊セル者ニハ十五銭中五銭ヲ貯金トシテ積立置キ退所ノ際ニ之ヲ払戻ス
　一，職業紹介所及一般需要者ニ依頼シ宿泊者ノ就職斡旋ニ努ム
　一，ラジオ蓄音器等ノ娯楽器具ヲ供ヘ宿泊者ノ共同娯楽ノ用ニ供シ又時々慰安会ヲ開催シ日常ノ労務ニ疲労セル彼等ヲ慰藉ス
　一，病傷者ハ済生会川崎診療所又ハ市内開業医ニ依頼シ之ヲ治療セシム

食　　堂
　販売時間
　　一，朝食　自午前五時半至午前八時

一，昼食　　自午前十一時半至午後一時
　一，夕食　　自午後五時至午後八時
　　　　　但季節ニヨリ多少変更ス
　料金
　　一，朝定食　　一食七銭
　　一，昼夕定食　各一食十銭
　　一，飯　　　　一盛七銭（二合）五銭（小盛）
　　一，香ノ物　　一皿一銭
　浴　　場
　　営業時間　正午ヨリ午後十二時マデ
　　入浴料　　大人一回ニ付金四銭
　　　　　　　十五歳以下同金三銭
　　　　　　　十歳以下同金二銭

　後掲した「資料4　社団法人神奈川県匡済会社会館規則」と比較してみてみると，「第三章　宿泊」の第13条の規定と同様宿泊は午後4時から午前8時までとなっているが，上記の平間寺経営の川崎社会館の規定のほうが細かく規定されている。宿泊を拒絶する者については，同様の趣旨となっている。資料4では食堂については販売時間や料金までは決められていない。浴場については，平間寺では閉鎖時間が一時間遅く12時となっている。匡済会時代の宿泊料金，食事販売時間等については同様であったが，定食料金は匡済会時代が高くなっている[42]。1929（昭和4）年から1937（昭和7）年の事業成績について表11からみてみると，宿泊所利用については匡済会時代（表10参照）よりも増加している。

　以下，川崎社会館の昭和10年度，11年度の事業実績について川崎公文書館資料から掲載する。

第 3 章　戦前期川崎市における社会事業の形成展開　153

表 11　財団法人平間寺社会事業部川崎社会館事業成績【1929（昭和 4）-1937（昭和 7）】

事業別＼年度	1929（昭和 4）	1930（昭和 5）	1931（昭和 6）	1932（昭和 7）	計
宿泊所宿泊延人員	30,650	34,929	31,891	34,256	131,726
食堂喫食延人員	45,081	52,748	72,916	58,434	229,179
浴場入浴延人員	124,411	140,390	123,880	95,645	484,326
計	200,142	228,067	228,687	188,335	845,231

資料：佐藤教倫『平間寺史』平間寺出版部，1934（昭和 9）年，131 頁から作成

表 12　社会事業（宿泊救護）昭和 10 年度

名　称	平間寺社会事業部川崎社会館		位置	川崎市宮前町 18 番地		
			創立	設　立　大正 10 年 5 月 1 日　法人許可　昭和 4 年 3 月 28 日		
組　織	財団法人		職員	職称		人員
代表者氏名	高橋隆超			館長一，書記二		3 名
宿泊救護ノ状況	体性	宿泊人員			宿泊延人員	一日平均宿泊数
		前年度ヨリ越員	本年度新規			
	男	97	1,486		34,539	94
	女					
	計	97	1,486		34,539	94
宿泊者ノ月別延人数	4 月	2,538	8 月	2,792	12 月	3,026
	5 月	2,841	9 月	2,947	1 月	2,872
	6 月	2,793	10 月	3,371	2 月	2,838
	7 月	2,624	11 月	2,937	3 月	2,960
資産及負債	種別	金高又は価格		基金管理方法及土地建物内訳		
	基金	円				
	土地	借地		建物敷地 1391　坪　耕作地　坪　　　　坪　　　　　　　　坪		
	建物	43,000 円		建坪数 9 棟　●参延●合五●		
	什器	15,000 円				
	計	44,500 円				
	負債					

		収入（円）			支出（円）			維持の方法
経　費	財産収入	1,066	36	事務費	7,679	76	財産収入，事業収入，雑収入，及官公署其他助成，補助金並ニ平間寺ノ寄附金等ニヨル
	事業収入	9,480	47	事業費	8,853	61	
				其他			
	寄付金	4,549	00	基金積立金へ納入			
	補助金	1,420	00	計	16,533	37	
	雑収入	16	07	翌年度へ繰越	16,533	37	
	前年度ヨリ繰越	182					
	計	16,533	72				
宿泊料及食料	一，宿泊料は一泊15銭（入浴料共）とし，継続宿泊せる者には15銭ノ内5銭を貯金として積立て置き退所の際本人の要求に応じ払戻す 一，食料 定食朝食7銭，昼，夕10銭						
収容者処遇法	一，宿泊申込之時間午後4時ヨリ全11時迄　二，宿泊は一泊主義として翌朝8時迄に必す退出せしむ。継続宿泊者は之を妨げす　三，職業紹介所及一般需用者の依頼し宿泊者の就職斡旋に努む　四，ラジオ，蓄音器を備へて宿泊者の娯楽に供し又時々慰安会を開催し日常の労務疲労せる彼等を慰藉す。病傷者は済生会川崎診療所其の他医療機関に依頼して之れか治療を為さしむ						
起源及沿革ノ大要	大正8年7月神奈川県匡済会理事会に於て横浜市外に其の事業を拡張し時勢に適応したる社会施設を為さんとの議起り之れか調査研究の結果其の最も緊要なりと認めたる川崎市に社会館を建設することとなり。宿泊所及食堂は，大正10年5月1日，浴場は同年7月5日其の事業を開始す。昭和4年3月財団法人平間寺社会事業部の認可と同時に神奈川県匡済会より之れか施設の無償譲渡を受け本社会事業部に於て之れか一切の経営を継承し以て今日に至る						
備　考	一，収容定員　100名						

表13　社会事業調査表（公設食堂）昭和10年度

名称	平間寺社会事業部川崎社会館				位置	川崎市宮前18番地			
組織	財団法人				創立	創　　立 大正10年5月1日 法人許可設立 昭和4年3月28日			
代表者氏名	高橋隆超								
設備	敷地総坪数	1,391坪			建物総坪数	67坪2合5寸坪			
売上金高（円）	1月	2月	3月	4月	5月	6月	合計	1ヶ月平均入堂延人員	一食料金
	350・33	331・79	334・55	459・70	459・70	434・01			朝 昼 夕
	7月	8月	9月	10月	11月	12月	4656・75	4,348	7銭 10銭 10銭
	433・06	355・50	391・85	415・96	345・58	569・68			

管理方法	一，本館直営 二，食堂ハ本館敷地内ニアリテ建物ノ一部ヲ使用ス					
資産	金高又は価格			経費	収入		支出
^	基金 ||| ^	財産収入		事務費	
^	土地 ||| ^	事業収入		事業費	
^	建物 ||| ^	補助金		其他	
^	其他 ||| ^	寄付金		^	
^	計 ||| ^	其他		計	
^	負債 ||| ^	計		^	
備考	販売時間　一，朝食 自 午前5時30分 至 午前8時 　　　　　一，昼食 自 午前11時 至 午後1時 　　　　　二，夕食 自 午後5時 至 午後8時 　　　　　　　但 季節ニヨリ多少変更ス					
^	一，本事業ノ経費ハ社会館諸経費ノ内ニ含マル					

表14　社会事業調査表（公設浴場）昭和10年度

名称	平間寺社会事業部川崎社会館						位置	川崎市宮前18番地	
組織	財団法人						創立	創　　　立 大正10年5月1日 設立法人許可 昭和4年3月28日	
代表者氏名	高橋隆超						^	^	
設備	敷地総坪数		1,391坪			建物総坪数		延782合5勺	
入浴料（円）	4月	5月	6月	7月	8月	9月	計	
^	275・37	244・17	313・47	316・95	315・12	302・97	^	
^	10月	11月	12月	1月	2月	3月	3753・60	
^	340・05	347・79	354・42	332・16	295・23	315・90	^	
入浴人員	4月	5月	6月	7月	8月	9月	計	
^	9,179	8,139	10,449	10,563	10,504	10,099	^	
^	10月	11月	12月	1月	2月	3月	125,120	
^	11,335	11,593	11,814	11,072	9,841	10,530	^	
1人1回入浴料	大人4銭			13歳以下3銭			10歳以下2銭		

資産	金高又は価格		経費昭和10年度決算	収入		支出	
	基金			財産収入		事務費	
	其他			事業収入		事業費	
	建物			補助金		其他	
	其他			寄付金		基金●●	
	計			其他		計	
	負債			計		次年度へ繰越	
管理方法	委託経営						
備考	一，浴場は本館敷地内にあり 一，本事業の経費は社会館経費内に含まる						

表15　昭和11年度　自4月1日　至9月30日　事業状況（川崎社会館）

月別延人員並に料金内訳								
宿泊人員	4月	5月	6月	7月	8月	9月	計	
	2,757	3,063	3,529	3,596	3,459	3,349	19,753	
宿泊料（円）	4月	5月	6月	7月	8月	9月	計	
	318・10	356・65	417・90	418・25	389・25	391・20	2291・35	
食堂入堂人員	4月	5月	6月	7月	8月	9月	計	
	3,742	4,124	4,479	5,497	5,306	5,197	28,345	
売上金高（円）	4月	5月	6月	7月	8月	9月	計	
	351・07	389・54	417・74	500・30	469・86	450・33	2578・84	
浴場入浴人員	4月	5月	6月	7月	8月	9月	計	
	9,680	9,677	9,431	10,005	9,586	9,738	58,110	
入浴料（円）	4月	5月	6月	7月	8月	9月	計	
	290・40	290・31	282・93	300・12	287・58	292・14	1743・48	

　川崎社会館は，軍需産業の飛躍的な発展のなかで，工場労働者，自由労働者の川崎市への流入に伴い，場所の不適当，設備の狭隘さから時代の要請にかなわないとして，川崎市と平間寺との間に折衝が行われ，年額2,000円向こう7ヶ年の寄附金を条件として川崎市に移譲されることとなった。そして1939（昭和14）年10月新築された川崎市労働宿泊所（大島町4丁目

47番地)の事業開始と共に,財団法人平間寺社会事業部川崎社会館は閉館され,川崎社会館18年間の歴史は幕を閉じた。

おわりに

　以上,川崎社会館の事業を中心に,戦前の川崎市社会事業の形成過程について述べてきたが,その一端を紹介したのみに過ぎず,充分な分析もできていないが,今後,はじめに述べたような視点で,さらに川崎市の社会事業の形成過程をたどり,さらに今日に至るまでの,川崎市の社会福祉の特徴を探っていきたい。

【注】
1) この人口は国勢調査を基数とし,以後の住民基本台帳及び外国人登録の増減を加減して推算したものである。
川崎市ホームページ http://www.city.kawasaki.jp/20/20tokei/home/suikei/jinko21/jinko2201.htm (アクセス日 2010年1月31日)
2) 総務省統計研修所編『第59回日本統計年鑑　2010』総務省統計局,総務省統計局・政策統括官・統計研修所ホームページ http://www.stat.go.jp/data/nenkan/pdf/yhyou02.pdf (アクセス日 2010年1月31日)
3) 1.については,拙稿「川崎市における生活保障システムの諸側面についての検討」(『福祉専修』第27号,専修大学社会福祉学会)に加筆修正したものである。
4) 1)は,拙著「社会事業の成立と展開」(仲村優一他監修・岡本民夫他編集『エンサイクロペディア社会福祉学』中央法規,2007年,174-177頁所収)を加筆修正したものである。
5) 社会保障研究所編 (1982)『日本社会保障前史資料第4巻』至誠堂,1982年,189-365頁
6) 『社会事業一覧』(大正14年末),内務省社会局,1927年
7) 庄司拓也「神奈川県における社会事業施設と団体の形成過程」『地域のおける社会福祉形成史の総合的研究』平成15年度〜平成17年度科学研究費補助金(基盤研究(B))研究成果報告書,研究代表者長谷川匡俊,136-137頁
8) 芹沢勇『神奈川県社会事業形成史』神奈川新聞厚生文化事業団,1986 (昭和61) 年
9) 『昭和十五年版　川崎市社会事業概要』川崎市社会課,1頁

10）佐藤教倫編『平間寺史』平間寺出版部，1934（昭和9）年
11）『平成九年開創八百七十年記念川崎大師平間寺近現代史』大本山川崎大師平間寺，1999（平成11）年
12）川崎労働史編さん委員会編『川崎労働史　戦前編』ぎょうせい，1987年，29頁
13）同上，239-240頁
14）川崎市編『川崎市史　通史編3　近代』川崎市，1995年，383頁
15）同上，353頁
16）同上，146頁
17）『昭和十五年版　川崎市社会事業概要』川崎市社会課，56-57頁『昭和十五年版　川崎市社会事業概要』川崎市社会課，
18）『昭和十五年版　川崎市社会事業概要』川崎市社会課，35頁
19）川崎市編『川崎市史　通史編3　近代』川崎市，1995年，382頁
20）『昭和十五年版　川崎市社会事業概要』川崎市社会課，38頁
21）同上，38-39頁
22）北日本新聞社編『証言　米騒動』北日本新聞社出版部，1974年
23）『社団法人神奈川県匡済会報告　第一輯』6頁
24）『同上書』6-11頁
25）社会福祉法人神奈川県匡済会編兼発行『神奈川県匡済会七十五年史』1994（平成6）年，11頁
26）『社団法人神奈川県匡済会報告　第一輯』17-19頁
27）「第三章　本会施設事業の概要」（『社団法人神奈川県匡済会報告　第一輯』19-43頁）
28）社会福祉法人神奈川県匡済会編兼発行『神奈川県匡済会七十五年史』1994（平成6）年，175頁
29）『社団法人神奈川県匡済会報告　第一輯』37-38頁
30）社会福祉法人神奈川県匡済会編兼発行『神奈川県匡済会七十五年史』1994（平成6）年，85頁
31）『社団法人神奈川県匡済会報告』第2輯，24頁
32）社会福祉法人神奈川県匡済会編兼発行『神奈川県匡済会七十五年史』1994（平成6）年，「第七章　戦前からの事業　3．横浜社会事業の実際」85-174頁参照。横浜社会問題研究所については，「【6】横浜社会問題研究所」218-230頁参照。社会事業図書館については「【7】社会事業図書館」230-250頁参照。
33）社会福祉法人神奈川県匡済会編兼発行『神奈川県匡済会七十五年史』1994（平成6）年，186頁
34）前掲『神奈川県匡済会七十五年史』191-192頁
35）前掲『神奈川県匡済会七十五年史』1994（平成6）年，196頁
36）前掲『神奈川県匡済会七十五年史』197頁，『社団法人神奈川県匡済会事業要覧』43-44頁

37) 前掲『神奈川県匡済会七十五年史』1994（平成6）年，197頁
38) 前掲『神奈川県匡済会七十五年史』197-198頁
39) 『平成九年開創八百七十年記念川崎大師平間寺近現代史』大本山川崎大師平間寺，1999（平成11）年，599-611頁
40) 前掲『平成九年開創八百七十年記念川崎大師平間寺近現代史』82-83頁
41) 佐藤教倫『平間寺史』平間寺出版部，1934（昭和9）年，130頁
42) 社会福祉法人神奈川県匡済会編兼発行『神奈川県匡済会七十五年史』1994（平成6）年，189-192頁

資料1　東京電気女子工員授乳規則

第一条　生後一年ニ達セサル乳児ヲ哺育スル女子工員ニシテ作業時間中授乳セントスル者ハ其ノ旨申出ツヘシ。
　　　前項ニヨリ許容セラルル時間ハ午前一回九時ヨリ三十分間及午後一回三時ヨリ三十分間トス。

第二条　前条ニ依ル申出テヲナサントスル者ハ乳児の姓名及生年月日ヲ記入セル届書ヲ所属科課長ヲ経テ厚生部長宛差出スヘシ。
　　　前項ノ届出ヲナシタル者ニハ厚生部長ヨリ承認書ヲ交付ス。

第三条　承認書ノ有効期間ハ其ノ乳児ノ年齢満一歳ニ達ス迄トス。
　　　前項ノ期間終了後引続キ授乳ヲ要スルトキハ医師ノ証明書添付願出ヲナシタル場合ニ限リ更ニ相当期間ノ延長ヲ認ムルコトアルヘシ。

第四条　授乳ノ為作業ヲ離ルル場合ハ其都度科課長ニ申出ツヘシ。

第五条　授乳ハ会社所定ノ場所ニ於テナスヘシ。

　　　　　附則

第六条　大正十五年九月一日之ヲ実施ス。

（資料：川崎市編『川崎市史　通史編3　近代』川崎市，1995年146頁）

資料2　川崎市託児所規程

　　　　大正十四年三月十四日市会議決
　　　　大正十四年三月十六日規程第九号公布
　　　　昭和六年三月三日市会議決改正
　　　　昭和六年三月五日規程第二号公布

第一条　本市ニ幼児保育ノ為メ託児所ヲ設ク託児所ノ位置及名称ハ市長之をヲ定ム

第二条　託児所ハ市内居住者ニシテ満三歳以上学齢未満ノ幼児を受託シ昼間保育ヲ為ス

第三条　託児ハ一般幼稚園ノ課程ニ準シ之ヲ保育ス
　　　其ノ課目左ノ如シ
　一　遊戯
　二　唱歌
　三　談話

四　手技
第四条　託児セムトスルモノハ左ノ事項ヲ申出テ市長ノ許可ヲ受クヘシ
　一　委託者ノ住所，氏名，職業
　二　託児ノ氏名，生年月日
　三　委託期間
第五条　受託時間及定休日左ノ如シ但シ市長ニ於テ必要ト認ムル時ハ臨時休業スルコトアルヘシ此場合ハ三日以前ニ託児所内ニ掲示ヲナスモノトス
　一　受託時間
　　　　自午前六時　至午後六時
　二　休　　日
　　　　一月一日，二日，三日及日曜，祭日
第六条　保育料ハ無料トス
第七条　左ノ場合ニハ受託ヲ拒絶スルコトアルヘシ
　一　託児数カ定員ニ達シタルトキ
　一　託児ノ疾病アリト認メタルトキ
　一　託児ノ性行他ノ託児ニ悪影響ヲ及ホス虞アルトキ
　一　其ノ他市長ニ於テ受託ノ必要ナシト認メタルトキ
　　　　附則
本規程ハ大正十四年四月一日ヨリ之ヲ施行ス
　　　　附則（昭和六年三月五日公布ノ分）
本改正ハ公布ノ日ヨリ之ヲ施行ス
　（資料：『昭和十五年版　川崎市社会事業概要』川崎市社会課，76-77頁）

資料3　川崎市児童健康相談所規程

昭和十一年十二月二十一日告示第二〇一号公布
昭和十三年五月二日告示第八五号改正公布
第一条　本市ハ児童ノ健康ヲ増進セシムル為児童健康相談所ヲ設置ス
　児童健康相談所ノ位置及名称ハ市長之ヲ定ム
第二条　児童健康相談所ハ市内一般家庭児童ノ健康保育及疾病其ノ他ノ相談ニ応ズ
第三条　相談ニ応ズル日時及休日左ノ如シ但シ時宜ニ依リ之ヲ伸縮変更スルコト

ヲ得
一　相談ニ応ズル日時
　　貝塚児童健康相談所　　毎週月，水，金曜日，午後九時ヨリ午後四時マデ
　　渡田児童健康相談所　　毎週火，木，土曜日，午後九時ヨリ午後四時マデ
　　南河原児童健康相談所　毎週月，水，金曜日，午後九時ヨリ午後四時マデ
　　大師児童健康相談所　　毎週火，木，土曜日，午後九時ヨリ午後四時マデ
　　中原児童健康相談所　　毎月第一，第二，第四水曜日，午後二時ヨリ午後四時
　　マデ
二　休日
　　日曜日，祝祭日及十二月二十九日ヨリ翌年一月三日迄
第四条　相談料ハ之ヲ徴収セズ
　　附則
本規程ハ公布ノ日ヨリ之ヲ施行ス
　（資料：『昭和十五年版　川崎市社会事業概要』川崎市社会課，77頁）

資料4　社団法人神奈川県匡済会社会館規則

　　　　　　　　　　　　　　　　　　　　　大正10年5月25日制定
　　　　　　　　　　　　　　　　　　　　　大正10年7月17日改正
　　　　　　　　　　　　　　大正12年4月7日亥神匡発第3号を以左の通り改む

　　　　　　　　　　第一章　総則
第一条　社団法人神奈川県匡済会施設の社会館は主として各種の労働者を宿泊せ
　　しめ以て其の生活の改善向上を図り衛生を重し奢侈を矯め兼ねて貯蓄の美風を
　　涵養するを目的とす
第二条　本館の名称は横浜市所在のものを横浜社会館，川崎町所在のものを川崎
　　社会館と称す
第三条　本館は第一條の目的を達する為左の事業を行ふ
　　一，低廉なる料金を以て宿泊せしむること
　　二，失業者に対し就職を紹介すること
　　三，人事相談に応すること
　　四，簡易食堂を経営すること

五，教化的施設をなすこと
　　六，浴場を経営すること
　　七，児童の委託を受くること
　　八，理髪所を経営すること
　　九，簡易なる授産を行ふこと
　　十，売店を経営すること
　　十一，其の他本会に於て前條の目的を達するに必要と認むる事業
　　前項第六号乃至第九号は館の都合に依り之を経営せさることあるへし
第四条　宿泊料，食料，入浴料，保育料及理髪料は別に別に之を定め館内適宜の場所に之を掲示す
第五条　本館門扉の開閉は左の如し但し浴場は此の限に在らす
　　一，四月一日より九月三十日迄　　午前四時開門　午後十一時鎖門
　　二，十月一日より翌年三月三十一日迄　午前五時開門　午後十一時鎖門
第六条　前條鎖門後と雖も職業上已むを得さる場合には出入りすることを得

　　　　　第二章　職員の組織及職務

第七条　本館の事業を処理せしむる為左の職員を置く
　　　　館　　　　長
　　　　副　館　長　　　若　干　名
　　　　書　　　　記　　　若　干　名
　　　　保　　　　母　　　若　干　名
　　　　主　　　　事　　　若　干　名
　館長は会長之を委嘱し副館長は館長の推薦により会長之を任免し其他の職員は館長之を任免し会長に申請す。但し副館長，保母及主事は館の状況に依り之を置かさることを得
第七条の二　本会に評議員若干名を置く。評議員は館長推薦により会長之を委嘱し館の必要事項を審議す
第八条　館長は一切の館務を統轄し所属の職員を指揮監督す
第九条　副館長は館長を補佐し館長故障あるときは之を代理す。館長副館長共に故障あるときは主席書記をして其職務を代理せしむ

第十条　書記は上司の命を承け庶務会計に従事す
第十条の二　各館に会計監事二名以内を置き決算を審査し会計帳簿，計算，証憑書類，現金其他を監査す
　会計監事は評議員中より館長推薦により会長之を委嘱す
第十一条　職員の執務時間は一般官庁の執務時間を適用す但し事務の都合に依り時間後と雖執務することあるへし

　　　　　　　　第三章　宿　　　　　泊

第十二条　本館に宿泊せしむへき者は男子とす
第十三条　宿泊は午後四時より翌日午前八時迄とす但し特別の事情ある者は此の限に在らす
第十四条　宿泊申込ありたるときは宿泊人原表に所要の事項を記載す其の出発したるとき亦同し
第十五条　前條宿泊人原表の外宿泊人一覧表を作製し常に宿泊料の納否，宿泊人の出入を明にす
第十六条　宿泊料は前納とす但し予定夜数宿泊せさる場合は宿泊夜数一夜15銭の割を以て計算し残金は之を還付す
第十七条　左に記載したる者は宿泊を拒絶す
　一，他人の嫌忌する疾患を有する者
　二，泥酔したる者
　三，兇器劇薬其の他危険物を携帯する者
　四，其の他の事由に依り宿泊を拒絶する必要ありと認めたる者
第十八条　宿泊人故意又は怠慢に因り建造物備品其の他の物件を毀損滅失若くは汚涜したるときは其の損害を賠償せしむ
第十九条　宿泊人にして貯金を為さんと欲し其の希望を申出たるときは貯金原簿に所要の事項を記載し仮証を交付し便宜郵便局に廻致し通帳に記入を受け預主に開示の上仮証を返付せしめ通帳は預証を交付して館に於て之を保管す
第二十条　貯金払戻の申出ありたるときは貯金原簿に所要の事項を記載し預証を回収の上通帳を本人に還付す
第二十一条　宿泊人所持金品の一時保管（$\frac{十日}{以内}$）を委託せんとするときは其旨事

務所に申出つへし

前項の場合金銭は保管金原簿に所要の事項を記載し保管証を交付し物件に在りては其品質数量を検したる上合番号札を交付す

第二十二条　前条の保管金は速に郵便局に預入れ物件は直に番号札を付し倉庫に収蔵す

第二十三条　保管金品還付方申出ありたるときは金銭に在りては保管金原簿に所要の事項を記載し交付したる保管証を回収して現金を交付し物件に在りては合番号札を回収して現品を交付す

第二十四条　第二十一条の物件にして危険腐敗又は他の物件に被害を及ほす虞ある場合若くは悪臭を発し其の他蔵置上不便と認むるものは保管を拒絶することあるへし

第二十五条　保管物件にして火災盗難其の他不可抗力に因り毀損滅失したる場合は本館其の責に任せす

第二十六条　宿泊人第十九条及第二十一条の受領証，預り証，保管証及合番号札を紛失したるときは即時事務所に届出つへし

第二十七条　宿泊人をして精神の修養，衛生思想の向上及勤倹力行の美風を涵養せしむる為毎月一回以上講和会を開催す

第二十八条　宿泊人疾病に罹りたるときは速に嘱託医の診察を受けしむ但し必要と認むるときは之を病室に収容す

第二十九条　館の都合に依り若干の組長及副組長又は室長を置くことを得

第三十条　　組長副組長又は室長は館長之を任免し其の任期は三ヶ月とす但し満期再任することを得

第三十一条　組長副組長又は室長は館長の指揮を承け宿泊人をして本館諸規程を遵守せしめ風紀，衛星其の他諸般の取締に任す

第三十二条　気味長及副組長又は室長には予算の範囲内に於て手当を給与することを得

第四章　職業紹介及授産

第三十三条　職業紹介に関する事務は午前九時より午後四時迄之を取扱ふ

第三十四条　求職又は求人の申出ありたるときは求職表又は求人表に所要の事項

を記載し紹介の手続を為す
第三十五条　紹介は紹介状を発し求職者をして求人者に持参せしむ
第三十七条　本館宿泊者にして職業を失ひ相当の求人者なき場合は本館に於て簡易なる職業に従事せしめ賃金を与ふることあるへし

　　　　　第五章　人　事　相　談

第三十八条　人事相談に関する事務は午前九時より午後四時迄之を行ふ但し至急を要する事件は此の限に在らす
第三十九条　人事相談を為したるときは人事相談簿に所要の事項を記載す

　　　　　第六章　簡　易　食　堂

第四十条　　食券は食堂受付に於て販売す
　食堂内に於ては一切現金を取扱はす
第四十一条　食物は総て品質良好のものを選択す
第四十二条　飲食物は常に相当の蓋若は覆を施し蠅其の他の汚物の付着を防止す
第四十三条　食堂内は常に清潔にし食器其の他の物件を毀損滅失したるときは其の損害を賠償せしむ

　　　　　第七章　浴　　　場

第四十五条　浴場は正午開場午後十一時閉鎖す
第四十六条　人の嫌忌すへき疾患を有する者，泥酔者，其の他人に迷惑を及ほすへき事情ある者は入浴を拒絶することあるへし

　　　　　第八章　託　　　児

第四十七条　委託を受くへき児童は満三歳以上にして就学するに至る迄の者に限る
第四十八条　託児時間は左の如し

一，四月一日より午前六時より　午後六時迄
　　九月三十日迄
二，十月　一日より　午前七時より　午後五時迄
　　翌年三月卅一日迄
第四十九条　児童保育に関する規程は別に之を定む

第九章　理　髪

第五十条　理髪所は午前九時に始め午後十時閉鎖す但し館長の昇任を得変更することを得
第五十一条　器具器械は各人毎に消毒し所内は常に掃除し清潔を保持す

第十章　売　店

第五十二条　売店には専ら宿泊者日常の必要品を設備し低廉なる価格を以て之れか需用に応す
第五十三条　前条の需用品は宿泊者をして金銭の浪費を促すか如き種類のものは之を避く

第十一章　館内諸規程

第五十四条　館長は館の処則細則其他の諸規程を定め会長の承認を経て之を施行す

（資料：『社団法人神奈川県匡済会報告』第二輯，48-55頁）

資料5　財団法人平間寺社会事業部寄附行為

第一章　名称
第　一　條　本部ハ財団法人平間寺社会事業部ト称ス
第二章　目的及事業
第　二　條　本部ハ佛教ノ趣旨ニ基キ人類ノ福祉ヲ増進スル為各種社会事業竝ニ社会教育事業ヲ行フヲ以テ目的トス
第　三　條　前條ノ目的ヲ達スル為本部ニ於テ行フ事業ノ概要左の如シ

　　　　　　　一，簡易宿泊　　　二，市　　場　　　三，簡易食堂
　　　　　　　四，浴　　場　　　五，人事相談　　　六，図書館
　　　　　　　其ノ他前條ノ目的ヲ達スル為理事会ニ於テ特ニ必要ト認メタル事業
　　　　　　　　　第三章　事務所
第　四　條　本部ノ事務所ヲ川崎市大師河原一，六四八番地ニ置ク
　　　　　　　　　第四章　資産及会計
第　五　條　本部ノ資産ハ左ニ掲クルモノヨリ成ル
　　　　　　　一，別紙財産目録ニ掲クル基本財産
　　　　　　　二，本山平間寺ヨリ寄附金年額五千円
　　　　　　　三，将来受クルコトアルベキ奨励金，助成金補助金
　　　　　　　四，寄附金及寄附物件
　　　　　　　五，財産ヨリ生ズル果実
第　六　條　本部ノ資産ハ部長之ヲ管理シ日常ノ支出ニ不必要ナル現金ハ確実ナル銀行ニ預入レ又ハ確実ナル有価証券に換ヘテ保管スルモノトス
第　七　條　本部ノ経費ハ第五條第一項ヨリ生ズル収入及仝條第二項乃至第六項ニヨリ得タル収入ヲ以テ之ヲ支弁ス
第　八　條　本部ノ会計年度ハ毎年四月一日ニ始マリ翌年三月三十一日ニ終ル
第　九　條　第五條第三項及第四項ニ依ル収入ノ全部又ハ一部ハ理事会ノ決議ニ依リ基本財産ニ繰入ル事ヲ得
第　十　條　毎会計年度ノ終リニ於テ剰余金アルトキハ理事会ノ決議ニ依リ翌年度ニ繰越シ使用スル事ヲ得
第 十 一 條　本部ノ予算ハ毎会計年度開始前理事会ノ決議ヲ経テ之ヲ定メ決算ニ理事会ノ認定ヲ経ルモノトス
　　　　　　　　　第五章　役員
第 十 二 條　本部ニ左ノ役員ヲ置ク
　　　　　　　一，理　事　　　五　名　以　内
　　　　　　　二，監　事　　　若　干　名
第 十 三 條　理事ノ内一名ヲ部長一名ヲ常務理事トス
　　　　　　　部長ハ本山平間寺貫主之ニ当リ常務理事ハ部長之ヲ委嘱ス
第 十 四 條　理事及監事ハ本山平間寺貫主之ヲ委嘱ス
第 十 五 條　理事及監事ノ任期ハ三年トス　但シ再任ヲ妨ゲズ

補欠者ノ任期ハ前任者ノ残任期間トス
第十六條　役員ノ任期満了ノ場合ニ於テ其ノ後任者ノ就任スル迄ハ仍前任者ニ於テ其ノ職務ヲ行フモノトス
第十七條　部長ハ本会ヲ代表シ部務ヲ統理ス
　　　　　常務理事ハ部長ノ命ヲ承ケ部務ヲ掌理シ部長事故アルトキハ常務理事其ノ職務ヲ代理ス
第十八條　本部ニ顧問ヲ置クコトヲ得
　　　　　顧問ハ部長之ヲ嘱託ス
　　　　　顧問ハ本部ノ事業ニ関シ部長ノ諮問ニ応シ又ハ意見ヲ述ブル事ヲ得
第十九條　理事会ハ毎年春秋二回之ヲ開催ス但シ部長ニ於テ必要ト認ムル場合ハ臨時理事会ヲ召集スルコトル得理事三分ノ一以上又ハ監事ヨリ会議ノ目的タル事項ノ請求ヲ為シタルトキハ部長ハ臨時理事会ヲ召集スルコトヲ要ス
第二十條　理事会ハ理事過半数出席スルニ非レバ開会スルコトヲ得ズ
　　　　　但シ召集再会ノ場合ハ此ノ限ニアラズ
第二十一條　理事会ノ議長ハ部長之ヲ当リ部長故障アルトキハ常務理之ヲ代理ス
第二十二條　理事会ノ議事ハ出席者ノ過半数ヲ以テ決ス可否同数ナルトキハ議長ノ決スル所ニ依ル
第二十三條　理事会ノ職務権限左ノ如シ
　　一，歳入歳出予算ヲ定ムルコト
　　一，決算報告ヲ認定スルコト
　　一，寄附行為ヲ変更シ及規則ヲ設クルコト
　　一，其他部長ニ於テ必要ト認メ理事会ニ附議シタル事項
　　　　　　附　　則
第二十四條　本寄附行為ノ施行ニ関シ必要ナル細則ハ理事会ノ決議ヲ経テ別ニ之ヲ定ム
第二十五條　本寄附行為ハ理事四分ノ三以上ノ同意ヲ経テ主務官庁ノ認可ヲ受ケ之ヲ変更スルコトヲ得
第二十六條　本法人ハ解散シタル場合ハ本部所属財産ハ理事会ノ決議ヲ経テ之ト同種又ハ類似ノ目的ヲ有スル社会事業団体ニ寄附スルモノトス

第二十七條　本法人設立ノ際ニ限リ設立者ハ理事三名監事二名ヲ左記ノ通リ委嘱ス
　　　但シ役員ノ任期ハ三年トス
　　　　　理　　事　　　高　橋　隆　超
　　　　　仝　　　　　　荻　原　　博
　　　　　仝　　　　　　本　多　隆　賢
　　　　　監　　事　　　今　野　俊　隆
　　　　　仝　　　　　　深　瀬　鐵五郎

(資料：川崎公文書館所蔵資料『社会事業書類　公営　2冊ノ1　昭和12年』歴公2—S.12—永29)

第4章
アジア都市川崎の多文化・多民族経験

広田 康生

1. 問題の所在——アジア都市川崎の多文化・多民族経験への視座

　本章では，都市川崎が経験してきた民族・エスニシティ問題を，「トランスナショナリズム」，「場所の政治」等の概念をキーワードにしつつ解釈することをとおして，都市川崎の多文化・多民族経験のトランスナショナルな性格を探ることを目的とする。

　もともと川崎市は，明治維新後，首都東京が巨大化するに従って，巨大な官営工場の設置によって「これまでの寒村が新規に工業化し」東京に隣接する大都市として拡大発展した（倉沢　1999；石塚裕道　1991）。言ってみれば，東京の巨大都市化＝「東京メトロポリス化」が周囲の都市群を連担し，巨大都市群化した「東京メガロポリス」周辺の中核都市として発展してきた。

　無論こうした位置づけは，基本的にはグローバリゼーションの進展する以前の，国民国家の枠のなかでの機能集積基地としての「都市概念」であり，グローバル化の進展の中での川崎は，筆者の印象に過ぎないが，むしろE.ソジャ（E. Soja）のいう「ポストメトロポリス」としての方向に動いているかのような東京に組み込まれつつ，その中核都市の一つとして都市の方向性を模索していると言ったほうがいいかもしれない（広田　2005）。ソジャは，「ポストメトロポリス」の特徴を次のように定義する。第一に，ポストフォーディズム以後の時代の都市（postfordist indusrial metropolis）

であること。すなわち，IT 化の進展によって，メトロポリスがこれまでのインテンシブな中心―周辺構造を持つというよりは，幾つかの経済的，政治的，社会的核＝極がネットワーク化されて，一つの全体をつくるその中の都市という位置づけをされていること。第二に，コスモポリス（cosmopolis: the globalization of cityspace）であること。すなわち，メトロポリスの境界が脱領域的になる時代の都市であること。第三に，エクソポリス（Exopolis: the restructuring of urban form）。すなわち外周部分の"都市"の成長。第四に，フラクタルシティ（Fractal city: metropolarities and the restructured social mosaic）としての側面を持つ都市であること。ここでいうフラクタルな都市とは，都市を構成するあらゆる場所で，都市に体現される問題構造が，同じように出現する都市という意味である（Soja 2000）。

　もちろん E. ソジャのモデルはロスアンジェルスといわれているので東京圏と同一には論じられないが，しかし川崎市は，これまでの「グローバル都市東京」の周辺に位置する従属的都市としてだけではなく，その独自性やアイデンティティをどう模索するかを問われていることは確かである。実際，川崎市においては，例えば「川崎市新総合計画　基本構想案（2004）」で，その位置づけとして「首都圏全体のなかでの分散型ネットワーク構造の中核都市」として，従来の重化学工業都市としてよりも「研究開発型産業の集積を活かした自立性のある都市づくり」，街づくりにおける「協働と協調」，「それぞれのエリア内における都市拠点の整備と役割分担」すなわち，「それぞれのエリア内における都市拠点の整備にあたっては，市民の生活行動圏を踏まえて，市外の隣接都市拠点との役割や機能の適切な分担，補完を図りつつ，個性と魅力ある拠点整備を進めることにより，首都圏における本市の拠点性都市機能の向上を目指す持続可能な広域調和型の街づくりに取り組むさらに「自治と分権」「地域が主体性を発揮できる地域主権」などが提起されている（川崎市新総合計画基本構想案　2004）。ちなみに，「アジア都市」としての自治体レベルでの戦略としては，「世界的な企業の集積」「産業技術や研究開発機能の集積」「優秀な人材の育成」「新技術を創造するサイエンスパークの

存在」等を背景にして，羽田空港の国際化に伴う「神奈川口構想の推進」によるアジアへのゲートウエイ化，インキュベーション機能の集積，瀋陽との環境技術移転の促進,「アジア起業家村構想」等の施策が展開されている（川崎市経済局編　2008）。「アジア起業家村」については，特に 2008 年 7 月 31 日段階で，21 の企業——ベトナムハノイ出身者起業家による企業 2, 韓国ソウル出身起業家による企業 3, 中国上海出身者起業家による企業 7 等々——が入居し，バイオテクノロジー，デジタル電子機器ファームウエア開発，情報システム開発等々の研究開発事業を展開している（表 1）。

　ただし，川崎の多文化・多民族経験に焦点を合わせて「ポストメトロポリス」としての方向性を考えるとき，いわゆる「グローバル都市東京」を構成する都市としての枠組のなかでその自立性や独自性を模索する側面に目を向けるだけではなく，そうした制度化された都市の中でその枠をくぐって動くグラスルーツなレベルでの人々の越境移動にも目を向ける必要があると筆者は考える。3 節で詳しく述べるが，周知のとおり川崎市には在日コリアン及び中国人人口が多く「定住」してきたが,近年,グラスルーツなレベルでのニューカマーの人口も増加している。ちなみに平成 19 年度の外国人登録人口は 31,014 人で，特に「韓国・朝鮮」が 9,450 人,「中国」が 9,202 人と圧倒的に多い。また外国人居住者全体としてもその居住地は川崎区が 11,473 人と圧倒的に多い（表 2）。

　例えば，筆者は以前，ニューカマーのアジア系の店が目立つ川崎駅南側に位置する H 町での住民及びニューカマー住民インタビュー調査にもとづいて次のように記述したことがある。「川崎駅南側の H 町では，2000 年ごろから，ニューカマーの韓国人，フィリピン，インドネシア人のスモール・ビジネスが急速に増加してきた。筆者が，2004 年 8 月に行ったヒヤリング調査では，H 町には，韓国及びフィリピン系バー・クラブが 30 軒，韓国家庭料理 14～5 軒，スーパー 3 軒，その他美容院等が 3 軒，教会が二軒あった。もちろんその 8 割のオーナーは日本人で，外国籍住民のオーナーは二割程度

表1　アジア起業家村入居企業一覧

	企業名	入居時期	代表者の出身地	業務概要
1	㈱VTM　※卒業　継続入居（旧　㈱VTECHMATE）	2004年11月	ベトナム・ハノイ	携帯電話アプリケーション開発，携帯電話向けシステム開発，デジタル電子機器ファームウェア開発
2	エコトロニクス㈱　※卒業　継続入居	2004年11月	韓国ソウル	DVR（監視）システム構築・販売，ワンセグ受信用チップ販売事業
3	㈱FECO（エフイーシーオー）　※卒業	2005年2月	中国上海	廃プラスチックを産業資材（コンテナバッグ）の再生する製造・開発
4	日本恒生ソフトウェア㈱　※卒業	2005年3月	中国上海	情報システム開発（オフショア開発，オンサイト技術支援開発，日本IT製品の中国進出支援）
5	リバース㈱　※卒業	2005年11月	中国上海	電子漏洩防止対策，パソコンリサイクル，監視システム，資源循環，上記のコンサルティング
6	宜興環保科技工業園・日中環境無害化技術移転センター※卒業	2005年11月	中国宜興	工業園と日本の環境関連企業との合作事業（環境関連技術の移転）
7	㈱華軽セラミック素材研究所　※卒業	2006年3月	中国上海	中国の低圧射出成型技術による新セラミック素材の研究，開発
8	㈱統合ヘルスケア研究所　※卒業	2006年3月	中国吉林	IT（アイリスメーター等）を用いたヘルスケア・介護管理システムの研究・開発
9	ITMG㈱　※卒業	2006年3月	中国内モンゴル	次世代検索エンジンの研究開発・インテグレーション，イノベーションコンサルティング
10	㈱イー・サービス　※卒業（旧　㈱アールイーエス）	2006年9月	韓国ソウル	熱分解による連続式「廃プラスティック油化装置」の研究開発，製造販売
11	㈱ユビナビ	2006年9月	中国上海	AI（人工知能）技術応用による高付加価値ソフトウェアやシステムの開発
12	エコビークル㈱　※卒業	2006年9月	中国上海	電動バイクの研究・開発及び製造，電動バイクのレンタル
13	慧和㈱　※卒業	2007年3月	中国吉林	IT基盤，組込制御ソフトウェア，WEBシステム等のシステム開発サービス
14	㈱ジェイエイチシー	2007年3月	中国上海	新素材によるセラミック製品の開発・生産及び販売
15	㈱シージェイニッチ	2007年3月	中国吉林	音声通話技術・動映像伝送技術を利用した多国間人材養成プログラム開発
16	ネクストアジアインターナショナル㈱	2007年11月	台湾台北	東アジア市場調査研究・日本中小企業海外情報検索システム開発及びサービス，国際ビジネスマッチング
17	イースターエンビ　テク　※卒業	2007年11月	韓国ソウル	スチール缶附帯アルミ蓋回収装置の研究開発及び販売
18	東京電子産業㈱	2008年3月	中国湖南	シリコンの技術開発，通信機器用導電性ゴムの研究開発，シリコン原材料，レアメタル等の関連製品の輸出入，投資コンサルティング
19	ルビナソフトウエア㈱	2008年4月	ベトナム・ハノイ	システムインテグレーション，ソフトウェア開発のアウトソーシング
20	健峰バイオテクノロジー㈱	2008年5月	中国吉林	バイオテクノロジー研究開発及び国際貿易
21	㈱中世ソフト	2008年5月	中国江西	情報処理に関する研究・開発事業，情報処理・情報提供サービス

川崎市経済労働局国際経済・アジア起業支援室編「川崎市アジア起業家村等の経済交流」（2008年7月）より転載。ただし代表者氏名は抜いてある。

第4章 アジア都市川崎の多文化・多民族経験

表2 外国人登録人口
本表は「外国人登録法」により登録された年度末現在の外国人数である。国籍別は最新年度末の登録総数順による。

種別	総数 総数	総数 男	総数 女	20歳以上 男	20歳以上 女	16歳〜19歳 男	16歳〜19歳 女	16歳未満 男	16歳未満 女	世帯数
平成 15年度	26 662	12 846	13 816	11 208	12 179	360	354	1 278	1 283	14 128
16年度	26 824	12 943	13 881	11 290	12 299	347	327	1 306	1 255	14 121
17年度	27 993	13 468	14 525	11 776	12 884	353	337	1 339	1 304	14 558
18年度	29 300	13 940	15 360	12 198	13 644	394	379	1 348	1 337	15 243
19年度	31 014	14 780	16 234	13 008	14 476	428	397	1 344	1 361	16 082
(国籍別)										
朝鮮・韓国	9 450	4 415	5 035	3 859	4 496	153	132	403	407	4 605
中国	9 202	4 129	5 073	3 637	4 585	124	135	368	353	5 129
フィリピン	3 863	880	2 983	628	2 696	49	51	236	236	1 343
ブラジル	1 365	817	548	718	463	20	22	79	63	841
インド	982	640	342	576	278	2	2	62	62	609
米国	754	530	224	504	197	4	4	22	23	408
ペルー	618	363	255	317	202	7	7	39	46	342
タイ	586	231	355	212	335	8	7	11	13	295
ベトナム	553	362	191	299	154	30	7	33	30	371
インドネシア	329	216	113	192	90	2	-	22	23	191
英国	325	530	102	218	92	1	2	4	8	206
カナダ	219	150	69	149	65	-	-	1	4	138
スリランカ	200	158	42	151	35	1	-	6	7	146
オーストラリア	196	136	60	130	57	3	1	3	2	133
バングラデシュ	182	154	28	141	19	1	2	12	7	111
ネパール	180	122	58	104	50	8	3	10	5	119
マレーシア	174	92	82	87	77	1	1	4	4	106
フランス	154	107	47	104	41	1	2	2	4	102
ドイツ	131	87	44	86	41	-	2	1	1	97
パキスタン	130	120	10	114	5	1	-	5	5	71
ミャンマー	102	60	42	60	41	-	-	-	1	63
イラン	99	89	10	87	9	-	-	2	1	48
ロシア	79	18	61	14	55	1	2	3	4	24
アルゼンチン	62	36	26	31	19	1	1	4	6	30
ボリビア	60	33	27	29	21	-	-	4	6	21
ガーナ	59	44	15	41	11	1	1	2	3	21
シンガポール	47	22	25	22	24	-	1	-	-	36
ナイジェリア	46	43	3	43	2	-	-	-	1	20
無国籍	34	16	18	5	6	1	1	11	11	18
その他	833	487	346	450	310	9	11	28	25	438
(区別)										
川崎区	11 473	5 238	6 235	4 582	5 507	165	174	491	554	5 840
区役所	5 795	2 535	3 260	2 232	2 885	66	82	237	293	3 053
大師支所	2 529	1 229	1 300	1 064	1 161	49	39	116	100	1 322
田島支所	3 149	1 474	1 675	1 286	1 461	50	53	138	161	1 465
幸区	3 513	1 595	1 918	1 366	1 712	55	43	174	163	1 633
中原区	3 868	1 925	1 943	1 726	1 774	39	29	160	140	2 095
高津区	3 698	1 826	1 872	1 602	1 671	54	52	170	149	1 844
宮前区	2 926	1 489	1 437	1 317	1 258	33	40	139	139	1 464
多摩区	3 711	1 821	1 800	1 624	1 710	57	44	140	136	2 265
麻生区	1 825	886	939	791	844	25	15	70	80	941

資料：市民・こども局市民生活部市民協働推進課（『川崎市統計書』平成21年版より転載）

といわれる。筆者はそのなかで，『コリアン・マート（Korea Mart）』（食品及びインターネットカフェ経営）のオーナー K.Y 氏（30 代　男性）と『モード・ライン（Mode Line）』（食品輸入及びスーパー経営）の L.C 氏（30 代　男性）及び川崎韓国青年会の C.K 氏（30 代　男性）にインタビューをする機会をもった。K.Y 氏も C.K 氏もともに日本の大学を卒業後，現在のビジネスを始めた。L.C 氏の場合は，韓国で大学受験を失敗して後，外国の大学への留学を希望して来日し専門学校に入学するが，途中で現在の食品輸入及び販売のビジネスを始めた。彼の家族は韓国で母と弟がレストランを経営し，その父親はアメリカに在住し，日本と韓国とを繋いでビジネスをするという近年のトランスナショナルなビジネスネットワークを持つ。彼らは H 町で情報交換のための川崎韓国青年会を結成し，メンバーが 20 名程度でその多くは韓国から留学生として来日した人が多いとのことであるが，かれらのこうした活動の背後には，『ニューカマーの韓国人はここで 500 人程度働いている』との事情がある……こうした動向に特に地元がどのように対応しているか。地元の対応は現在のところ，寛容の印象がある。特に同年 8 月に実施した筆者の平和通り商店会長の M.K 氏へのインタビューによると，『増えた原因は，たまたま代替わりの時期，バブルのはじけた後，日本人の借り手がなく，そこに韓国，中国の人たちが入ってきた』とのことで，『実質的には，韓国人，中国人のオーナーはそのうちの 20 パーセントではないか』と断ったあとで，こうした事態に，『もともとこの地域が公設通り商店街と呼ばれている時代から川崎で一番古い韓国料理店である S 園があったし，自分も，その I 興産に W 地区の地所をかしていたこともあり，珍しくはない』と表現している」（広田　2006：）。

　すなわち「上からの」グローバルシステムに組み込まれた都市川崎とはまた別に，こうしたグラスルーツなレベルでの人々の国境を越える移動とネットワーク化を背景にしつつ，これまでの川崎の根底にある多文化・多民族経験を解釈し，ここから何を学びとるかがますます重要になってきた。

　筆者は，川崎の多文化・多民族化の根底をなす経験として特に，在日コリ

アンのアイデンティティと共存を求めた活動の歴史に焦点を合わせ，それを「下からのトランスナショナリズム」の展開と「場所の政治」「差異の政治」の概念を使用しつつ理解し直してみたい。こうした概念は，都市としての川崎市の多文化・多民族経験を，グローバル対ローカル，あるいは中心対周辺というグランドナラティブな言説から一旦解放して，国境を超えた移動がもたらす「差異」やアイデンティティの形成や「場所の形成」が都市川崎の多文化・多民族経験の理念や手法をどのように生み出し，アジア都市川崎のトランスナショナルなレベルでの，この意味での，問題提起となっているかを探ることでもある。本章では，こうした側面から，都市川崎の新たな可能性を見てみたい。

2. 概念の定義——「トランスナショナリズム」／「場所の政治」／「差異の政治」

以上のような問題意識からアジア都市川崎の多文化・多民族経験を見る時，筆者が拠りどころとする前述の基本概念について簡単に説明しておきたい。本章で筆者は，「トランスナショナリズム」と「場所」及び「場所の政治」「差異の政治」という用語を鍵概念とした。

ここで言う「トランスナショナリズム」とは何か。筆者は，N. グリックシラー（N. Glick Schiller）に基づき，それを「出身社会と受け入れ社会の定住地を繋ぐ人々の移動によって，持続的で多層的な社会関係が積み重ねられ，地理的，文化的，政治的境界を跨いで『越境する社会的領域（transnational social field）』が形成される過程」と定義しておきたい（Basch, Glick Schiller, Blanc 1994）。

「トランスナショナリズム」という言葉が含む意味としては，グローバリゼーション論が前提にしている「脱領域性」よりは，それぞれの具体的な地域において，多様な目的をもった移民が，政治的，文化的に境界を越える時に引き起こす境界侵食過程と，それへの当該地域の政治的，社会的，文化的拘束との相互作用に焦点があわせることに注意しておきたい。これが，「下

からの（グラスルーツな人々の）トランスナショナリズム」と言われる所以でもある（Smith 1998:1-34）。トランスナショナリズムの意味世界を一言で表せば，「普通の人々の越境移動」を土台にした「移民のネットワーク」が作り出す「越境する社会空間」の形成という問題設定のなかで，その具体的な過程への関心，この観点からの抽象的なグローバル過程への絶えざる問い直しやグローバリゼーション論が捨ててきた問題とは何かを問い直す作業が含まれる[1]。

　ここで，「越境する空間」という言葉の含意についても確認しておきたい。アメリカの人類学者，社会学者のP.レビット（P. Levitt）は，ジャマイカのミラフローレスという村とボストンとの間を往復する移民を例にとり，彼らの移動と仕送りと政治活動が，彼らが作りだす二つの地域において，ジャマイカ的でもなくアメリカ的でもなく，同時にそれらのいずれでもあるような文化的世界を形成している現実について報告している（Levitt 2001）。

　ここで意味されることはなにか。それは，一つには，文化の均質化と同時に特殊化，差異化が同時に発生している状況であり，第二には，こうした差異化や均質化は，彼らの個人的，社会的な実践や文化的帰属やアイデンティティや実践のレベルで，ローカルからナショナルそしてトランスナショナルというレベルに順を追って展開するというよりは，ローカルから必ずしもナショナルなレベルを経ず，トランスナショナルなレベルへと広がるということもあるということ，そしてそうした実践を可能とする「空間」ないしは「場所」が形成されていることを暗示している。無論この場合，トランスナショナルな現象は，それぞれの居場所を求めて，極めて複雑な政治的作用を引き起こす。すなわちここに「場所」「場所の政治（politics of place making）」概念が注目される理由がある（Wieviorka 2001=2009:51）。

　筆者が「トランスナショナリズム」論に注目しているのはこうした状況を具体的な地域の現場から明らかにしようとする姿勢に共感するからであるが，この「問題設定」の仕方は，グローバル対ローカルという対立軸におかれた空間や「場所」への見方に修正を迫るものでもある。M.P.スミス（M.

P. Smith)は，グローバリゼーション論が前提としがちな，グローバル対ローカルという「二元論的枠組み（binary framework）」について，グローバルと対置される「閉じたコミュニティ」「抵抗のコミュニティ」と定義されるローカリティという問題設定は，移民やディアスポラといった越境者たち（border crossers）の増大がもたらす社会文化的，政治的な存在や実践の意味に気が付いていないと批判し（Smith 2001:111），D. マッセイ（D. Massey）の主張に則って，トランスナショナリズムの展開の中での「ローカル」を，「そこに特有の内在化した歴史や沈殿した性格が生みだすものではなく，現在の社会関係や社会過程や，経験等が同時存在することに関する理解から作り出されるものであり，しかもこれらの関係の大部分は限定された地域にだけ現われるものというよりはより大きなスケールの中で構成されたものとして考えられる関係が集う場」として，これを「場所」という言葉で提示する（Smith 2001:107; Massey 1991）[2]。筆者は，この「場所」概念を設定したうえで，そこでのアイデンティティの承認や交渉の過程を「場所の政治（politics of place making）」と定義しておきたい。

ちなみに，人々の移動とアイデンティティの承認，交渉が，こうした「場所」を作り出すということは，いわば「アイデンティティ」の問題に照準しながら社会分析が可能であることを意味している。だが，こうした「アイデンティティ」に基づく「差異」は，グローバル資本によって構造化された経済的差異に還元されない「差異」の構造の存在も意味している[3]。筆者は，こうした「差異」が，自らの居場所を作りだそうとする過程も「場所の政治」に結びつくことに注目したい。これが「トランスナショナリズム」に焦点を合わせることのもう一つの理由でもある。

具体的には，(1) トランスナショナリズムの展開のなかで，(2) そうした人々がいかなる行為主体として，母国（origin）と現住地（destination）を繋ぐトランスナショナルな行為に参加し，(3) これまでどのような編入と統合の過程に身をおき，(4) 現在，"異質な都市空間"のなかで，どのような地域主体としての位置を獲得し，アイデンティティを獲得しているか，

ということである。ここに，都市川崎の多文化・多民族経験を考える主要なポイントがある。

　以下，上記の概念を鍵概念として，都市川崎の多文化・多民族経験として，川崎区S地区の在日韓国人コミュニティの「場所の政治」とアイデンティティ形成過程を再検討してみたい。このなかから，どのような都市川崎の多文化・多民族経験の何を学びとることができるか，が本章の明らかにしたいことである。

3. 川崎市の多文化・多民族経験——川崎区S地区の在日コリアン人の「場所の政治」の過程に焦点を合わせて

　周知のように川崎市における多文化・多民族化は，主に，在日コリアンの存在を軸にして進んできた。それは，1939年のいわゆる朝鮮人の募集・強制連行から始まる。少なくとも見た目には，終戦とともに川崎の多文化・多民族化は，差別解消への人権運動から，自治体による生活保護を中心とする支援，そして参加型の共生へと変化してきたといえるが，しかし，こうした人権回復運動と多文化共生の歴史は，地域現場では，統合と排除のロジックと交錯しつつ，在日コリアンと日本人地域住民のアイデンティティの承認と交渉という「場所の政治」の展開として読むことが可能な時代に入ってきた。

　筆者は，専修大学社会科学研究所2003～2005年度特別研究助成「周辺メトロポリスの自立性に関する研究」プロジェクトの一員として，「グローバリゼーションの展開と都市研究の諸論点——都市川崎研究への前提的考察として」(『専修社会学』第17号，2005年) と「エスニックな文化的世界形成とMixed Communityとしての都市川崎の一位相」(『専修社会学』第18号，2006年) の途中経過報告を発表してきたが，特に，後者の調査報告論文からは川崎区S地区の在日コリアンの「ふれあい館」建設と「O地区再生運動」とコリアタウン建設運動に関する記述とその後の調査結果に焦点をあて，その後に調査実習の授業の一環ながら実施した「調査士実習の記録」

等も加えて，それらを「トランスナショナリズム」と「場所の政治」「差異の政治」の観点から改めて整理することで何が学びとれるか試みてみたい。

(1) エスニック集団としての人権運動の展開

　川崎S地区の在日コリアンの「場所の政治」の展開過程を見ていく上で，それが人権運動として始まり，そして都市再生への地域的動向のなかで，どのような住民対応のロジック，及び行政の対応ロジックを展開したかを見ておくことが必要になる。

　特に川崎S地区における在日コリアンの人権運動と，アイデンティティの拠点としての「場所」形成の歴史的展開の先鞭をなす活動は「川崎基督教会」によってはじめられた。神奈川と朝鮮の関係史調査委員会編『神奈川と朝鮮――神奈川と朝鮮の関係史調査報告書』神奈川県渉外部（1994）によれば，終戦時に川崎市には8,157人，横浜市で15,872人の朝鮮人が居住していたとされているが，特に川崎の場合，S地区，I地区を中心とする地域に集住地が形成されていた。ここに1947年に韓国基督教会によって「伝道所」が開設され，これが1952年に，「川崎基督教会」として設立される。そしてここがその後の川崎市の在日コリアンを中心とする人権運動そして多文化共生活動の中心となる（川崎教会編 1997）。

　ところでこの「川崎基督教会」が人権運動に動き出すのは，1970年の日立就職差別を横浜地裁に提訴した事件の支援運動であった。この運動に注目するのは，ここで同教会が自らの民族的アソシエーションである「福祉法人青丘社」を設立することである。

　すなわちこの運動と同時に，「川崎基督教会」は，1974年に，「社会福祉法人青丘社」を開設し，S保育園父母，青丘社とともに，川崎市に児童手当支給と市営住宅入居を訴えることになり，こうした運動に後押しされるように川崎市行政も生活保護路線を基本的に採用し，市営住宅入居国籍条項撤廃，外国人児童手当条例を制定する。

(2) エスニック集団としての人権運動から「場所」形成の運動への展開

こうした人権回復運動と生活保護路線が，民族の権利獲得運動からさらにアイデンティティの承認と場所形成の運動として展開するきっかけをなしたのが1988年の「ふれあい館」の設立とその後のコリアタウン建設運動および外国人市民会議の経緯である。川崎市「ふれあい館」は，川崎市が建設し，事業は「社会福祉法人青丘社」に委託して，マイノリティの人権を守り，地域社会のコミュニティ施設としても機能することを目指す施設として設置されたものである（川崎市ふれあい館・S子ども文化センター編　1993）。

ところで，なぜこうした運動が，民族的権利の獲得運動としてだけではなく，上記のような意味での自らのアイデンティティの「場所」形成として発展することになったのか。上記の運動のなかでは，その背景として，S地区自体が，1981年の難民批准法の締結から90年の「出入国管理及び難民認定法」改正に至る一連の法改正といわゆる難民やニューカマー移民労働者の増加の影響を受け，運動の核が，多文化主義的な様相，すなわちエスニックな人権回復運動中心主義を核としながらその実現のためにはそれを地域社会全体の問題として戦略的に展開せざるを得ない状況になったことが大きいと筆者は考える。筆者は，コミュニティを構成する他住民とのあいだでのアイデンティティの承認，交渉が余儀なくなったことにまず注目しておく必要がある。

実際川崎市では，この当時，社会人学級にカンボジア難民が入級し，川崎市長も，「外国人登録時の指紋押捺拒否者告発なし」の声明を出すに至っており，また，「川崎市外国人教育基本方針」が制定され，こうした運動への積極的な対応も目立ち出した。また，実際このころの「ふれあい館」建設趣意書も，これが単に在日コリアンの権利回復のための施設ではなく，コミュニティ施設であることを強調し出している（ふれあい館・Sこども文化センター編　2005）。そのなかで，在日コリアンとしての運動も，自らの生き方の意味づけやアイデンティティや誇りを意味づけたり理由付けたり支える場，社会的世界，文化的領域をいかに作り出していくのかが問題になる。ま

さに「自分たちの世界を見通し、そこに住みつき、独自の世界を築く」ことが必要になった。

　もちろんここでそうした「場所の形成」は複雑な様相を呈した。すなわち問題は、日本人住民の反応であった。実際、ここでは、1987年に、「ふれあい館」の管理運営の民営化反対住民との協議が再三行われている。「ふれあい館」の建設をめぐっては、S地区1丁目町会が、1987年に市長に公開質問状提出し、そこでは、「韓国・朝鮮人以外のものが排除される懸念」とする言わば互いの住民のアイデンティティをめぐる承認と交渉が行われ、「地元では差別はない」旨の表明がなされている。そして、最終説明会が近隣4町内会を対象に行われている（川崎市ふれあい館・S子ども文化センター編 1993:93）。

　筆者はここに臨界点に至ったときの「同一性を強調するロジック」を見るが、実はこの日本人住民側のロジックは、その後の、セメント通りを中心とする「コリアタウン」建設の際の住民の反対ロジックとも重なってくる。

(3) エスニックな文化的世界形成の諸動向と川崎市の対応

　川崎市における在日コリアンを中心とする人権回復中心の運動がさらに社会的世界、文化的世界の形成、「場所」形成へと展開していくのが、1994、5年ごろである。もちろんここには1990年の「出入国管理及び難民認定法改正」以来のニューカマーの増加が背景としてある。実際、後述するように企業の流出のあとの都市再生はこれ以降重要なテーマとして続くし、1988年には、韓国朝鮮9,385名、中国籍1,710名、ブラジル・ペルー籍569名だった外国人登録者数が、「出入国管理及び難民認定法改正」施行された1990年には、韓国朝鮮9,559名、中国2,386名、ブラジルペルー1,658名、となり、1991年には、韓国朝鮮9,775名、中国2,606名、ブラジルペルー1,803名と増加する。特別永住許可を所有している韓国・朝鮮人の日本社会への帰化は、俗に年間1万人と推定されることを考えれば、上記の数字の韓国・朝鮮籍の人々の増加は、ニューカマーの増加とみることもできるので、その

増加は見逃せない（川崎市資料　1995）。

　こうした状況を背景に，川崎市S地区の運動がその文化的世界の形成の試みを地域社会全体へと拡大していく象徴的な出来事が，「ふれあい館」・町会・商店会・川崎焼肉料飲業者等が主体となって作った「O地区街づくり協議会」であり，彼らの作った「O地区街づくりプラン」であったと筆者は考える。この街づくりプランは，その背景に1980年代半ば以降進む川崎南部地区からの企業の都心回帰による川崎南部地区の再生というテーマがあった。このなかで，自らの場所の形成は川崎の都市再生の議論「2010年川崎プラン」と結び付く（O地区まちづくり協議会編　1991）。実際，「O地区まちづくりプラン」では，O地区，H地区，I地区，I新町地区，S地区を「ニュー下町・エスニックタウン」として位置づけ，再開発の目玉として位置づけがはかられている（O地区まちづくりプラン　1993:6）。

　こうした「場所」形成の運動を，エスニック・コミュニティの形成として提示したもう一つの例として，川崎焼肉料飲業者（コリアタウン実現を目指す川崎焼肉料飲業者の会12名）を中心とした「川崎コリアタウン設立準備会」の結成と，翌年の，川崎コリアタウン設立準備会(2世中心22業者)による「川崎コリアタウン協会設立に向けて」提出がある。

　「場所」形成という観点から注目されるのは，ここで，在日コリアンの運動が，現実の韓国にではなく，自らが生まれ育った川崎を在日コリアンの「ふるさと」と明記し，それと街づくりを結び付けようとしている点である。川崎コリアタウン協会設立準備会編『川崎コリアタウン構想試案』には，「在日コリアンは，ゆくゆくは帰国することを前提にしていたが……在日コリアンの中で永住帰国を考えているものはごく少数になっている（ので）……定住永住地日本とのかかわりをどう持っていけるのか」が課題になることが明記されている（川崎コリアタウン協会設立準備会編　1995:2）。

　実際前述のように，コリアタウン建設の挫折は，セメント通りの地権者の80パーセントが日本人であったとの，同タウン建設に関わったN.M氏（コリアタウン建設の会長は在日二世のR氏であり，N.M氏は当時の副理事長

であった）の証言があるし，筆者のインタビューにおいて，「ふれあい館」の館長である P.J 氏の表現のなかにも，「街づくり協議会は，始めて共生を旗印にしたものだが，実際には，コリアタウンというと日本人が追い出されるのか，という話になってうまくいかなかった」と語っている。

ところで，こうした「場所」形成への動きは，都市自治体の制度形成によってさらに新たな段階へと展開したことについても我々は注意しておく必要がある。ここで注目されるのは，「川崎市外国人市民会議」の制度化である。この「川崎市市民会議」の制定は，1996 年に，前年から岸和田市から提出されていた外国籍住民への選挙権付与請求にたいする最高裁判決を受けて設置されたものだが，「国民と住民とを明確に区別し，地方政治は地域住民の福祉を図ることが直接の目的であり，自治体を支える住民の意思は国家レベルでの意思とは性格が異なる」ことを表明した点で，きわめて重要である（川崎市外国人市民代表者会議調査研究会編　1995:6）。基本的に川崎市はこの，国民と市民との区分けを踏襲し，川崎市外国人市民会議を立ち上げることになる。

（4）新たなアイデンティティの形成と川崎の多文化・多民族経験

筆者は，2008 年度「社会調査士実習」の授業でアジア都市川崎の現在をテーマとする調査を実施した。その結果は，『2008 年度社会調査士実習報告書　グローバル化とアジア都市川崎のアイデンティティ』という報告書として拙いながらまとめてきた[4]。

本調査の目的は，ASEAN や東アジア共同体構想等アジアにおける経済的，政治的，社会的なレベルでのトランスナショナルなネットワーク形成が進む中で，都市川崎は，川崎という「場所」としての個性をどのように打ち出しているのか，関係者の経験のレベルで感受したいというのが趣旨であった。聞き取り調査の対象は，川崎市「総合企画局」「経済局アジア支援室」「子ども・人権・男女共同参画室」への合同インタビューを皮切りに，履修者各グループが設定した対象機関・人々に，アジアとのつながりを探るという構成をとっ

た。第一のグループは，川崎市の都市としての拠点性と都市の方向性の変化に関する問題関心群を中心とするグループであり，都市としての構造変化やシティ・イメージ戦略，横浜市との違いなどの関心が含まれた。第二のグループとしては前出の「アジア起業家村」を中心にした起業家たちの実践に関する問題関心群であり，このなかには，留学生のネットワークに関する関心も含まれた。第三のグループとしては，「川崎市ふれあい館」に象徴されるような，川崎に蓄積されてきた在日コリアンや他のアジア地域の人々との民族関係に関する問題関心，第四のグループとして，国際交流や多文化共生に関わる現状に関する問題関心，そして最後に第五のグループとして，川崎を舞台として展開する映画に象徴されるポピュラー・カルチャーに関する問題関心であった。聞き取り調査の対象は，「川崎市商業観光課」「川崎市国際交流センター」「アジア企業家村に入居企業」「川崎市ふれあい館」「横浜市経済観光局」「日本映画学校」等々に及んだ（広田研究室編　2008）。

　本章に関連する限りでこの調査結果からの成果を述べれば，第一に，川崎ふれあい館の建設を契機に顕在化した在日韓国・朝鮮人の「場所の政治」が，「共生」過程のなかで，彼らの「アイデンティティ」の新たな方向性を確実に作り出してきたことが挙げられる。そしてそこには「アイデンティティの政治」も「共生」過程の中で展開する新たなロジックも見られる。その位相の一端は「川崎ふれあい館」館長Ｐ氏への次のインタビュー書き起こし記録に見ることができる。少し長いが抜粋を引用したい。二者択一ではない，トランスナショナルな生き方に関する表現に筆者は注目したい。

　　「10 年前，20 年位前かな。そのころのその考え方っていうことっていうのは一般的にはやっぱり帰化をする人間に対しては否定的な捉え方をしていたね，民族の裏切り者みたいなね。そういう風にとらえることが多かったね。私もまあ，そこまで，裏切りものまでは思わないけど，私も否定的な捉え方をしていました。でも，最近は帰化ついての考え方が変わってきて，それも

在日韓国人の生き方の選択肢の一つであるという風に考えるようになりました。というには在日韓国人も年代が変わってきて，私はどっちかというと1世に近い2世なんだけども……（中略）……孫なんてもう4世なわけだ。そうすると今の日本社会の中に適応して生きて行くってことを考えた時に日本国籍があるなしでは，生活しにくいっていうのがまだまだ残っているわけだよ。これからも日本社会の中で住み続けていく，生きていくってことになれば，その一方で，国家制度という枠，国籍，国境の壁を低くしていかねばならないっていう考え方は一つあるんだけども，その国家制度の体制の中では国籍をとって行くってのも一つの生き方，方面じゃないかと。ただし……だからといって自分の民族を否定するような形で帰化していくっていく風なことはしてほしくないなと。かつては二者択一の選択を迫られていた……日本に同化するか，帰るか。同化か帰郷かっていう二者択一っていうのは一つあったけれど。もう時代としてはもうそういう生き方じゃない。例えば，日本名を使って生きるっていう生き方っていうのは，時代の変化の中では肯定をしていくべきじゃないか。100%否定するのではなくて。」（傍点筆者）（広田研究室編　2008：48）

民族的アイデンティティについてはどう変化したか。P氏は続けて次のように語っている。

「自分が朝鮮人である，韓国人であるっていうことを隠したりしない。だけど日本名を使って自分は生きていく，そういうのも一つの選択肢のうちの一つだと思う……（中略）……だから在日韓国・朝鮮人も生き方の選択肢が増えてきたっていう風にとるべきだ。だから帰化するっていうのも一つの生き方。だけど，自分は韓国人・朝鮮人であるということの否定はしない。それから日本名を使って生きる。国籍は変えないけど日本名を使って生きる。これも一つの生き方という風に多様化した生き方を肯定していく……（中略）……自分に連なってくる民族的なものを排しない生き方であれば認めていくべきなんじゃないかなという風に思う」（広田研究室編　2008:46）。

「民族というけど民族って一体何だろうか。何を担保すればその民族性があるという風に言えるのか。言葉なのか，国籍なのか，血なのか。国の何か。国の絶対性とは何か，国籍ってことになると韓国籍があって，日本籍があって，朝鮮籍があって。多様化している……（中略）……民族のアイデンティティ，アイデンティティにも色々ある。ナショナル・アイデンティティ，エスニック・アイデンティティ。その人の生き方を通してのアイデンティティにもいろいろあるけども。でも，今言われているアイデンティティというと，みなアプリオールにエスニック・アイデンティティと捉えてしまうけども……エスニック・アイデンティティをどこに置くのか言葉でもない，国籍でもない，血でもないっていう風になってきた。民族的な主体性があるかって言い切れない。私はある時，自分に連なるものの一切を否定をしない。受容する。自分が韓国人であり朝鮮人であり受容する。あるいはダブルであるってことも受容する。否定はしない。受け入れていく。この受け入れるっていうのは簡単なようで難しい。自分に連なる一切を否定しない，これが民族の主体性であるっていう風に私は私なりの結論を出した」（広田研究室編　2008:46）。

　筆者はここに，「トランスナショナリズム」の展開のなかでの「場所」における多文化・多民族経験の一つの様相が見えると考える。前述のように，AでもなくBでもなく，同時にAでもありBでもあるような「場所」が川崎S地区に出現する状態を想定する時，アイデンティティの居場所を求めようとする活動が「場所」を作りだす例のひとつをここに見てとることができると考える。

　さらに筆者は，こうした「場所の政治」の展開は，都市川崎の様々な場面において多文化・多民族経験の新たな諸相を展開してきた，と考える。
　現在の「共生」問題に先行して経験し蓄積してきたこの「場所形成」の運動は，川崎の多文化・多民族経験を特徴づけていると筆者は考える。それは本来，グローバル化のシステムの中に組み込まれた制度を支える人々の実践

としても見え隠れする。

　例えば，一つの例として「川崎市アジア起業家村」の事例をもう一度見てみよう。これは，経済のグローバル化のなかで，都市川崎が特にアジアにおける研究開発拠点を目指す一つの事例なのであるが，これにしてもグラスルーツな人々のトランスナショナルな移動と日常的実践に裏打ちされて成り立っているように筆者には思われる。

　前述のように「川崎市アジア起業家村」は，平成15年に国際環境特区が神奈川県と川崎市の共同申請で認定され，在留期間の延長などの規制緩和が活用され，在日の外国人起業家の受け入れと支援が行われている。通称THINKと呼ばれる拠点が，川崎市南W地区にあるJEF所有の研究施設群の一角を借りて，平成19年現在，約21社が入居している。「社会調査士実習」という調査実習授業の一環ではあったがその聞き取り調査からは，過去において中国への留学経験をもつ一人の起業家が，学生時代からの活動のなかでこのアジア起業家村プロジェクトを知り，入居して初めて「ビジネスプラン」や「賃金調達」のノウハウを学び，上海と川崎の二つの都市を行ったり来たりしながら起業活動が，日常生活のなかでの二つの場所の関わりを背景にして初めて可能になる現実が描き出される（広田研究室編　2008:50-61）。無論，起業家村入居者にとってもアジアにおける研究開発としてはむしろ上海が上位であり，川崎は経済活動の場所としても世界都市東京の陰に隠れる現実も描かれる。しかし，少なくとも，アジア都市川崎における多文化・多民族の共存の歴史，場所の政治の歴史を背景があってアジアの起業家の実践が成り立っているのではないか。この地区も，彼らの生活が刻印された地域である。

　また同上の調査での「国際交流協会」「川崎市国際観光課」への聞き取り調査からは，特に「音楽のまち・かわさき」「アジアンフェスティバル」プロジェクトに携わる過程で，担当者の話から「川崎らしさを求める過程でアジアが出てきた」という言葉が出，改めて川崎が「中国，韓国（そして独特の文化をもつという意味で沖縄の出身者たち）が労働者として住んだ」場所

であることを「川崎らしさ」として積極的に認識して行こうとする姿勢も感じられる。同時に多文化共生プログラムを,「芸能人を呼んでの」「一過性の」イベントしてではなく,「常に発信し続けることで定着してくることに重点を置く」という方向性も,一見地味でありながら,しかし,既述のような「場所」を巡る民族関係の経験を積み重ねてきた川崎らしさ・川崎の歴史性を表現していると筆者には感じられる。また「アジア都市」としての川崎の個性は,「日本映画学校」での聞き取り調査からも読み取れる。韓国からの留学生の言葉によっても川崎が蓄積してきた,映画を通じてのポピュラー・カルチャーの発信地としての側面が現在に再生されていることが読み取れる (広田研究室編 2009)。

　都市川崎は,重化学工業都市として,また,グローバル化の中でのアジアの研究開発都市として,制度的側面から描かれることでその特徴が捉えられることも確かであるが,しかし,冒頭に述べた H 町でのグラスルーツな人々の出稼ぎのエスニック・ビジネスや S 地区における「場所の政治」の歴史と現在,そして「調査士実習」での聞き取り調査の結果からは,「アジア都市」として共有されるもう一つの多文化・多民族経験が川崎に埋め込まれている状況も読み取れる。それは,世界都市という大仰な姿ではなく,グローバルがローカルを圧倒する側面でもなく,文化的,民族的にさまざまな境界が交錯する「場所」における「アイデンティティの政治」の結果到達した新たなアイデンティティの出現と,「場所の政治」の結果もたらされた共存の手法ではないか,と筆者は考える。

おわりに──川崎型の「場所の政治」と共存の手法について

　筆者はこれまでニューカマーの外国人居住者の集住する様々な地域で,「差異の政治」「場所の政治」の発生を見てきた。特に,群馬県大泉の場合の「場所の政治」の展開についてはすでに報告済みである (広田 2009)。

　トランスナショナルな人々の移動と定住にもとづく,いわゆる外国人集住

地区の形成は，必然的に「差異の政治」と「場所の政治」をもたらしてくる。日本社会において動き出しているこうした「場所の政治」の中にあって，川崎市が経験してきた多文化・多民族経験とくに「場所の政治」の展開はどのような意味をもつのか。最後にこの問題について触れて本章の終わりにしたい。

　ここで相互参照したいのは，唐突なようであるがアメリカ合衆国における多文化・多民族経験である。戴エイカによれば，アメリカ合衆国における人種民族の「多様性と統合」の過程は，1890年代から1910年代に至る「アングロ・コンフォーミティ」や「メルティングポット」論に象徴される同化主義の時代から1930年代―50年代にかけての文化多元主義の時代を経て，1960年代のエスニック・グループの政治化，そしてこの思想を受けた「コーポレイト多元主義」，そして1980年代の「多文化主義」の時代へと変遷していくと言われる（戴　2001:38-82）。

　多文化主義は周知のとおり，エスニック・アイデンティティを追及することを実践的な戦略として「アイデンティティの政治」を主張し推し進めた（戴　2001:49）。「ふれあい館」に象徴される川崎の多文化・多民族経験の過程は，こうした流れに相互参照させると，アメリカ的な「アイデンティティの政治」と，日本的な「共生」過程の展開とが，共通性も持ちつつ独自性を主張しているように見える。とりわけ「ふれあい館」館長Ｐ氏の話は，「差異化されたシチズンシップ」（アイリス・ヤング）の考え方と一脈通じるところが見られるが極めて日本的な手法を暗示していると筆者は考える。それは，同質化を強要する「共生」ではなく，「異質性を前提にしつつ，連なるものを否定しない共生」を求める運動であり，筆者はこれこそ，川崎の多文化・多民族経験から難産の末に生まれた一つの到達点のように思われる。

　もちろん川崎における「場所の政治」は，はじめは民族問題としての文脈において先鋭的に運動が展開され，近年の「トランスナショナリズム」の展開を背景にして，一種の「多文化主義的」運動とオーバーラップしたものと筆者は理解する。その点では，近年のいわゆる「外国人労働者集住地区」に

おける話とも歴史は違うにせよ共時的な経験でもある。それは，特に，単一民族地域の形成というよりは，むしろ混合コミュニティ形成の政治学＝それぞれのアイデンティティの承認と交渉の過程を引き込んで初めて成立する「共生」の過程であり，この点ではトランスナショナルに相互参照が可能であると筆者は考える。そしてここには「異質性をあえて引き受け受容する」活動家の存在がある。ちなみに，日系ブラジル人の集住地として有名な群馬県大泉町においても日系ブラジル人の増加とともに「リトル・ブラジル」としての様相を強め，まちづくりの一環として地元日本人住民の商工会と共同して「ブラジルタウン」の形成を目指しているが，ここにも「他者性を引き受けたキーパーソン」の活動が鍵的役割をはたし，いかに混合コミュニティを作り上げるかが鍵となっている（広田　2009; 2010）。

　川崎の多文化・多民族経験は，例えば鋼管通りの「コリアタウン」形成運動時における日本人住民の違和感やふれあい館設立時の日本人住民との対立経験を経ながら常に更新されていくものであろうが，「何も否定せず」というロジックによる乗り超えの経験は，日本社会に顕在化しがちな「同化」論かその否定かという二者択一的な闘争の論理とは異なる次元の方向性を提示するものであると筆者は考える。

　本稿の冒頭で，現在の都市川崎市の置かれた状況を，フォーディズム以降のポストメトロポリスにおける都市のイメージを提出したE.ソジャは，ポストメトロポリスの時期の空間の特徴として，H.ルフェーブルの「空間論」を参考にしながら「空間の実践（知覚される空間）」「空間の表象（思考される空間）」「表彰の空間（生きられる空間）」概念の混じった独自の「第三の空間」のイメージを提出した。ここで言う「第三の空間」とは，カステルらが提出したマルクス主義的還元主義に代表される二つの要素や概念間の排他的な二者択一的な対立と総合が成立する空間ではなく，「その二元的前件の付加的結合というよりは，むしろ類似すると同時に著しく異なる開放的なオルタナティブを生産する，前定された全体の撹乱，脱構築」が展開する空間という問題提起をしている（ソジャ　2005:81）。

だが本章で指摘されるのは，それよりもより混交し重なり合った「場所」における「差異」の出現を念頭においたうえでの「すべてを受け入れつつ」展開する共存の手法を暗示していると筆者は考える。

この川崎における多文化・多民族経験は，現在のトランスナショナルな移動の結節点としての「場所」に起きている「共生」「場所の政治」「差異の政治」の展開への重要な示唆となると筆者は考える。

＊本稿は，専修大学社会科学研究所2003年度特別研究助成「周辺メトロポリスの自立性に関する研究」における筆者の途中経過報告として，文学部社会学専攻紀要『専修社会学』に掲載した，拙著．2005.「グローバリゼーションの展開と都市研究の諸論点——都市川崎研究への前提的考察として」（『専修社会学』第17号）と，同．2006.「エスニックな文化的世界形成とMixed Communityとしての都市川崎の一位相」（『専修社会学』第18号）の二本の調査報告論文をベースに，その後筆者が担当した『社会調査士実習　報告書』でのインタビュー記録を素材に，「トランスナショナリズムと場所」研究の視点から再整理したものであることをお断りしておく。

【注】
1) この背景にはカルチュラル・スタディーズや移民研究の影響がある（Smith and Guarnizo 1999:5)。スミスのこうした研究立場についてサラ・マーラー（Sarah. Mahler) は「トランスナショナルなグラスルーツ・ポリティクス（transnational grassroots politics)」の研究と呼んでいる（Mahler 2003:63)。
2) 日本の社会学のなかで，スミスとは立場が違うが，同じようにグローバル化の中での「場所」の概念規定を，マッシーの同様の定義を用いて試みている研究として吉原直樹の研究がある（吉原　2008)。
3) トランスナショナリズム論の研究者たちが，「ポストコロニアル理性批判」について直接言及しているわけではない。ただ，G.スピヴァグに従って「ポストコロニアル理性批判」の特徴を「資本主義の物語」としてその脱構築を目指す立場は，「下からのトランスナショナリズム」と親縁性を持つことは確かである（Spivak 2006=2008)。
4) 本稿では「調査実習報告書」のインタビュー記録の書き起こし部分だけを引用している。

インタビューに関しては，川崎市総合企画局都市経営部企画調整課，経済労働局国際経済アジア企業支援室，市民・こども局人権男女共同参画室には，筆者も含めて履修学生全員でお話をうかがい，また「ふれあい館」その他の個別のインタビューに関しては，履修学生がそれぞれ4,5人ずつのグループを作り共同でインタビューを実施しそのテープの書き起こしをインタビュー記録として報告書に収めている。2008年度の履修者は21名で，調査授業補助（T.A.）は専修大学大学院博士後期課程横山順一氏であった。

【引用文献】
Basch, L., Glick Schiller, N., and Blanc, C. 1994, *Nations Unbound*. OPA.
広田康生，2005，「グローバリゼーションの展開と都市研究の諸論点――都市川崎研究への前提的考察として」『専修社会学』第17号．
広田康生，2006，「エスニックな文化的世界形成とMixed Communityとしての都市川崎の一位相」『専修社会学』第18号．
広田康生研究室編，2009，『2008年度社会調査士実習報告書　グローバル化とアジア都市川崎のアイデンティティ』（非売品）．
広田康生，2009，「ローカルアイデンティティ・ポリティクスの展開と『共生』の意味世界――場所と差異の政治学の可能性」日本都市社会学会第27回大会自由報告レジュメ．
広田康生，2010,「トランスナショナリズムと『場所の政治』」『専修大学人文論集』（2010年3月刊行予定）．
石塚裕道，1991，『日本近代都市論』東京大学出版会．
神奈川と朝鮮の関係史調査委員会編，1994，『神奈川と朝鮮――神奈川と朝鮮の関係史調査報告書』神奈川県渉外部．
倉沢進編著，1999，『都市空間の比較社会学』放送大学教育振興会．
川崎市編，2004，『川崎市新総合計画　基本構想案』．
川崎教会編，1997，『川崎教会50年史』在日大韓基督教会．
川崎市ふれあい館・桜本子ども文化センター編，1993，『だれもが力いっぱい生きていくために――川崎市ふれあい館事業報告書88〜91』．
川崎市ふれあい館・桜本子ども文化センター編，2005，『だれもが力いっぱい生きていくために――川崎市ふれあい館事業報告書88〜07』．
川崎市経済労働局国際経済・アジア企業支援室編，2008，「川崎市アジア経済起業家村等の経済交流」．
川崎市人権・こども男女共同参画室資料，2005，「国籍別外国人登録者数」．
川崎コリアタウン設立準備会編，1993，「川崎コリアタウン協会設立に向けて」．
川崎市外国人市民代表者会議調査研究会編，1995，「仮称・川崎市外国人市民代表者会議調査研究中間報告書」川崎市外国人市民代表者会議調査研究会．
Levitt, P. 2001, *Transnational Villagers*. University of California Press.
Mahler, S. 2003, "Theoretical and Empirical Contributions Toward a Research

Agenda for Transnationaoism", Smith, M. P. and Guarnizo, L.(eds.) *Transnationalism from Below*. Transaction Publishers.

Massey, D. 1991, "The political place of locality studies". *Environment and Planning*.

おおひん地区まちづくり協議会編, 1993, 「おおひん地区まちづくりプラン」.

Smith, M. P. 2001, *TRANSNATIONAL URBANISM*. Blackwell.

Smith, M. P. and Guarnizo, L. 1998, *Transnationalism from Below*. Transaction Publishers.

Soja, E. 2000, *Postmetropolis: Critical Studies of Cities and Regions*. Blackwell.

Soja, E. 2000, *Third Space*. Blackwell. (=加藤政洋訳, 2005, 『第三空間』青土社)

Spivak, G. 2006, *Conversations with Gayatri Spivak*. Seagull Books. (=大池真知子訳, 2008, 『スピヴァク みずからを語る』岩波書店)

Wieviorka, M. 2001, *La Difference*. (=宮島喬・森千香子訳, 2009, 『差異』法政大学出版局)

吉原直樹, 2008, 『モビリティと場所』東京大学出版会.

第5章

堺と川崎の防災まちづくりを考える
―― 堺市湊西地区と川崎市多摩区中野島町会における「結果防災」をめぐって ――

大矢根 淳

はじめに―紀州街道に路地の井戸，長屋門

　堺市建築都市局・都市整備推進課のIさんに「湊西まちづくり」の現場を案内していただいた（2007年2月6日，堺市役所各部局聞き取り調査[1]の一環として）。そこでまず目に入ってきたのは，路地の井戸（写真①②）と長屋門（写真③④）である(写真①～⑲は筆者撮影2007年2月, 2009年9月)。
　井戸は飲用には適していないが，打ち水や花の水遣りに日常的に利用されている。長屋が並ぶ路地に一つ二つずつ，こうした井戸が残されている。

①路地の井戸　　　②路地の井戸

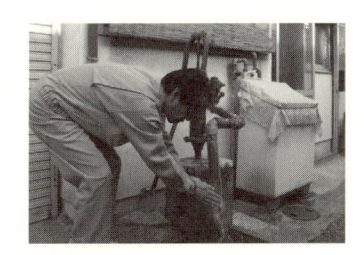

③長屋門

④長屋門をくぐって

　ついで目にとまったのが長屋門で，歴史的な街並みのそこここに，戦前期に建てられた木造の長屋とその入り口（門）が残っている。こうして残されている古い街並みには，路地と建て込む家屋（長屋，文化住宅：写真⑤⑥）や，旧郵便局（⑦），民家（⑧）などが目を引く。

　一方，こうした古い街並みの更新（建替等）も徐々にではあるが進められてきている。建築基準法に基づき，建替に際してはセットバックされて（写真⑨⑩），道幅が確保される。

⑤路地と長屋 　　　⑥路地と長屋

⑦旧堺市湊郵便局　⑧民家

⑨立て替えでセットバック　⑩建て替えでセットバック

　こうした街並みの更新が，ここ湊西地区では「地域まちづくり活動」（市民協働課）として行われてきていて，したがって少しずつ徐々に進められてきている。法定再開発事業が面整備として一気に行われているのではない（写真⑪⑫）。

　この一連の事業は，密集市街地の整備事業（住宅市街地総合整備事業）であって，全国諸地域で行われている事業と法制度上の枠組みは同じである。しかしながら堺市では，こうした市街地整備を一義的に都市局管轄の都市整備として位置づけるのではなく，市民活動の一部として位置づけ，それを市が，市民協働の地域まちづくりとして支援しているところに特徴がある。法定事業の地元受け皿としての「まちづくり協議会」が設けられていないのも大きな特徴の一つである。

　本稿では，こうした堺市の密集市街地整備の実例を紹介しながら，市民協

⑪徐々に進む面整備

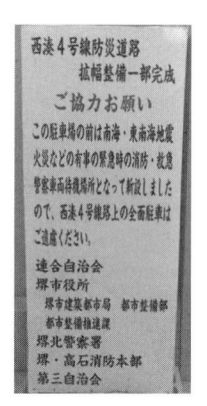

⑫徐々に進む面整備[2]

働のまちづくりのしくみが醸成されてくるプロセスを検討してみようと思う。(暫定的に) 結論を先取りして言えば，地元街区独特の歴史的文化的社会的背景のもと，阪神・淡路大震災 (1995 年) の復興まちづくりの現場の難しさを一つの教訓にして，行政当局が民意を反映したまちづくりの仕組みを独自に創設し，それを (阪神の震災復興の難しさや地元の体制・履歴を体得している) 第一線の担当職員が巧みに果敢に運用 (適用) していった結果，徐々にではあるが的確に面的整備が進められることとなった。地元街区への愛着と，震災復興のような尊い痛みを独自に内面化しているからこその展開であって，そのような認識・経験のないところで「防災まちづくり」をただただ標榜して，木造老朽家屋更新を (新保守主義的都市化戦略のもとで) 推進しつつある首都圏[3]では，新たに創設されたまちづくり支援制度 (例えば「しゃれた街並み推進条例」東京都, 政令指定都市などで作られている「まちづくり支援専門家派遣制度」など) すらも，ブルトーザーのような再開発事業を正当化するアリバイづくりのように見えてしまう。堺市湊西地区の取り組みを紹介・検討しながら，首都圏・川崎の現状，可能性について例示・比較しながら検討を加えてみたい。

1.「ちょこっとガーデンプロジェクト」社会実験への接続

(1) 湊西地区概況

　ここで取り上げる湊西地区について概略を示す（図1）。湊西地区は現在では隣接する湊地区と合わせて新湊地区と呼ばれている。新湊地区のうち旧・湊西地区は，地区の西側を南北に走る南海本線（湊駅）と東側を走る路面電車・阪堺線（東湊駅・御陵前駅）に挟まれて，北に土居川，南に都市計画道路出島八田線に面する湊西小学校（2007年4月，湊小学校＝東湊町と合併して新湊小学校となる）があって，これらに囲まれる一辺4～500mの長方形の街区で，西（南海本線側）から出島，西湊，東湊の各町によって構成されている。湊西校区自治会連合協議会が地元の住民組織である。

　この地区は旧市街地の南部に隣接し，南海本線，阪堺線があって交通の便の良い地区で，また，紀州街道・小栗街道（熊野街道）があって，その沿道には歴史的なまち並みが形成されている。堺市中学校社会科副読本によると，

　　　戦争も末期になると，堺は1945（昭和20）年に5回の空襲をうけ，とくに7月9日夜半から10日未明にかけての空襲ははげしいもので旧市内のほとんどが火の海となり，1800人あまりの人々が死亡しました。竜神駅（今の南海本線堺駅近く）付近では，逃げ場を失った数百人の人々が一度に亡くなりました[4]。

とあるように，はげしい空襲に晒されたことがわかる。しながらここで検討する湊西地区は，環濠都市・堺の内川である土居川で延焼が止まり，焼けずに残った（図2，3の湊駅東側が現在の湊西地区あたり）ことから，明治以来の古い街並みが残ることとなった。つまり，大正期の旧都市計画法以来の諸規定，すなわち4m道路への接道義務規定すらも受けていない既存不適格の家屋・路地が豊かに現存している。

　このことは，都市行政の枠組みでは，

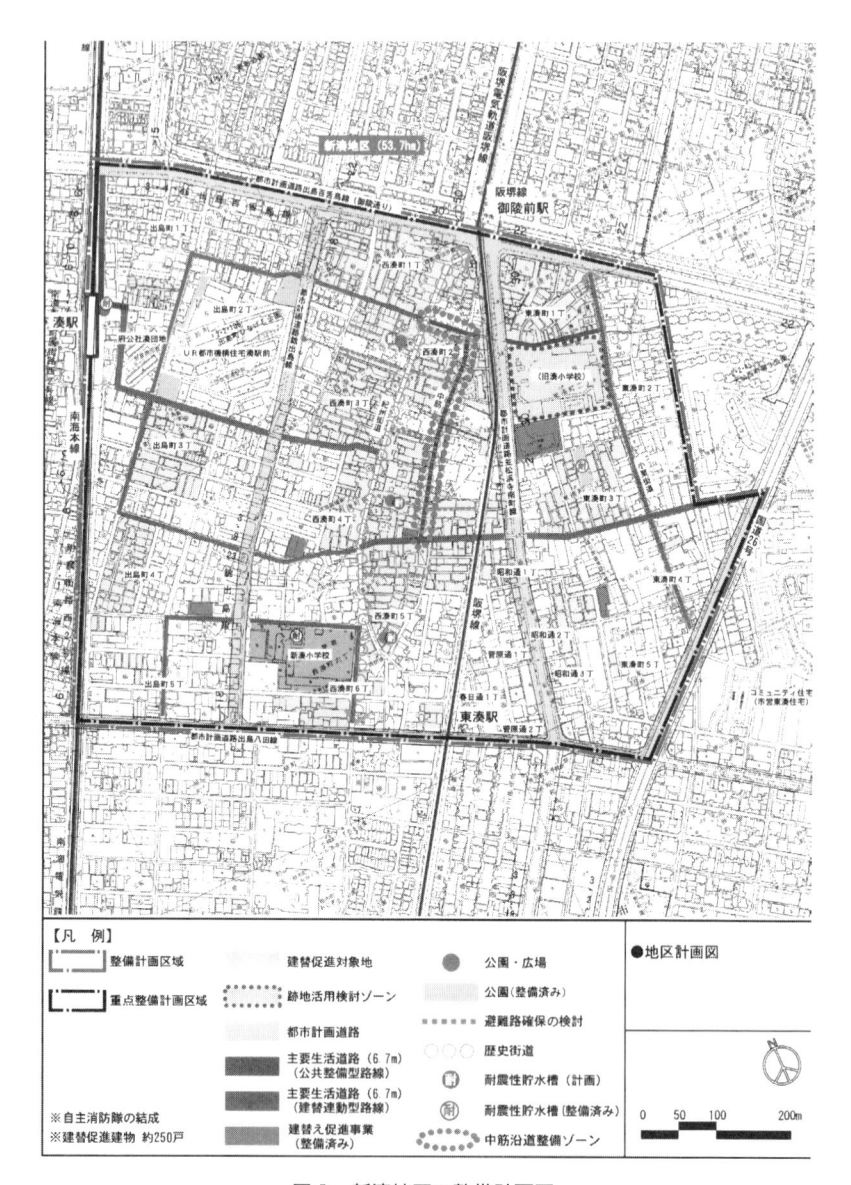

図1 新湊地区の整備計画図

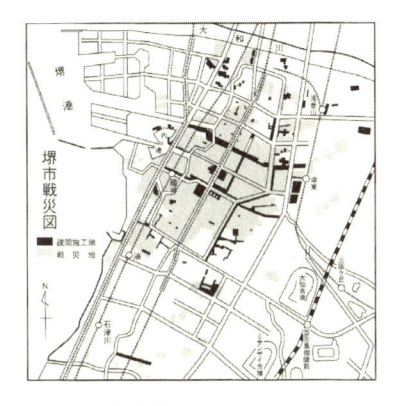

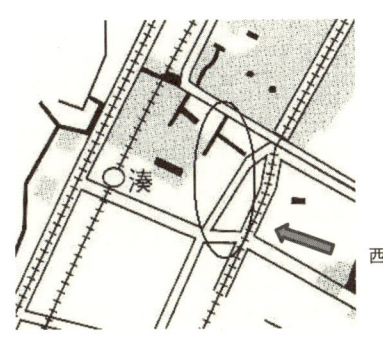

図2 堺市戦災図　　　　　　　　図3 湊西地区（戦災で焼失せず）
『堺市中学校社会科わたしたちの堺』p. 35 より

　現在では，戦前長屋等も老朽化が進み，空家も増加傾向にある。また，高齢化もすすみ，道路等の都市基盤も未整備なため，住宅や住環境上の問題も抱えている[5]。

とも表現されうることなのであるが，地域の生活現場では全く異なるとらえ方がされているところに着目しておきたい。
　戦災で焼失しなかったことで現存する多くの長屋は，つぶさに訪ね歩いてみると5つほどの姓をよく目にする。半2階建て，すなわち，階下が玄関・水回りに台所と一部屋があって裏庭がつく。ロフトのような中二階には天井の低い部屋が二つほどあって，総じて50㎡ほどの広さで2DKか3Kの間取りに相当する住宅が列なる長屋である（写真⑬）。中には隣り合う二軒を買い取って壁を取り除き，100㎡ほどの広さとしている家もある。したがって，借家もあれば，持ち家となっているところもあって，権利関係は複雑に入り組んでいる。
　家や路地が紀州街道に面していることへのプライドはことのほか高く，したがって老朽家屋であるからここを捨て去りたい，という意志に結びつくと

⑬建ち並ぶ長屋

はなく，子が結婚して家族が増えて他出することがあっても，近所で何かの都合で売りに出される物件があると吟味して買い取って住み戻る，数世代にわたる移動が多々あり，したがって先述したようにいくつかの姓が路地を挟んで，あるいは近くの路地の長屋に集まってくることととなる。

(2) 湊西地区整備計画

　平成5（1993）年度末，湊西地区整備計画は大臣承認を受け，西湊町4丁誘導建替（6戸）を皮切りにこれまで様々な事業に取り組んできた（表1）。誘導建替とは，老朽木造賃貸住宅を建替える際，整備計画において基準を満たせば，除却等費，建築設計費，共同施設整備費など，建替に必要な費用の一部に対し補助が受けられるものである（表2，表3）[6]。

　こうした地区の整備計画は，住宅市街地総合整備事業（密集住宅市街地整備型）として行われる。これは，老朽化した木造住宅が密集する地区の住環境を改善し，防災性を高めるために，老朽木造賃貸住宅などの建替を促進し，さらには道路や公園などの公共施設の整備など総合的で計画的なまちづくりを進める事業であり，「総合整備」と称されているように，ただ建物の建替だけではなく，そのための都市基盤整備，建替相談，公的住宅への入居斡旋，家賃補助など様々な支援制度が組み合わされている[7]。こうした，堺市のすまい・地区の環境改善の経緯は以下のように概観しておくことができる。

　堺市では，1998年度に『堺市都市計画マスタープラン』[8]をつくって，「ゾー

表1 堺市新湊地区（旧湊地区，旧湊西地区）の住宅市街地総合整備事業（密集住宅市街地整備型）

◇整備計画大臣承認　平成 20 年 3 月 31 日
　　（旧湊地区整備計画大臣承認　平成 2 年 11 月 6 日）
　　（旧湊西地区整備計画大臣承認　平成 6 年 3 月 31 日）
◇所在地　　東湊町 1・2・3・4 丁と 5・6 丁の一部，昭和通 1・2・3 丁，
　　　　　　菅原通 1・2 丁，春日通 1 丁，西湊町 1～6 丁，出島町 1～5 丁
◇地区面積　　53.7ha
◇地区の概要
　　新湊地区は，旧市街地の南部に隣接し，最寄りの駅は南海本線湊駅，阪堺線御陵前駅，東湊駅で，比較的交通の利便の良い地区です。同地区は，紀州街道・小栗街道（熊野街道）の沿道を中心に歴史的なまち並みが形成されています。一方，戦前長屋等の老朽化がすすみ空家も増加傾向にあります。また，高齢化もすすみ，道路等の都市基盤も未整備なため，住宅や住環境上の問題も抱えています。
◇事業の特徴
　　堺市密集住宅市街地整備促進事業制度要綱を制定し，大臣承認をうけた整備計画に基づき，老朽木造賃貸住宅の建替えを促進し，道路・公園などの公共施設の整備を図り，良好な住環境を形成するなど，防災性の向上をめざします。
　　平成 15 年度に，西湊町 1 丁～6 丁（約 17ha）が国土交通省から重点密集市街地として指定されたことを踏まえ，今後より積極的な事業促進をめざします。
◇支援制度等
・公共施設整備
　　主要生活道路や公園などについては，整備計画にもとづき市が整備を行います。
・老朽木造賃貸住宅建替の補助制度
　　老朽木造賃貸住宅を建替える際，整備計画にもとづき，〈個別建替〉〈誘導建替〉〈まちづくり建替〉の基準を満たせば，それぞれの種別に応じて除却等費，建築設計費，共同施設整備費など，建替に必要な費用の一部に対し補助がうけられます。
・建替え計画の相談などの支援制度
　　共同で建替えをお考えの方は，計画づくりの段階で建替計画作成補助金交付要綱により，計画の作成に要する費用の一部に補助がうけられます。
・公的住宅あっせん制度
　　建替えにともなって，既存住宅の入居者が公的住宅への入居を希望する場合は，公営住宅，公団住宅などの公的住宅に入居をあっせんします。ただし，収入基準など一定の要件を満たしていることが必要です。
・家賃補助制度
　　建替えにともなって，既存住宅の入居者が建替え後に再入居を希望する場合は，建替家賃補助金交付要綱により補助がうけられます。ただし，入居基準など一定の条件を満たしていることが必要です。
◇主な事業経緯
・東湊町 4 丁誘導建替（15 戸）：平成 4 年度
・西湊町 4 丁誘導建替（6 戸）：平成 6 年度
・出島町 4 丁誘導建替（19 戸）：平成 8 年度
・東湊町 2 丁西街区共同建替（70 戸）：平成 11, 12 年度
・東湊町みどりの広場整備（474 ㎡）及び耐震性貯水槽設置（40t）：平成 11 年度
・中筋重点拡幅区間の整備：平成 16 年度～
・湊西自治連合協議会と協働したワークショップ等のまちづくり事業：平成 16 年度～
・湊駅前公園予定地内耐震性貯水槽設置（100t）：平成 19 年度
・湊駅前公園整備（175 ㎡），湊駅前道路整備，湊西ぼうさい公園整備（982 ㎡）及び耐震性貯水槽設置（100t）：平成 20 年度

堺市　都市整備推進課 HP（http://www.city.sakai.lg.jp/city/info/_saikaihatu/miga1112.html）
資料より抜粋して引用

表2　建替事業補助の要件（抜粋）

	個別建替	誘導建替	まちづくり建替
施行者	土地所有者等		複数の土地所有者
敷地規模	150 ㎡	200 ㎡ ―	300 ㎡以上 協調建替の場合は敷地面積が 500 ㎡以上であること
建物形式	重ね建て住宅，連続住宅，または共同住宅であること		
建物構造	耐火または準耐火構造であること		
建物階数	―	地上階数 3 以上であること	
住戸規模	各戸の住宅専用面積が 39 ㎡以上 120 ㎡以下であること 各戸が 2 以上の寝室を有すること		
住宅設備	各戸が台所，水洗便所，収納設備，洗面施設，浴室を備えること		
その他	設備計画に整合していること 堺市密集住宅市街地整備促進事業制度にてきごうするものであること 大阪府民間賃貸住宅計画基準に適合するものであること		
	―	個別建替または協調建替による住宅であること	共同建替または協調建替による住宅であること
	―	・協調建替においては，建替の時期が異なる場合にも，計画期間中において，全ての建替が完了することが確実であること ・協調建替の場合，次の条件を満たす計画であること 　緑地，広場等の空地を一体的に確保すること 　形態または意匠で統一性をもつこと	

堺市都市整備推進課HP　http://www.city.sakai.lg.jp/city/info/_saikaihatu/arama1112.html より

ン別土地利用方針」（臨海ゾーン，都心市街地ゾーン，内陸ゾーン，丘陵ゾーン）を打ち出し，都心外縁にあって戦災を逃れた湊西地区あたりは「都心市街地ゾーン」のうちで「都市型産業・住宅ゾーン」に位置づけられて，「南海本線沿線のまち－湊－」として，老朽木造住宅等密集地区での良好な住環境づくり，旧街道の保全・整備がまちづくりのテーマとして設定された。

　その後，堺市住宅まちづくり審議会が，2005 年度に「都市居住魅力ある堺市を実現するための住宅まちづくり政策のあり方について」の諮問を市長より受けて答申[9]し，その中で，「堺市の住宅市街地の変遷と多様な地域特性から見た課題」としてニュータウン以外に，「旧市街地（環濠都市）」，「昭

表3 建替事業補助の内容(抜粋)

区分	内容	個別建替	誘導建替	まちづくり建替	補助
協同建替計画作成費	共同建替の計画作成に要する費用	—	—	○	補助対象経費の2/3を限度として補助
除却費等	木造賃貸住宅等の建替を行うため,除却を要する建築物の除却工事費等	○	○	○	除却に要する費用及び入居者の移転に要する費用の2/3を限度として補助
建築設計費	建替に伴って必要な建築設計費	—	○	○	補助対象経費の2/3を限度として補助
協同施設整備費	空地等整備費(遊び場・緑地等)供給処理施設整備費(水道・ガス)その他施設の整備費(廊下・階段等)	—	○(空地等整備費のみ)	○	補助対象経費の2/3を限度として補助

堺市都市整備推進課HP http://www.city.sakai.lg.jp/city/info/_saikaihatu/arama1112.html より

和初期に開発された住宅地」,「老朽木造住宅密集市街地」等を措定して,そこでは特に,「生活者の視点にたった総合的,包括的な施策の展開」をうたって,「市民にとって身近な地域を重視した施策の展開」,「協働のまちづくりの推進」を強調することとなった。

これに沿って2005年度には(財)堺市都市整備公社が「まちづくり啓発事業」(=「まちづくりを楽しく継続して進めるために」[10])においてシンポジウムや現地視察を重ねていくこととなった。本稿の後に触れることとの関連で,ここでは,この事業の中で,神戸市長田区御蔵地区への視察,まちづくり推進会との意見交換などが活発に行われたことを記しておく。

そして2008年度には「災害に強いまちづくり」の側面が強調されて,「都市計画マスタープラン」と併置されて『震災に強いまちづくり基本計画』[11]が策定され,湊西地区あたりは,「地区内の燃えやすさ」,「消防活動の困難性」,「建物倒壊による道路閉塞のしやすさ」,「火災の延焼拡大の危険性」の大きさから,「危険性が高いエリア」として特筆されることとなった。しかしながらここでは,それでは直ぐに市街地再開発を実施するとして一義的な防災まちづくりのシナリオを描くのではなく,ステップを踏んで「市民・地

区の取り組み」を構想している。すなわち,「ステップ１」＝「危険性を知る,意識を高め,体制を整える」,「ステップ２」＝「すぐにでもできる環境改善を実践する」,「ステップ３」＝「将来にかけてすまいやまちの環境改善を行う」として,「建て替え時（を待った）セットバック」や「地区のルールづくりによるまちなみの改善・保全」など，世代にまたがることもありうる時間軸を盛り込んで，すなわち，即効的な再開発に拘泥することなく，震災に強いまちづくりを進めていく基本的姿勢が明記されている。

　すなわち，法制度に基づいて即効的に法定事業を推進するのではなく，様々な施策・支援を組み上げてきていることが読みとれる。しかしながらこうしたことは何も堺市に限ってのことではない。一般的な趨勢でもある[12]。その上で，ここでは堺市，特に湊西地区に目を向けてみて，そうした一般的趨勢に加えて，この地区独特の事情・展開を記しておきたい。それが，「『銭で面張って借家人を追い出す』ことは決してしまい」という自戒と,「『まちづくり協議会』がない」という２点である。

　一般的に都市計画事業が進められるときには，地元の町内会・自治会を基盤にまちづくり協議会が設置されて，そこが法的根拠を持った（住民の総意を担保した）受け皿と認知されて，説明会や合意形成が進められていく。堺市の自治会組織は７区役所毎に区自治連合協議会が置かれ，それぞれの区自治連合協議会は小学校区毎の自治連合協議会（〇〇校区自治連合協議会）で構成され，校区内の自治会はその下に班や隣組を擁する。湊西地区は湊西校区自治連合協議会が地域を代表する組織となるが，丁単位や路地単位の開発行為の場合，その受け皿組織はより下位に設定されることとなるが，その際，湊西地区では，自治会下部組織（例えば班など）を機械的（自動的）に受け皿組織として設定することはしない，すなわち，開発行政推進の都合にそぐうように受け皿組織を設定することはしないという行政側のスタンスが明確に存在していることから，ここにはまちづくり協議会は存在しない。こうした伝統的な街並みの更新が現実として徐々に進められてきている模様に興味を抱き視察に来る者はみな，この点，すなわち，「開発行為の受け皿組

織であるまちづくり協議会が存在しないのに，なぜ事業は進むのか」との疑問を持つそうだ。

　その回答の一つが，「『銭で面張って借家人を追い出す』ことは決してしまい」という文句である。街区の豊かな生活履歴は環濠都市の恩恵でもあるし（堀のおかげで戦災としての延焼＝焼失を免れた），紀州街道とともにある豊かな伝統（地元のお祭りである「ふとん太鼓」など）に基礎づけられていて，阪神・淡路大震災の教訓がいかに大切なものであったとしても，例えば，街区の不燃領域率をあげるために（都市行政＝インフラ整備，の書面上の成績をあげるために），西湊の長屋群の更新を目的とした再開発は決して議題にのぼることはない。事業を担う市・都市整備推進課の密集住宅市街地整備担当のI主幹は，「ここの建て詰まり群（いわゆる「あんこ（市街地）」）は一気に更新するべきではなく，需要・時期（相続や建て替え等）に応じて進めるべきで，'ご覧のとおり'（写真⑨）徐々にではあるが着実に進んでいる。生活の履歴や地元の伝統は失われてはならない」[13]と強調する。それだけ戦災を免れた100年超の地域の生活履歴は重たい。

　したがって，機械的・形式的にまちづくり協議会を設定して法定事業を進めるスタイル（認可されれば強権的に（「銭で面張って…」）事業は進められる）は官民ともに否定していて，事業担当者が数世代のスパンで居住者とコミュニケーションを重ねて関連事業の需要・時期を見極めた上で，複合的な手法を提案するスタイルとなっている。その結果が本稿冒頭の写真⑩～⑫などである。インタビューに応じてくれた第一線職員I氏の職務遂行実績は，そのパーソナリティとともに改めて評価されるべきだと考えるが，このことは行政学における官僚組織論に及ぶ議論なのでここでは略す[14]。

(3) 街区の伝統―紀州街道のふとん太鼓（船待神社秋季例大祭）や納涼盆踊り

　老朽化する密集市街地ではあるが，紀州街道沿いの街区の伝統は健在だ。紀州街道（写真⑭）や中筋などの昔からの街道を中心に明治来の町家・長屋

⑭紀州街道　　　　　　　　　⑮西湊のふとん太鼓（パンフより）

⑯漢方老舗薬局（片桐楼龍堂）

や神社・仏閣（そしてそこの祭礼：写真⑮）といった伝統的な建物が現存している。また，湊焼き（焼き物）や，400年つづく漢方専門の老舗薬局（写真⑯）など，歴史・文化・産業面での地域資源も豊かに残っている。

　こうした伝統にもとづくコミュニティ，地域住民の日常的なコミュニケーションを維持・活性化させていこうと，湊西地区では大阪府のまちづくりサポート事業に応募することとなった。

(4) ちょこっとガーデンプロジェクト

　大阪府では，都市整備部・市街地整備課において，土地区画整理，市街地再開発，緑住まちづくり，その他市街地整備事業の企画及び推進に取り組んでいる（表4）が，その一部として(財)大阪府都市整備推進センターと提携して「大阪のまちづくり」を展開している。

　大阪府都市整備推進センターは，昭和34年に設立された財団法人で，こ

表4 大阪府都市整備部市街地整備課の事務分担

```
指導管理グループ
 ・市街地整備課の庶務及び連絡調整に関すること。
 ・市街地整備課の予算・決算等に関すること。
 ・市街地整備課の所管する事業に対する審査請求に関すること。
 ・特別民法法人（市街地整備課の所管）の指導監督に関すること。
 ・大阪府都市開発促進協議会に関すること。
 ・(財)大阪府都市整備推進センターの指導監督に関すること。
 ・市街地整備課内の情報公開請求に関すること。
 ・土地区画整理事業区域内の優良宅地の認定に関すること。
計画調整グループ
 ・市街地整備課の企画，調整に関すること。
 ・都市再生に関すること。
 ・東大阪新都心の整備に関すること。
 ・吹田操車場跡地利用のまちづくりに関すること。
 ・大阪竜華都市拠点の整備に関すること。
 ・幹線道路沿道のまちづくりの推進に関すること。
 ・住民主体のまちづくりの促進に関すること。
 ・流市法（流通業務市街地の整備に関する法律）に関すること。
 ・まちづくり功労者賞に関すること。
 ・まちづくり交付金に関すること。
 ・石畳と淡い街灯まちづくり支援事業に関すること。
 ・地域の魅力・顔づくりプロジェクトに関すること。
区画整理グループ
 ・区画整理事業の総括に関すること。
 ・居住企画課以外の土地区画整理事業地区に関すること（他課分掌のものを除く）。
 ・(財)大阪府都市整備推進センターの技術指導（区画整理事業関係）に関すること。
 ・農住組合事業に関すること。
再開発グループ
 ・再開発事業の総括に関すること。
 ・再開発事業地区に関すること（他課分掌のものを除く）。
```

◇大阪府市街地整備課HP（http://www.pref.osaka.jp/toshiseibi/）より抜粋

れまで関連するいくつかの機関を統合して現在に至る[15]。主な業務は，都市整備事業，まちづくり支援事業などであり（表5）（図4），各種のまちづくり支援策を講じているところに着目しておきたい。

　その一環として大阪府では平成16年度より，「『ご近所の底力向上』[16]社会実験」を実施している。これは，市街地の整備・保全を行う際に，良好なコミュニティを形成するために，自発的な地域活動に対しての支援を「社会実験」として実施するものである。

　そこでは今後のまちづくりにおいては，「住民自らが地域のことを考え行

表5　(財)大阪府都市整備推進センターの事業

1. 都市整備事業
   (1) 府民協働のまちづくりの立ち上げからまち育てまでの支援
   (2) 都市・地域整備の調査研究，まちづくり戦略提案，各種都市整備関連受託業務
   (3) 土地区画整理事業のマネジメント
2. まちづくり支援事業
   (1) 都市整備推進基金を活用したまちづくり活動支援
      ①初動期活動サポート助成
      ②アドバイザー派遣
      ③事業化検討支援
   (2) 密集市街地のまちづくり活動支援
      ①サポート助成
      ②専門家の派遣
      ③支援調査
   (3) まちづくりの普及啓発等
3. 公共用地活用事業
   (1) 駐車場管理運営
   (2) 駐車場整備（新規開設・改良）
   (3) 河川賑わい空間創出事業等
4. 阪南事業
   (1) 阪南2区への建設発生土等の受入・埋立・整地の実施
   (2) 阪南2区のまちづくり業務の実施

大阪府都市整備都市整備推進センターHP（http://www.toshiseibi.org/gaiyo/sosikizu.html）

図4　(財)都市整備推進センターの組織図

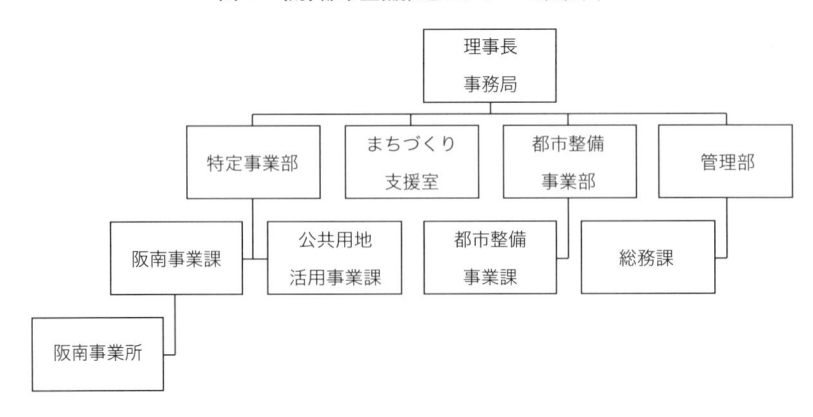

```
                    理事長
                    事務局
        ┌──────┬──────┬──────┬──────┐
    特定事業部   まちづくり   都市整備   管理部
               支援室      事業部
    ┌────┐      公共用地    都市整備    総務課
  阪南事業課   活用事業課   事業課
    │
  阪南事業所
```

http://www.toshiseibi.org/gaiyo/sosikizu.html　より引用

動すること」が「地域づくり・まち育て」へつながり，現実の市街地の整備・保全の一つの具体的な姿として考えられるとして，平成16年度に「社会実験」として，地域住民が自発的に地域活動を行うことに対して支援し，これらがまちづくりへの起点となりうるかについて検証してみることとなった。具体的には，地域活動の主体となる「地域組織」と地域組織を支援する「まちづくり専門組織」を公募し，3地区を選考した。地域活動の運営をまちづくり専門組織に府が委託することで，地域活動を支援することとした。選考にあたっては，地域の自発的取組である地域活動の実施が，「現実の市街地の整備・保全として実現すること」とのつながりが高いかどうかが重視された。結果として対象となる活動例としては，住民の自発的な防犯活動，住民参加の道路美化運動，花いっぱい運動の3つが選ばれた[17]。

本稿で取り上げる湊西地区の「ちょこっとガーデンプロジェクト」は，この3つのうちの一つとして平成16年度より『ご近所の底力向上』社会実験」に加えられることとなった。

また，大阪府では平成17（2005）年度には，大阪府住宅まちづくり審議会が，『大阪府における新しい住宅まちづくり政策の基本的方向性について』を答申して，人口減少社会・超高齢社会におけるまちづくりの基本理念を示しているが，合わせて安全に関わる問題として，昨今のゲリラ豪雨などの水害対策に加えて，関西圏での喫緊の行政課題の一つである「東南海・南海地震」対策，すなわち耐震化と木造密集市街地整備をうたい，減災・災害に強いまちづくり推進のため大阪府都市整備推進センターとの連携を強調している。そして，これらを包含して平成18（2006）年度末，『大阪府住宅まちづくりマスタープラン』を発表して，平成27年度までの10年間の方向性を示すこととなった。すなわち，湊西地区の「ちょこっとガーデンプロジェクト」も，こうした大枠に位置づけられることとなったのである。

それでは具体的な現場,堺市湊西地区において，この「『ご近所の底力向上』社会実験」がどう位置づけられて展開して来ているのか，振り返っておきたい。

湊西地区には不燃領域率が低く，消防活動困難区域が存在するなど防災上に大きな問題を抱えているエリアが多かった。そうした中で，平成5年度，湊西地区密集住宅市街地整備促進事業が大臣承認を受け，災害に強いまちづくりへ向けて事業が始まった。また，湊西地区の一部（西湊町全域）は平成15年3月，『大阪府インナーエリア再生指針』において「アクションエリア」に指定され，重点的に整備するものとして位置付けられた。

　また，町会の防犯パトロール活動や美化などの環境整備，「いきいきネットワーク」事業などの福祉活動，盆踊り＆カラオケ大会，スポーツ大会，町会対抗ソフトボール大会，ふとん太鼓，地蔵盆など，町会を中心とした活動が活発に行われており，人とのつながりも深いことがかねてから認知されていた。

　そこで，自治会では「『ご近所の底力向上』社会実験」に応募することとなった。湊西校区自治連合協議会（久保照男会長）が，「ちょこっとガーデンプロジェクト」と題する企画で応募し，応募総数11地区の中から審査により選定された。「ちょこっとガーデンプロジェクト」においては，地域で「『花を育てる』という協働作業を通じて，古くから培われてきた湊西地域のコミュニティをさらに発展させながら，新たなまちの発見や，住民相互や行政との連携などにより，湊のまちへの愛着を深め，住民と行政がパートナーシップをとりながら，安全で安心して暮らせるまちの整備など密集市街地のまちづくりをすすめることを目指す」[18]ことがうたわれた。

2．「花」から「防災」へのドラスティックな展開—御蔵視察の意義

　平成16年度，湊西地区で始まった「ちょこっとガーデンプロジェクト」は平成20年度まで5年間，継続・展開していく（表6a）。

表 6a 「ちょこっとガーデンプロジェクト」の継続・展開

平成 16 年度
【1】堺市湊西地区「ちょこっとガーデンプロジェクト」企画
【2】平成 16 年度・第 1 回プロジェクト:「タウンウォッチング」開催（2004.9.5）
【3】平成 16 年度・第 2 回プロジェクト:「湊西花植え大作戦」をまちぐるみで実施(2004.10.10)
【4】平成 16 年度・第 3 回プロジェクト:「まち歩き・まちづくり座談会」開催（2005.02.27）
【5】平成 16 年度・プロジェクト成果発表会（2005.6.28）
【6】湊西まちづくり　番外編

平成 17 年度
【7】平成 17 年度・第 1 弾:公園見学会〜神戸市の公園を見学（2005.11.6）
【8】平成 17 年度・第 2 弾:公園づくり・ワークショップ（2005.12.11）
【9】平成 17 年度・第 3 弾:堺市湊西地区「住みよいみなとのまちづくり」支援事業(2006.2.26)

平成 18 年度
【10】平成 18 年度・第 1 弾
　　:公園計画づくり第 1 回検討会〜消防ホースの到達実験と公園計画案イメージづくり（2006.8.27）
【11】平成 18 年度・第 2 弾
　　:公園計画づくり第 2 回検討会〜住民自主管理を前提とした公園計画案づくり（2006.10.29）
【12】平成 18 年度・第 3 弾
　　: 公園計画づくり第 3 回検討会〜公園計画の地元案づくりと防災の取り組み(2006.12.3)
【13】平成 18 年度・第 4 弾
　　: 湊西校区自治連合協議会が公園計画の提案書を堺市に提出〜「西湊町につくってほしい『防災まちなか公園（仮）』

平成 19 年度
【14】平成 19 年度・「ちょこっとガーデンプロジェクト 4」第 1 検討会
　　〜公園自主管理ルールづくりや「自主消防隊」結成・育成へ向けて（2007. 11.11）
【15】平成 19 年度・「ちょこっとガーデンプロジェクト 4」第 2 検討会
　　〜公園予定地（西湊町）で自主消防の実地体験・訓練会（2007.12.2）
【16】平成 19 年度・「ちょこっとガーデンプロジェクト 4」第 3 回検討会
　　〜湊駅前耐震性貯水槽設置工事の現場見学会＆公園ワークショップ（2008.2.3）

平成 20 年度
【17】平成 20 年度「ちょこっとガーデンプロジェクト 5」・第 1 弾
　　:みなと「まち火消し」第 1 回訓練講習会（2008.7.13）
【18】平成 20 年度「ちょこっとガーデンプロジェクト 5」・第 2 弾
　　:私たちが提案した「湊西ぼうさい公園」〜住民約 450 人が集い，完成祝賀・開園式を開催（2009.3.29）
【19】平成 20 年度「ちょこっとガーデンプロジェクト 5」・第 2 弾
　　:私たちのまちの玄関口・湊駅前の道路と公園が完成！〜住民約 150 人が参加し，開通・開園式を開催（2009.4.5）

建築都市局都市整備推進課トピックス（ホームページ）より抜粋
(http://www.city.sakai.lg.jp/city/info/_saikaihatu/gokinjo.html#topics)

(1)「ちょこっとガーデンプロジェクト」の概要

　表6bのように，湊西地区（自治連合協議会）では，まち歩き，座談会，ワークショップ，検討会，実地体験・訓練…と，様々に企画し実施してきている。この足かけ5年にわたるプロジェクトの展開は以下のようにたどる（まとめる）ことができよう。

　「ちょこっとガーデンプロジェクト」として，ご近所にプランターを設置していくこととなったわけだが，そのためにまずは設置場所捜しのため「タウンウォッチング」（「まち歩き」）を実施し，その中で合わせて「湊西地区の知られざる」側面を再発見していこう，そのために「昔の湊西の思い出やおじいちゃん・おばあちゃんの知恵」を教わり，そうした活動を媒介にして「地域への愛着や助け合いの心を育てて人と人との交流をさらに深めていく」ことが企画されることとなった。プランター設置のためのまち歩きが高齢者・小学生の交流，地域への愛着の醸成とセットで構想されていた。

　このまち歩きという手法は，阪神・淡路大震災（1995年）以降，関西地方をはじめ全国で，まちづくりを考える際によく採用されるものである[19]。まちづくり，すなわちここでは，密集住宅市街地整備であるが，この領域は，阪神・淡路大震災での甚大な被害，つまり木造老朽家屋の倒壊・延焼を教訓にしての市街地整備が目論まれてきていたので，いわゆる「まちづくり」はすなわち「防災まちづくり」の実相を包含しており，したがって湊西地区が「ちょこっとガーデンプロジェクト企画」へ応募する際には，

> 「『ちょこっとガーデンプロジェクト（仮称）』という協同作業を通じて，古くから培われてきた湊西地域のコミュニティをさらに発展させながら，新たなまちの発見や，住民相互・行政との連携などにより，湊西のまちへの愛着を深め，住民と行政がパートナーシップをとりながら，安全で安心して暮らせるまちの整備など住民主体のまちづくりを進めることを目指す」（傍点筆者）

と記述しているように，「プランター設置」を「防災まちづくり」の文脈に位置づけていくこととなった。

さらにこのことは、今一歩進めて以下のように解釈しておくことができる。(防災)まちづくりの文脈では一般的に、「住民相互・行政との連携」が標榜され、「協働」というワーディングが用いられることが多い。特に「住民相互の連携」においては、高齢化社会における（阪神・淡路大震災では、木造老朽家屋に居住する年金暮らしの高齢者が多く犠牲となった）多様な世代の交流と、地域独特の歴史的社会的文化的背景を織り込んだ再開発事業（無味乾燥な暴力的な再開発への反発を事前に回避するために）が前提となっているから、湊西地区でも「高齢者と小学生が一緒に活動することで『昔の湊西の思い出やおじいちゃん・おばあちゃんの知恵』を教わり、地域への愛着や助け合いの心を育て、人と人との交流を更に深めていく」ことが前（全）面に出されることとなる。こうしたスタート地点（メンタリティ）から湊西地区のまちづくりは展開していくのであるが、5年にわたる活動の中で、当初の企画書に盛り込まれていた文言

「ちょこっとガーデンプロジェクト（仮称）」という協同作業を通じて、古くから培われてきた湊西地域のコミュニティをさらに発展させながら、新たなまちの発見や、住民相互・行政との連携などにより、湊西のまちへの愛着を深め、住民と行政がパートナーシップをとりながら、安全で安心して暮らせるまちの整備など住民主体のまちづくりを進めることを目指す」（傍点筆者）

(傍点部分) のいくつかが、独自の展開を見せていくこととなる。それが「古くから培われてきた」、「防災」、「住民主体」、「行政との連携」、である。

(2) 「古くから培われてきた」…紀州街道・ふとん太鼓

現存し住民に遍く認知されている地域の歴史的文化的財産としては、まず、紀州街道、中筋などの地区を南北に走る旧街道があり、あわせて戦災を免れた歴史的建造物（寺、郵便局などの公共施設）、民家や長屋があって、庶民の生活空間に残る共同井戸などが目を引く。こうした都市基盤・施設としての社寺には、祭礼として、船待神社例大祭のふとん太鼓が100余年の歴史

表6b　平成16～20年度　新湊地区「ちょこっとガーデンプロジェクト」概要

【1】堺市湊西地区「ちょこっとガーデンプロジェクト」企画
　　場　　所：西湊町1～6丁、　出島町1～5丁
　　スケジュール：夏　まち歩き
　　　　　　　　　秋　草花の植え付け
　　　　　　　　　晩秋　花を育てる
　　　　　　　　　冬　来年に備えて、話合い
◇ご近所の共同作業
　①花の植え付けと管理、種子からの園芸
　・ご近所が集い、タウンウォッチング（まち歩き）を行い、植栽場所、プランター設置可能場所を捜す。
　・草花やプランターの選定、管理方法等についてみなで話し合って決定する。
　・みなで草取りや水やりなどをして、花を大切に育てていく。
　・小学生からお年寄りまで安心できるまちについて考えていく。
　②まちの再発見
　・植栽場所を捜したり、花を育てることで、まちを探索し、湊西地区の知られざる新たなまちの発見を。
　・高齢者と小学生が一緒に活動することで「昔の湊西の思い出やおじいちゃん・おばあちゃんの知恵」を教わり、地域への愛着や助け合いの心を育て、人と人との交流を更に深めていく。
　・湊西独自のノボリを作って、まちを歩いてみる。
　③報告会の開催
　・取り組みを通じて、まちを歩いて発見したことなどをみんなで話し合おう。
　・専門家の話を聞いたり、花を育てることで気づいたことを生かして、「災害に備えるために、湊西をこれからどういった町にしていけばよいか」、みんなで話し合おう。
◇湊西地区とは…
　・古くからの住宅があり、紀州街道や中筋などの昔からの街道が南北に走り、明治来の伝統的な建物や湊焼き、船待神社やふとん太鼓、共同利用の井戸など歴史・文化面での地域資源が豊かで、人とのつながりも深いところ。
　・西湊町1丁～6丁、出島町1丁～5丁は密集住宅市街地整備促進事業の区域とし、災害に強いまちづくりが求められてきた。
　・「ちょこっとガーデンプロジェクト（仮称）」という協同作業を通じて、古くから培われてきた湊西地域のコミュニティをさらに発展させながら、新たなまちの発見や、住民相互・行政との連携などにより、湊西のまちへの愛着を深め、住民と行政がパートナーシップをとりながら、安全で安心して暮らせるまちの整備など住民主体のまちづくりを進めることを目指す。

【2】平成16年度・第1回プロジェクト：「タウンウォッチング」開催（2004.9.5）
　「タウンウォッチング」（まち歩き）が行われた。当日は、小学生から高齢者まで100人を超える人が参加し、5班に分かれて「ご近所の底力向上運動実施中」のノボリをしたて、まち歩きを行った。

まち歩き　　　　　ワークショップ　　　　まち歩きを行った湊西地区

　まち歩きのあと、場所を湊西自治会館に移し、ワークショップを行った。グループごとに草花を活用したまちづくりについて語り合い、意見発表会なども行いながら、湊西のまちに植える花を決めた。

【3】平成16年度・第2回プロジェクト：「湊西花植え大作戦」をまちぐるみで実施（2004.10.10）
　湊西校区自治連合協議会主催の「湊西ちょこっとガーデンプロジェクト」第2弾企画の「湊西花植え大作戦」が行われた。
　当日は、小学生から高齢者まで約150名が集まり、9月5日の第1弾企画「タウンウォッチング」の集まりで決定した湊西の花「パンジー・ビオラ、プリムラ、クリサンセマム」をみんなでプランターに植え付け、そのプランターを湊西の街角（各軒下）に配置していった。

植え付け　　　　　プランター運び　　　　プランター設置

第5章　堺と川崎の防災まちづくりを考える

【4】平成16年度・第3回プロジェクト：「まち歩き・まちづくり座談会」開催(2005.02.27)
　湊西校区自治連合協議会主催の「湊西ちょこっとガーデンプロジェクト」の第3回企画として、「まち歩き・まちづくり座談会」が開催された。小学生から高齢者まで約200名が集まった。

12:30	受付開始
13:00	アンサンブル演奏
13:15	久保会長・朝井校長（湊西小学校）挨拶
13:20	湊西タウンウォッチング説明
13:30	湊西タウンウォッチング開始：湊西の花の観察、クイズ・ぜんざい炊き出し
14:30	湊西まち歩きクイズ回答
14:40	「花いっぱい運動」報告会（湊西小学校3年生）
15:00	休憩（アンサンブル演奏）
15:05	まちづくり座談会・昔の思い出話など
15:50	賞品授与・プランター管理者への賞品授与・クイズ回答上位グループへの賞品授与
16:00	山本副会長挨拶（閉会）

　メイン会場の湊西小学校体育館では、会場いっぱいにパネルが設置され、ちょこっとガーデンプロジェクトのこれまでの取り組みが紹介された。

第1回企画(9/5)タウンウォッチング 　　第2回企画(10/10)花植え大作戦 　　ごみクリーン作戦(4年生) 　　花いっぱい運動(3年生)

◇まち歩き
　昨秋植えた湊西の花（パンジー・ビオラ、プリムラ、クリサンセマム）の生育状況をみてまちを歩いた。歴史・文化の風情がただよう湊西のまちを防災面も含めたクイズで楽しみながら、まち歩きをした。

まち歩きの様子 　　長老などによる「まちづくり座談会」

◇まちの長老などによる「まちづくり座談会」～湊西のまちの今昔、そして未来へ～
　船待神社や中筋街道・界隈、紀州街道の歴史、また、ふとん太鼓や、かつてしばしば現れた鯨のことや鯨踊り、さらには、ここ湊西小学校と地域が連携して花植えやクリーン作戦したことがきれいなまちになってきたことなどが話された。

◇コメント
・大阪府都市整備推進課（大阪府「ご近所の底力向上」社会実験の企画主体）
　「大阪府では、皆さんが地域の一員として、まちのルールを決めたり、市役所と協働するなどして、道路整備や家の建替えに自ら参加していくことが、「市民が主役のまちづくり」と考えています。約半年間という短い期間でしたが、皆さんの熱心さに感謝しますとともに、これをきっかけに地域への愛着を深め、まちづくりへの参加が高まることを期待しています。」

・財団法人大阪府都市整備推進センター（まちづくり専門組織として、今回の取り組みを支援）
　「湊西の皆様とともに、「湊西の花」を街角に植えたり、長い歴史の面影が残る、紀州街道沿いの街並みにちなんだクイズに答えたり、変わり行く湊西の情景についての座談会を行うなかで、湊西の人々の暖かい人情とまちの良さを再認識いたしました。休日を返上してまち歩きに参加していただいた皆さん、どうも有り難うございます。」

【5】平成16年度・プロジェクト成果発表会(2005.6.28)
　平成16年度大阪府「ご近所の底力向上」社会実験に選定され、まちづくりに取り組んできた3地区の成果発表会がマッセOSAKA映像研修広場（大阪府新別館南館5階）で行われた。
　堺市湊西地区は「ちょこっとガーデンプロジェクト」について、湊西校区自治連合協議会会長から報告があった。
　今回の企画では、『花を育てる』という協働作業を通じて、古くから培われてきた湊西地域のコミュニティをさらに発展させながら、新たなまちの発見や、住民相互や行政との連携などにより、湊のまちへの愛着を深め、住民と行政がパートナーシップをとりながら、安全で安心して暮らせるまちの整備など密集市街地のまちづくりをすすめることを目指しているね、報告された。

【6】湊西まちづくり　番外編
　湊西地区では、昔から人々のつながりが深く、自治会を中心とした活動が活発に行われている。

◇その1：盆おどり大会（平成17年8月7日）
　平成17年度、今年も湊西親睦の納涼行事が開催された。
　日時：カラオケ大会　平成17年8月6日（土）午後7時より
　　　　盆おどり大会　平成17年8月7日（日）午後7時より
　場所：湊西小学校校庭
　主催：湊西校区自治連合協議会
　共催：湊西校区各種団体
◇その2：西湊ふとん太鼓誕生百周年記念式典（平成17年8月28日）
　＜西湊若仲太鼓会百周年記念式典　式次第＞
　一、開式の挨拶
　一、お払い：船待神社・宮司
　一、玉串奉奠：関係者
　一、来賓挨拶：湊西自治連合協議会・会長
　一、決意表明：青年団・団長
　一、奉納試験担ぎ
　一、御礼の言葉：西湊若仲太鼓会・会長
　一、閉会の言葉

西湊ふとん太鼓誕生百周年記念式典　　船待神社秋季例大祭　　西湊のふとん太鼓

◇その3：平成17年度　船待神社秋季例大祭（平成17年9月17日～19日）
　西湊：先代が百年間守り抜いた生粋の「堺型」を受け継いだ新台。威風堂々たる面構えと繊細な彫刻が同居してる。
　東湊：赤金白の色使いで洗練された意匠の太鼓台。白地に黒と赤、それぞれモノトーンでデザインされた伝統的な渋い法被。
　出島：ライトアップで昇龍降龍が浮かび上がる「ふとん締め」。昨年、飾物等一式が新調された出島の太鼓台。

◇その4：平成16年度　船待神社秋季例大祭　（平成16年9月17日～19日）

【7】平成17年度・第1弾：公園見学会～神戸市の公園を見学 (2005.11.6)
　阪神・淡路大震災で大きな被害を受けた神戸市では防災機能をもった公園づくり、まちづくりが進められていることから、湊西地区での公園を考えるにあたって、神戸市の公園見学会を実施した。約40名が参加し、3地区7ヶ所の公園を見学した。
◇六甲道北地区（神戸市灘区）～3つのまちかど広場～
　震災復興区画整理事業として整備が進められている地区で、平成14年春に3つのまちかど広場（各800m2）が完成している。公園の設計においても、住民提案をもとに協議を重ね、住民の工事参加等も行われている。舗装や掲示板で統一感を図りながら、それぞれ個性的な広場に仕上がっている。管理についても、地元住民が積極的に行っており、大変きれいな公園だ。
◇松本地区（神戸市兵庫区）～「せせらぎ」と「防災機能」をもった2つの公園～
　震災復興区画整理事業として整備が進められている地区で、まちのシンボルとなった「せせらぎ」と緊急時の防災性にも配慮された「川池公園（2500m2）」、「松本うめ公園（1000m2）」が完成している。
◇御蔵地区（神戸市長田区）～記憶を継承した公園～
　震災復興区画整理事業として整備が進められている地区で、計画策定だけでなく、公園整備におけるレンガ舗装・芝生貼りなどの作業についても、愛着のある手づくり公園目指して、地元住民が積極的に参加して完成させている。

【8】平成17年度・第2弾：公園づくり・ワークショップ (2005.12.11)
　平成17年度の第二弾企画として、公園ワークショップを行った。
　先に11月6日、神戸へ行き見学してきた公園を参考に、湊西にふさわしい公園について、参加された40名が4グループに分かれ、専門家の助言を得ながら、プランを話し合い、発表を行なった。

ワークショップ風景　　各グループの発表

第 5 章　堺と川崎の防災まちづくりを考える

【9】平成 17 年度・第 3 弾：堺市湊西地区「住みよいみなとのまちづくり」支援事業(2006.2.26)
　平成 17 年度の第三弾企画として、支援事業イベントを行い、60 名の住民が参加した。
　参加者はさまざまなプログラムを楽しみながら、災害に強いまちづくり、こどもを育くむまちづくり、住みよい快適なまちづくりへの取り組みを学んだ。
　新築されたばかりの湊西小学校のランチルームが当日の会場となった。
　会長の挨拶の後、司会進行役の田中貢調査役（大阪府都市整備推進センター）から、今回のイベントの趣旨やカリキュラムの紹介について説明があった。
◇公園ワークショップ結果報告
　4 グループの作品を受付前に展示。遊びと憩いの空間でありながら防災性の向上をめざした公園整備を行っていこうと、ワークショップでは耐震性貯水槽の設置を条件に計画を出しあい、4 グループ各々の設計コンセプト、配慮した点などについて、サポートするコンサルタントからがあった。
◇子育て『落語』講演会～子育ては楽しく～笑福亭竹林さん
　落語家であり、堺市野田校区連合こども会会長、その他数多くの地域活動代表として活躍する落語家の笑福亭竹林さんに、『落語』のお題目と地域子育ての二本立ての講演をお願いした。
◇マナー啓発標語の表彰式
　平成 16 年度、湊西校区住民を対象にアンケート調査を実施したところ、「狭い道路」、「公園が少ない」こととあわせ、まちのもう一つの課題として「犬のフンやゴミのポイ捨て」問題がベスト 3 となっていたことを受けて、平成 17 年 12 月 1 日から 12 月 22 日にかけて、湊西小学校の 4、5、6 年生を対象にマナー啓発標語を募集した。応募総数 118 点。湊西校区自治連合協議会役員会による厳正な審査の結果、大賞 1 名、入賞 3 名が選ばれた。

【10】平成 18 年度・第 1 弾：公園計画づくり第 1 回検討会～消防ホースの到達実験と公園計画案イメージづくり(2006.8.27)
　今年度取り組む「ちょこっとガーデンプロジェクト 3」は、H16 年度の「ちょこっとガーデン」、H17 年度の「住みよいみなとのまちづくり支援事業」に続くものである。
　今年度の取り組みは、西湊町 4 丁の空地に 100 トンの耐震性貯水槽を設置した公園を計画しようと、住民（湊西校区自治連合協議会）が主体となり、公園計画案づくりを行うものである。
　8 月 27 日（日）午後、公園予定地の西湊町 4 丁の空地に約 60 人が参加して消防ホースの到達実験を行った後、湊西自治会館で公園計画案のイメージづくりを行なった。

4 組に分かれて消防ホース 10 本分（200m）の到達地点を測った。
4 方向の消防ホース到達地点を地図に記入 

◇公園計画案のイメージづくり
　堺市都市整備推進課の井手課長の事業について説明の後、話し合いを行い、公園の使い方＆公園のイメージについてシール投票した。
　防災機能を備えた公園、自主管理する公園を目指すことが確認された。

【11】平成 18 年度・第 2 弾：公園計画づくり第 2 回検討会～住民自主管理を前提とした公園計画案づくり(2006.10.29)
　第 1 回公園検討会での内容をおさらいし、堺市公園緑地部から公園づくりにあたって配慮しておくべき点を説明してもらった上で、参加者 40 名の方が 4 組に分かれて具体的な公園のプランづくりを行った。
　久保会長から、「ふとん太鼓を担ぐ若い衆の力を借りて自主消防隊をつくりたい」と今後の構想が提案された。
　きいろ、ももいろ、あおいろ、みどりいろの 4 グループに分かれて、協働作業、ワークショップを行った。

ワークショップの様子
各グループから作品のセールスポイントを発表 
各作品をシール投票した 

【12】平成 18 年度・第 3 弾：公園計画づくり第 3 回検討会～公園計画の地元案づくりと防災の取り組み(2006.12.3)
　第 2 回公園検討会（10/29）での内容をおさらいし、井手堺市都市整備推進課長から、地元案づくりを検討するにあたっての参考内容が話された後、参加者 40 名が公園計画の地元案づくりを行った。
　ワークショップ担当者から第 2 回検討会での議論を踏まえてまとめたイメージ案の説明があった。模型等を前に、グループ分けせずにみな一緒にワークショップで議論した。

公園計画づくり第3回検討会（ワークショップ）の模様

◇参加者の意見
- 死角になるところは、防犯上からも花壇をつくって人が入らないようにしよう。でも、花壇は隣接の方の裏庭に面しているので段々の花壇にしたら隣接の方に圧迫感を与えてしまうので、防犯、管理、そして隣接のことなどを考えてつくろう。
- さくらはきれいだが、毛虫と落ち葉に悩まされる。だから、さくらはあきらめて、落ち葉の少ない常緑樹をシンボル的に植えよう。でも、何か花の咲く木もほしい。
- 広場を土にすると風で砂が舞い上がり隣接の方に迷惑をかける。芝生を植えた広場にしよう。芝生の手入れは大変だが、みなで力を合わせきれいな公園にしよう。
- 万一に備えて井戸、仮設トイレもあったらいい。しかし、一次避難所である湊西小学校が近くにあるし、隣接の方のことも考えて、ここでは無理に設置することはやめよう。
- 万一の時には、この公園に耐震性貯水槽が設置されるから安心だ。

◇湊西校区自治連合協議会会長コメント
　平成16年度の「ちょこっとガーデンプロジェクト」をきっかけに、平成17年度、そして平成18年度と公園づくりをめざして皆さん方と一緒に取り組んできました。おかげで、いい公園の計画案が出来たように思います。やっぱり、住民の皆さんは頼りになります。私たちのまちは大地震が起きたらひとたまりもないだけに、公園に設置予定の耐震性貯水槽が頼りです。これからも堺市でこの計画案をたたき台にしていい公園づくりをやってほしいと思います。この公園は私たち住民と市が一緒になってつくる公園ですから、これからも私たちは協力しますし、みんなで力を合わせていい公園にしたいですね。

【13】平成18年度・第4弾：湊西校区自治連合協議会が公園計画の提案書を堺市に提出～「西湊町につくってほしい『防災まちなか公園（仮）』についての堺市への提案」(2007.2.21)

　2月21日、自治連合協議会から堺市長あてに「西湊町につくってほしい『防災まちなか公園（仮）』についての堺市への提案」を提出し、応対した赤石建築都市局長らと懇談した。
　この中で、湊西校区自治連合協議会会長は「この公園計画案は、住民みんなで考えてまとめたものだから思い入れが違います。ぜひ、よろしくお願いしたい」と要請し、これに対し赤石局長は、「地元のみなさんが長年にわたって努力され、まとめられたものと受け止めています。堺市としてもご期待に応えるよう職員みんながんばります」と応えた。
　この3年間のまちづくりに関する活動の中、特に、住民アンケート結果を受けた平成17、18年度の2年間の取り組みを通じ、西湊町にみんなが憩えて防災機能も備えた公園をつくろうと、校区のみなさん方が精力的に取り組んできた。この提案書は、それらがまとめられた公園計画の提案である。

【14】平成19年度・「ちょこっとガーデンプロジェクト4」第1検討会～公園自主管理ルールづくりや「自主消防隊」結成・育成へ向けて(2007.11.11)

　今年度取り組む「ちょこっとガーデンプロジェクト4」は H16年度の「ちょこっとガーデンプロジェクト」、H17年度の「住みよいみなとのまちづくり支援事業」、H18年度の「ちょこっとガーデンプロジェクト3」につづくものである。
　今年度の取り組みは、昨年度に地元案として堺市長あてに提案した　(仮称)「防災まちなか公園」の正式名称決定や自主管理のルールづくりの設置をつけるとともに、新しく「自主消防隊」結成・育成に向けた取り組みを行うものである。
　今年度の第1回検討会は、湊西自治会館で約60人が参加して開かれ、その後の公園設計のすすみ具合を聞き、意見を出し合うとともに、これから堺消防署の指導を受けて「自主消防隊」（湊まち火消し）育成プログラムをすすめることを確認した。
　公園計画の地元案の設計の進捗状況について堺市都市整備推進課主幹から説明があり、「紀州街道からの公園予定地入り口の居住者が事業協力してくれることになり、公園の敷地条件が大きく改善された」旨、報告があった。
　公園の使い方、管理のルールや名称、工事への住民参加等について話し合うワークショップが行われた。
- 犬のフン害が大変だからペット禁止にしたらどうか。
- 公園への自転車の乗り入れをどうするか。
- 車椅子の人も使えるようにしたい。
- 夜間照明はどうするか。
- 防犯上とたむろ対策が必要だろう。
- 子どもにはキャッチボールぐらいさせてやりたいが危険性もある。
- 遊具の事故が多発している、遊具の安全性は。
- 公園から紀州街道へ子どもが飛び出したら危ない。
- バーベキューをしてもいいか？　火の取り扱いを決めないといけない。
- 消防ポンプはどこに置くか。

　湊西校区自治連合協議会会長が「湊まち火消し育成プログラム」構想について、「お年寄りが孫たちを見守るまち、子どもたちが元気に育ってほしい、そして力を合わせてみんなが安心して暮らせるまちにしたい。自主消防隊『湊まち火消し』には、ふとん太鼓の若仲会の若い力を期待しています」と説明した。

【15】平成19年度・「ちょこっとガーデンプロジェクト4」　第2検討会～公園予定地（西湊町）で自主消防の実地体験・訓練会 (2007.12.2)

　公園予定地（西湊町2丁）に約70名が参加し、第2回検討会（自主消防の実地体験・訓練会）を開催した。

第5章 堺と川崎の防災まちづくりを考える　　223

　当日は、堺消防署から11名の消防士が来て、消防ホースの使い方や消防ポンプの操作方法などについて指導した。これは自主消防隊・「湊まち火消し」育成プロジェクトの一環で、来年度には堺消防署から理論と実技の本格的な指導を受ける予定。
　ふとん太鼓の若仲会も参加していて、これらが「湊まち火消し」の中心を担っていくことが期待された。
　会場の公園予定地では、非常用の飲料水も配られ、避難所の炊き出しのように、温かいお茶も出された。

【16】平成19年度・「ちょこっとガーデンプロジェクト4」　第3回検討会～湊駅前耐震性貯水槽設置工事の現場見学会&公園ワークショップ（2008.2.3）
　住民44名が参加し、湊駅前耐震性貯水槽設置工事の現場見学会と公園ワークショップを開催した。
　河川水路課職員からの説明を受け、完成後はみんなでこの耐震性貯水槽を使って安全なまちづくりをすすめようと確かめ合った。
　その後、湊西自治会館に移動して（仮称）防災まちなか公園の計画案づくりワークショップなどを行った。
◇公園設計の質疑応答・意見交換
・公園から子どもが飛び出して危険。カーブミラーを設置したらどうか？
・路面に「飛び出し危険」と書く方が良いのではないか。
・遊具の高さが90センチでは低すぎるのではないか。
・花の水遣りにはもう少し散水栓がほしい。
◇公園ワークショップ
・シンボルツリーの樹種をみんなで検討した。
・落葉樹、常緑樹、花を楽しめる木などについて、ワークショップ担当者が説明した。
・3.5メートルくらいに育った木を植えると、10年くらいで数メートルになるとの公園整備課担当職員の説明。
・花の咲く木がいい、常緑樹もいいと様々な意見が出された。
・多数決で、クスノキとコブシの2つに絞られた。

【17】平成20年度「ちょこっとガーデンプロジェクト5」・第1弾：みなと「まち火消し」第1回訓練講習会（2008.7.13）
　平成20年7月13日（日）湊西自治連合協議会主催の「まち火消し」（自主消防隊）第1回訓練講習会が行われた。
　ふとん太鼓の若仲会も含め住民88人が参加し、堺消防署・旭ヶ丘出張所15名の消防士の直接指導で実施した。

【18】平成20年度「ちょこっとガーデンプロジェクト5」・第2弾：私たちが提案した「湊西ぼうさい公園」～住民約450人が集い、完成祝賀・開園式を開催(2009.3.29)
　湊西自治連合協議会として「ちょこっとガーデンプロジェクト」に取り組んで5年。みんなの想いのつまった公園が完成した。
　子どもたちからベテランまで住民約450人が集まり、盛大に完成祝賀・開園式を開いた。
　式には、周辺の自治会の方々や議員、堺区長、堺消防署長など多くの来賓の方々もお祝いにかけつけ、また、地元自治会のみなさんによるお祝いの「餅つき」やわた菓子、とん汁、子どもたちにはパンチボールがプレゼントされるなど、お祭りのような楽しい催しとなった。
◇湊西自治連合協議会会長の挨拶
　みなさん方に心からおめでとうと申し上げたいと思います。
　行政をはじめ、いろんな方のご協力を頂き、この5年間みなさん方と力を合わせて「ちょこっとガーデンプロジェクト」に取り組んできました。この努力が実り、本日こうして完成祝賀・開園式を開くことができたことを大変うれしく思っています。
　この公園は、みなさんからの応募を受け、「湊西ぼうさい公園」と命名したように、地下には100トンの耐震性貯水槽を設置し、消防ポンプも備えています。これを使って大地震など万一の場合には、これから訓練してつくっていく住民による自主防災隊・みなとまち火消し隊が活躍してくれることと思います。安全安心のまちづくりの確かな一歩を踏み出しました。
　これからは、密集市街地のまちづくり、建て替えなどの整備に力を入れて行きたいと考えています。これには何年もかかるでしょう。しかし、私たちの代で、そのための道筋をつけたいと思います。そして、この湊西をますます良いまちに発展させるため、引き続きみなさんと力を合わせて頑張りたいと思います。

【19】平成20年度「ちょこっとガーデンプロジェクト5」・第2弾：私たちのまちの玄関口・湊駅前の道路と公園が完成！～住民約150人が参加し、開通・開園式を開催(2009.4.5)
　長らく未整備のままであった湊駅前の道路、公園が完成し、4月5日道路の開通式と公園の開園式が開催された。
　湊西自治連合協議会から整備の要望が堺市に出されていたことを受け、両側歩道のある、防災機能をもった、駅前にふさわしい、そして、高齢者や障がいをもつ方にも優しい道路として計画され、完成に至った。
　公園には可搬式消防ポンプと防災倉庫が設けられ、公園地下には、100トンの耐震性貯水槽が埋設されました。
◇公園の概要
　公園名　　湊駅前公園
　所在地　　堺市堺区出島町2丁143-2
　面積　　　175㎡
　主な施設　耐震性貯水槽（100トン）、可搬式消防ポンプ及び防災倉庫、照明塔2基、シンボルツリー（モミジバフウ）、ベンチ外
◇道路の概要
　道路名　　出島26号線
　所在地　　堺市堺区出島町2丁138-2外
　規模概要　道路延長：101m、道路幅員：12.5～15m（両側歩道）、道路照明塔：4基

●建築都市局都市整備推進課トピックス（ホームページ http://www.city.sakai.lg.jp/city/info/_saikaihatu/gokinjo.html#topics）より
　写真は上記HP掲載のから引用した。

を有して地域のメインの年中行事となっている[20]。
　こうした歴史的文化的な地域資源を基盤に，それを担ってきた人々の豊かなつながりが認識されていて，「ちょこっとガーデンプロジェクト」ではまちの長老を招いての「まちづくり座談会」などを通じて，それらが改めて確実に語り伝えられることとなった。

(3)「公園づくりと自主管理」…防災機能を備えた公園

　平成16年度，湊西校区住民を対象に実施されたアンケートでは，「狭い道路（違法駐車問題）」，「公園が少ない」，「ゴミ（犬の糞を含む）のポイ捨て」の問題がワースト3として把握されていた。一方，平成17年度，「ちょこっとガーデンプロジェクト」は「湊西地区・住みよいみなとのまちづくり」に昇華することとなった。これは「ちょこっとガーデンプロジェクト」が評価され，「湊西地区での住民と行政の協働のまちづくり活動を引き続き発展させよう」との同地区の企画が，国土交通省から独自の支援を受けて，「湊西地区・住みよいみなとのまちづくり」として昇華することとなったものである。

　「湊西地区・住みよいみなとのまちづくり」では平成17年度より，先のアンケート結果をもとに，「犬のフン・マナー啓発プレート」運動や，「公園づくりワークショップ」に取り組みながら，きれいで気持ちのいい，湊西地区にふさわしい「防災まちなか公園」・広場づくりに取り組んでみることとなった。この公園づくりのために，神戸市の公園見学会を実施した。この見学会には40名が参加して，神戸市内の六甲道北地区（3つの「まちかど公園」），松本地区（「せせらぎ」「防災機能」をもった2つの公園），御蔵地区（被災記憶を伝承した公園）の公園を見学した。震災を教訓として防災機能を有した公園づくりが進められている神戸市の事例を学んで，湊西地区では公園づくりワークショップを実施し，「防災まちなか公園」を設けて，そこに100t耐震性貯水槽を布置することを構想した。「フラワーポット」が「防災まちなか公園」に展開していった。この時期，湊西地区のまちづくりは府

⑰湊西ぼうさい公園

⑱ふとん太鼓　　　　　　　⑲ふとん太鼓

の支援から国の支援に昇華してきた。

　さらに，この公園づくりは平成18年度の「住民自主管理を前提とした公園計画案づくり」と「西湊町につくってほしい『防災まちなか公園（仮）』についての堺市への提案」のころから，具体的には平成19年度からは「公園自主管理ルール」づくりへと展開をみせる（写真⑰）。

(4)「ふとん太鼓の若い衆の力」…具体的に期待されるマンパワー（写真⑱⑲）

　ハード整備としての防災機能を有した公園が構想されだすと同時に，ソフト整備としての防災の担い手の醸成にも構想がふくらんでいく。

　それはまず，湊西地区自治連合協議会から，「ふとん太鼓を担ぐ若い衆の

表7　堺市における地域まちづくり支援制度の概要

活動段階	まちづくり専門家の派遣	認定要件
まちづくりグループ	まちづくりアドバイザー派遣 年3回（件）以内（期間＝1年）	概ね20人以上の地域市民で構成
まちづくり検討会	まちづくりアドバイザー派遣 年6回（件）以内（期間＝1年）	地域市民の過半数の同意，その他
まちづくり協議会	まちづくりコンサルタント派遣 （期間＝2年）	地域市民の2/3以上の構成，その他

堺市市民協働課 HP　http://www.city.sakai.lg.jp/city/info/_npo/chiiki/shien.html　より

力を借りて自主消防隊をつくりたい」との提案として始まる。そして若衆は「湊まち火消し」として位置づけられ，これにはふとん太鼓の若仲会も参加して，堺消防署から理論と実技の本格的な指導を受けていくこととなった。鳶職をベースにした「江戸町火消し・いろは47組」に対してこちらでは，ふとん太鼓・若仲会をベースにした「湊まち火消し」が構想されてきた。

(5) まちづくり支援の専門家の役割

　湊西地区自治連合協議会という一地区のまちづくり（フラワーポットの設置）構想が，市・府から国の支援を受けるようになるなど広く認知され，歴史文化に加えてさらに防災を基盤としたまちづくりへと展開・深化を見せてきた背景には，外部専門家の関わり・役割があったことを指摘しておかなくてはならないだろう。

　そもそも，まちづくりにはコンサルタントとかアドバイザーと呼ばれる都市計画プランナーが参画することが一般的になっていて，ここ大阪府では，大阪府都市整備推進センターから「まちづくりアドバイザー」が派遣されたり，地元の堺市からは地域まちづくり支援制度に応募して，まちづくりアド

第 5 章　堺と川崎の防災まちづくりを考える　227

活動費補助の対象となる活動の経費	
・事務運営及び連絡調整活動 →	印刷製本費，郵送料　会議室借上費
・会報，パンフレットの発行，配布等の広報活動 →	印刷製本費，郵送料
・地域市民へのアンケート等のまちづくり調査活動 →	印刷製本費，郵送料
・研究会，講演会の開催及び他団体の研究会等への参加等の研究活動 →	会場借上費，講師謝礼金，印刷製本費，郵送料，参加負担金，交通費
・まちづくり協議会が行う地域まちづくり計画の作成 →	印刷製本費
・その他市長が認める経費	

バイザーやまちづくりコンサルタントが派遣されることもある（表7）。

　先に，市担当職員の職務遂行実績について言及したが，ここでは湊西地区の事業展開の実情に鑑みて，外部すなわち大阪府都市整備推進センターから参画してきた調査役・T氏の現場への関わりを紹介しておきたい。T氏は公団（現・UR都市機構）職員として永らく密集住宅市街地整備の領域に関わってきたが，関連市に出向するなどの経験を経てこの時期には大阪府都市整備推進センターに在職していて，湊地区の現場に接することとなった。湊西地区に隣接する東湊地区の事業がちょうど完了したところであった。東湊地区の事業については，市担当課職員が以下のように総括している。

　　堺市では，老朽した民間木造賃貸住宅が約3万5千戸残っています。なかでも旧市街を取り巻くエリアに明治から大正時代の住宅が多いのが特徴です。阪神淡路大震災の教訓もあり，こういった地区における防災面の強化，さらに道路や公園など都市基盤の整備や居住環境の向上は大きな課題となっています。
　　市では昭和57年に国が定めた「木造賃貸住宅地区総合整備事業制度」の運

用に基づいて昭和58年に調査を行った結果，湊・湊西・東湊の3地域を重点地区に指定。平成2年度から「堺市密集住宅市街地整備促進事業」をスタートし（東湊地区は「コミュニティ住環境整備事業」），事業に取り組んできました。主な施策は，老朽住宅の建替促進，道路の拡幅，公園の拡充などや借家人に対する家賃補助，住宅の斡旋もその一環です。

こうした啓発活動を続けていくなかで，動き始めたのが東湊町2丁西街区です。この街区では"モザイク"のように賃貸住宅が点在していることから，共同化への建て替えを誘導。さらに，18名の地権者の方々の，従後の生活設計が容易になるようにと，市街地再開発で一般的な等価交換の手法を採用。全国的にも珍しい"ミニ再開発"として進め，成果を納めました。

経済の低迷や高齢化を考えると，今後はこれまでの手法だけではうまくいかない場合も出てくるでしょう。地域の実情に合わせて，区画整理など他事業との合併施行や，それらの手法を取り入れた柔軟な事業計画を考えることが大切です。その意味で，今回のケースは当市の密集市街地整備の，ひとつの手本となりそうです[21]。

T氏は東湊地区の事業で生まれた空地（廃校となった小学校跡地）を活用して，湊西地区の事業を進めてはどうかなどと提案もしてみたが，両地区住民の議論はタイミング良くかみ合わず流れてしまった。防災上は木造老朽家屋を更新した方がいいが，そのためには道路や公園などのスペースを確保しなくてはならない。場合によっては湊西地区の住民に，隣の東湊地区の空き地に移転することも含めて提案したいところではあるが，古くからの地元意識が強く，（湊西地区住民にとって紀州街道沿いの生活を離れることには大きな抵抗があって）双方そう簡単には事業に乗っては来ることはなかった。

ところが一方で，幸いにも湊西地区はもともと漁師町で，話の進め方によっては事業がうまく転がり出すとも言える環境があったという。漁師は海に出れば明日の命も確かではないという中で，陸での隣近所のつきあいや助け合いの意識はことのほか高く，そうした環境では自治会長は，（金を持っているというのではなく）目配りが利くという人が尊敬され力を発揮できる（い

ざという時に腕力を発揮できる）もので，また，大店の自治会長というよりは，奥まった接道不良の敷地に不法増築でもして居を構え，路地の井戸端で対話を重ねた自治会長がみなの信望を集めている，湊西はそういう古くからの共同体意識がまだ色濃く残っているところだったので，そういうタイプの自治会長にT氏は出会えたことで，ざっくばらんに事業案をもちかけることができたそうである。湊西地区内で市が買い上げる予定となっていたある空き地を，それではそこを住民提案・住民主導で公園に創り上げていく，そういう防災まちづくりをやってみませんか，と持ちかけたのが平成15年ころで，それが翌年度・平成16年度の「堺市湊西地区ちょこっとガーデンプロジェクト企画」の提案につながっていくこととなった[22]。

公的なまちづくり支援制度の有無云々ではなく，「ある独特の事業経験を積んだ外部専門家」が地区の諸特性（歴史・文化・コミュニケーション特性）を読みとって参画し，事業を始動させていったことを，ここではさらに今少し記しておきたい。

3．T氏と御蔵（まちコミュニケーション）・湊西（湊西自治連合協議会）

それではT氏が有していた「ある独特の事業経験」とは何か，それをT氏の阪神・淡路大震災の被災地での研究実践を紹介することで示してみたい。

(1) T氏の博士論文「公団震災復興共同建替事業」研究（実践）

T氏は現職の公団職員でありながらも二足の草鞋で研究に励み，2008年度に博士号を取得した[23]。そこでは，被災地での難しい住宅再建の現場で，様々に工夫されて実現してきた数々の共同建替の事例が取り上げられ，その実相が，特に，事業関連主体の協働のあり方に焦点が置かれて，公団や支援者など専門家集団のあり方として検討されている。T氏は公団職員であるから，論文では自らのプロフェッションを内省してその可能性を展望している

のであるが，T氏の立ち位置は，外部研究者としての調査者というよりは，参与観察者として自ら現場で汗を流して試行錯誤・奮闘努力する一主体であった。被災者の住宅再建という待ったなしの状況の中で（一日も早く住む家を取り戻したい!!），試行錯誤・奮闘努力しながら進められる被災現地の数々の現場に関わりながら，その中でも特に，神戸市長田区御蔵地区の外部ボランティアの手による共同建替事業に深く関わることとなる。

(2) まちコミュニケーションの共同建替（「みくら5」）事業

その神戸市長田区御蔵地区の共同建替事業についてここで触れておきたい。まち・コミュニケーション（以下，まち・コミと略）の主導した（そこにT氏が参画した）共同建替事業の概要を以下に紹介する。

震災前の御蔵通5・6丁目地区の暮らし

御蔵通5・6丁目地区は長田区の南東部に位置する約4.6haの区域である。戦前よりケミカル産業，金属・機械産業が栄えていた。工員のための長屋住宅も供給され，当該地区は典型的な住工混在地として市街化した。

第二次世界大戦後，戦災復興土地区画整理事業が施行され，約100メートル間隔で幅員6mの道路が整備されたが，各家の前の道路などはほとんどが幅員2.7m程度の私道であった。長屋建ての住居を中心に住宅の老朽化が目立っていた。

被災前から若年層の流出による高齢化や，産業衰退の傾向がみられた典型的なインナーシティである。1995年1月17日阪神・淡路大震災により，多数の家屋が倒壊すると共に，直後に発生した火災で地区面積の8割を全焼し，犠牲者も27人を数える。

皆が戻って来て「下駄履きで歩けるまちづくり」を目指して

荒れ果てたまちの中で住民の多くは離散し，皆が明日の展望をもてないでいた。そんな状況にあって，神戸市は震災から2ヵ月後，1995年3月17日の都市計画決定により，御蔵通5・6丁目地区を震災復興土地区画整理事業地

区に指定した。自治会は役員の老齢化のために機能していない。「このままでは我々のまちが好き勝手に作りかえられてしまうのではないか？」役所のやり方に疑問をもった地区住民の有志によって，「御蔵通5・6丁目町づくり協議会」（以下協議会）が1995年4月に結成された。

　御蔵通5・6丁目地区では，焼失面積が広く，多くの住民が避難先・仮住まいとして地区外へ転出していたため，地区内の人を再び呼び戻すことが最大の課題となっていた。したがって，公営住宅の供給を求める声が大きく，1995年6月18日，協議会により「耐震公営住宅の早期建設に関する要望書」が提出された。さらに協議会では，1995年8月にまちの再建を目指して従前居住者・家主・地主に，再建に関するアンケートやヒヤリング調査を行った。いずれにおいても，地域に戻って再建したいという回答が7割を割ることはなかった。

　再建意向アンケートの結果，まちづくり手法や共同再建に関する勉強会といったプロセスを経て，協議会は「まちづくり提案」を作成し，神戸市に提出している。そのスローガンは，「住まいと工場が共存する　下駄履きで歩ける街"御蔵"」であった。

生活再建へ向けて

　御蔵通5・6丁目地区で共同再建の話が協議会にのぼったのは，震災から丸1年を経た頃であった。同地区でおこなわれる都市計画は土地区画整理事業であり，この事業の権利者は土地所有者と借地権者に限られる。従前居住者の7割を占める借家人による地区内再建の希望は，非現実的なものでしかなかった。協議会はこうした状況に危機を抱き，震災後から地区を訪れるようになった研究者・建築家に，借家人の生活再建を考慮した共同建替案の作成を依頼した。

　1996年4月には，協議会が発行するニュース『ひこばえ』に「わたしたちが作る共同化による住宅再建案！」と題したプランが登場する。地区面積の四分の一にあたる御蔵通6丁目の北ブロック全体を敷地とした壮大な計画案である。これには，地主はもちろん借地・借家人も権利者の一人として関われるような計画や，神戸市に権利者として参加してもらうことで，共同化

の一部を公営住宅として扱ってもらうという計画が盛り込まれている。この共同再建プランは区画整理事業のイメージから除外されかねない借家人が，地権者と共に立場の違いを超えて歩めるビジョンを提示しようとしたものであったといえる。

しかしながら，この計画案は当初作成していた「まちづくり提案」のまちの「将来像案」の大幅な変更を迫るものであった。さらにこの計画案を実現するためには実に膨大な権利調整をしなければならないことが容易に予想された。

共同化のイメージはその理想の壮大さのゆえに神戸市やコンサルタントには実現不可能なプランとしか受け取られなかった。地域住民もリスクの伴う事業に安易に参加を表明することはできない。事業の実現可能性が低い段階では，借地権者や借家の人たちに参加を呼びかけることは事実上不可能であり，現実問題として土地所有者しか相手にできないという状況であった。

まち・コミュニケーションの設立と共同再建への準備

協議会の活動初期より支援活動を行ったボランティアらが，1996年4月にボランティア団体「阪神・淡路大震災まち支援グループ まち・コミュニケーション」(以下まち・コミ)を設立した。「まちの復興なくして復興はありえない」と，素人集団によるまちへの支援を行った。震災当初地区内に2割の住民しか居ない中でマンパワーを補うため，区画整理などわかりにくい復興事業の情報を住民に代わって取得してきてもらうために彼らは必要であった。多くのボランティア団体が仮設住宅の支援に向かう中でまちの支援を行っているまち・コミは，外部からは理解してもらえないことがあったが，信念を持って活動を続けた。

まち・コミは，共同再建に関して圧倒的な情報不足を憂慮していた。そのため建築家や研究者らと連携を図り，住民の実態調査を実施する事になった。これらの調査により被災状況，仕事や家族，住まいの諸状況，従前の権利状況等が確認されていった。調査と同時に，より具体的な建物のイメージを描けるように，共同化による集合住宅の写真を用意して共同化の仕組みを説明し，調査対象者に参加を呼びかけていた。

まち・コミは協議会や"我が街の会（地域の婦人が中心になり組織）"と連携して、区画整理だけでは地域の活性化や復興に必要なことはまかなえないとして、慰霊祭、盆踊り、餅つき等の地域イベントを震災以降継続して企画・開催している。このことは郊外仮設住宅に移った人々を一時でも呼び戻すと共に、住民と外部ボランティアの信頼関係を築き、まちづくりの力を強めていった。1996年12月には御蔵通5・6丁目地区の仮設集会所開所1周年の記念行事として餅つき大会が開かれている。建築家を招いて「幻灯会」（スライド上映会）が行われ先進的なコーポラティブ住宅の事例が紹介された。共同再建に関して、住宅という建物だけでなく「住まい方」のイメージを提案することで興味を持ってもらおうという趣旨であった。このほかにも、共同再建の説明をイベントと平行して行うことで、住民が参加しやすいシチュエーションを努力して用意した。

1997年5月には、共同再建に関するワークショップが開催された。ここでは共同再建による実質的な利益を学んでいくような一般的な勉強会と異なり、集合住宅における楽しい住まい方を考え、住民の希望を引き出すことで、「あつまって住むのは楽しいな」というイメージを定着させることに主眼がおかれていた。

共同再建事業の始動

1997年6月、事業への参加を表明した数世帯によって、「共同再建準備会」が結成されている。彼らは「共同化という住まい方に魅力を感じた」あるいは「再建への道は（狭小な敷地面積等の理由で）共同化にしか残されていなかった」と語っている。

さらに当初の候補地であった6丁目の北ブロックでは、権利関係に関する交渉が難航しており、事業の敷地もなかなか確定しなかった。プロジェクトへの意欲を高めるため、準備会の会合、コーポラティブの先進事例の見学会等が重ねられている。しかしながら共同化を実現するにはさらなる参加者を募らなければならないため、プロジェクト自体の推進力はなかなかついていかない。こうした状況を憂い、5丁目の北ブロックに土地を持つ地元企業社長に事業への参加を要請し同意を取り付けた。

10月に入ると権利者と設計者とのあいだで基本設計についてのやり取りが始まる。大阪の建築家では難しいと神戸の建築家に交代された。また，当初から共同再建の実現に向けて活動を続けていたまち・コミが，権利者と専門家，権利者間の調整を図り，事業全体を見守るコーディネーターの役割を担った。神戸の被災地では，共同再建事業が数多く行われた。建築に関して「素人集団」であったボランティア団体がコーディネートをつとめたおそらく唯一の事例だろう。結果，11世帯による共同再建住宅「みくら5」が2000年1月に完成式を迎えた[24]。

　T氏は公団職員として被災地における住宅再建事業に従事するなかで，まち・コミの運営委員として上記・御蔵の共同再建住宅建設に専門家として参画し，これらの経験＝研究実践の知見を博士論文にとりまとめていった。

(3) 生活再建（および復興）課（過）程を防災まちづくり（事前復興）に繋げて…

　御蔵では，個人の住宅再建，公営住宅2棟（94世帯），それに共同再建住宅「みくら5」（11世帯）が建設されたが，地元に戻って来られた従前居住者は，約1/3（100戸）に満たなかった。焼失面積が大きく，地域外で一時的な生活を余儀なくされた者が多く，一度地域外に出てしまうと，度重なる引っ越し（避難所→仮設住宅→復興公営住宅，等々），近隣関係や子どもの学校が変わることへの不安，事業者にとっては多額の引越費用，顧客や取引先が時間的・空間的に遠ざかってしまったことで，「仮の住処」が「終の棲家」になってしまった家庭・事業所も多く見られた。そして2002年頃には，ほぼ従前関係者の建築事業も終息し，これ以上，元の住民が戻ってこないであろう現実が広く認識されることとなった。

　震災当初，日常生活もままならない中で，生きていく力になったのが助け合いの心であったと言われている。現況でそれを何とか育み繋ぐために，まち・コミでは様々な地域イベント等を企画・実施してきた。

　「みくら5」完成間近の1999年秋，「みくら5」に権利スペースを有する

地元企業社長がその権利スペースを無償で提供するので，その「みくら5」の1階部分にコミュニティスペースを設けてみてはどうだろうか，と提案し話し合いが始まった。地元住民・ボランティアが一緒になり「支え合い，響き合う地域福祉を担おう」という拠点として，2000年4月，地域のコミュニティスペース「プラザ5」がオープンした。ここでは新旧住民の交流や，公営住宅に入った高齢者らの外出の機会を増やすことを目的に，ふれあい喫茶やミニデイサービス（生きがい対応型デイサービス），パソコン教室等が，地域内外のボランティアによって企画・開催された。

地域内には2002年1月，住民とコンサルタントの協議により「御蔵北公園」が設計され，芝張りなども住民の手で整備された。また，慰霊碑も建てられることとなったが，これも基礎からコンクリート打ちまでが住民の力で行われ完成した。

また，震災の教訓を次世代に伝えるために，協議会とまち・コミが共同で企画して，全国からの修学旅行生の受け入れを行っている。中学生を中心に，年間2,000人ほどが当地区を訪れ，住民の被災・生活再建の話に耳を傾ける。2003年には，地域住民の手による地域カルタ「御蔵カルタ」が作られた。句や絵の作成に関わったのは地域内外の133人におよび，町や震災に関する思いが一組のカルタに込められた[25]。

さらに，地域住民交流の拠点として公民館も住民の手で作られた。

　　真新しい建物が並ぶ御蔵地区の真ん中に1軒，使い込まれた柱や建具が美しい，趣の深い建物がある。兵庫県北部，香美町香住区安木にあった，築130年といわれる古民家を移築して建てた集会所である。
　　震災当初から被災地では，地域住民が集い町の今後を話し合うための「場所」の確保に苦労し，必要性を強く感じていた。御蔵地区では2001年10月，個人の住宅再建が一段落する中，(財)阪神・淡路大震災復興基金「被災地域コミュニティプラザ設置運営事業補助」を利用し，土地を神戸市から無償賃貸してもらい，集会所を造ろうという話が持ち上がった。勉強会や見学会を続ける中，

古民家を移築することに決まった。

　工務店は事業費を6,000万円と見積った。これは予算の1.5倍。そこで，ボランティアが労力を提供し，さらに募金を集めることにした。また，運転資金（無利子）も募った。各大学等に出向き，建築を志す学生へ参加を呼びかけ，ボランティアを増やした。

　2002年の夏，香住にて解体工事を行った。学生が参加しやすい夏休みを利用し，2週間の住み込み作業。2003年5月，御蔵地区で建設工事に着工。学生は土日や放課後を利用して参加した。御蔵地区に戻ってからの建設工事のため，働き手の地域住民も，休みの日を利用して参加。特殊技術を持つ住民も多く，自分の職能として持っている配線や金属加工等の技術を，地元住民に披露する場にもなった。また，工事に携わる人に食事を用意する，募金集めをするなど，多くの役割があった。総勢2000人以上が何らかの形で集会所建設に関わった。被災から9年目にあたる2004年1月，地域のシンボルとして，古民家移築による集会所が完成した[26]。

　その後，阪神・淡路大震災以降国内外各地で発生した様々な災害の被災地グループとの体験・知見の交流活動が続けられている。2009年末現在，その一環として，「921台湾集集地震」（1999年9月21日，台湾で発生した震災）の被災地との交流を契機に，福井県の漁村から台湾に古民家を移築して公民館を造るプログラムが進行している[27]。

　震災からの生活再建，コミュニティ復興のための住民主体の取り組みは，気がつけば結局は，日常的な近隣関係醸成の諸活動そのものであった（カルタを作ったり，住民集会所を造ったり）。日頃から地域の諸課題を眼差してコミュニケーションを重ねてそれに対処し続けてきた神戸市真野地区[28]では，阪神・淡路大震災に遭遇してもその被害は軽微であった。震災前30余年にわたり真野でまちづくりに関わってきたコンサルタントは，真野のまちづくりは防災のためにやってきたのではなく，結果的に防災的な機能を発揮したにすぎないとして，それを「結果防災」[29]と表現している。防災まちづくりを喧伝するまでもなく，日頃から足許を真摯に眼差して議論を重ねて適

切に対処していけば，それは結果的に災害に強いまちづくりとなるのである。御蔵では真野に学びながら，自らの活動を震災復興まちづくりに拘泥せずに，日常的なまちづくりに昇華させていったことで，内外の諸地域と触れ合う機会に恵まれることとなった。

この15年のまちコミの関わる御蔵の動向に，研究実践的に専門家としてそこに関り続けたT氏は，したがって湊西地区の密集事業に御蔵の知見を重ねていくこととなった。地域イベントを実施した。古老の話を聞いた。住民自主管理の公園を造った…等々。阪神・淡路大震災の一街区の経験は未被災の諸地域に確実に伝えられて実を結びつつある。

4．川崎市多摩区中野島町会の「防災マップづくり」（結果防災に向けて）

(1) 川崎市のまちづくり――事例：小田2・3丁目地区まちづくり（防災まちづくり）

川崎市では平成18年度末，川崎市都市計画マスタープランを策定し（都市計画法第18条に基づき），その全体構想の分野別（都市構造）の基本方針において，整備促進地区や再開発促進地区をしている。また，分野別（都市防災）の基本方針においては，市街地再開発事業や土地区画整理事業，住宅市街地総合整備事業の導入などによって，災害に強い都市づくりを目指すことがうたわれている。これに先立つ平成16年度末に川崎市住宅基本計画において，「緊急に改善すべき密集住宅市街地」および「重点密集市街地」として以下の諸地区が抽出されている。

「緊急に改善すべき密集住宅市街地」
 ・川崎区小田2目
 ・川崎区小田3丁目
 ・川崎区小田栄1丁目

資料1　小田2・3丁目地区　まちづくりだより（第35号）

小田2・3丁目地区 まちづくりだより 第36号

発行　平成21年10月

災害に強く、安全に住み続けられるまちづくり

● 幅員4m以下の道路は、4m以上にすることが義務づけられています！

建築基準法では、幅員4m以下の法第42条第2項の道路（「2項道路」と言います。）は、幅員4mに拡幅整備することが義務づけられています。

※ 2項道路では、個々の建替えに併せた道路整備（道路中心線から2m後退）が行われるため、沿道整備に時差ができます。しばらくは幅員が凹凸した道になりますが、将来的には4m道路に整備されることになります。

なお、川崎市では、次のような制度を設け、2項道路の拡幅整備を推進しています。

建替えに合わせて道路を4mに

● 道路拡幅整備に対する助成制度

川崎市全域対象事業（狭あい道路拡幅整備事業）

※ 市が指定した路線沿道では、さらに手厚い助成事業の適用が可能です（2ページ参照）

道路後退に伴い、塀・垣柵の除却や樹木の移植を行う時

2項道路（公道を含む）に面したお宅において、土地所有者等がセットバックし、**後退用地を市に寄附してくださる場合**は、後退用地の整備を行う上で支障となる整備支障物件の除却または移植工事に対し、右表に示す支障物件の区分に応じ算出した**工事費額合計の1/2（但し、上限30万円）**を助成します。また、**後退用地を市が舗装**します。

建築をお考えの際は、一度、市までご相談ください。
（問合せ先は④ページの下をご覧ください。）

※ 道路や敷地の形状等で舗装整備ができない場合もあります。

■助成対象物件の単価

撤去費	木塀	3,200円/㎡
	コンクリートブロック塀	12,500円/㎡
	格子フェンス	2,600円/㎡
	門	14,800円/本
	擁壁　石積み擁壁	36,700円/㎡
	擁壁　コンクリート擁壁	61,900円/㎡
移植費	樹木　根回り約20〜26cm　高さ約1.9m	10,900円/本
	樹木　根回り約27〜34cm　高さ約2.1m	16,600円/本
	樹木　根回り約35〜41cm　高さ約2.6m	26,800円/本
	生け垣	6,600円/m
その他	汚水桝　附属管含む	19,300円/箇所

①

● 道路拡幅整備（指定路線に限る）に対する助成制度

指定路線対象事業（防災まちづくりプラン 区画道路寄附促進事業）　※詳細はお問合せください

道路後退に伴い、私道部分を川崎市に寄附してくださる時

指定路線において、セットバックにより公道の中心から片側2mの範囲を道路状に整備した私有地部分を、その土地所有者等が川崎市に寄附申請する事業に対し、**奨励金をお支払い**（土地路線価額の4割相当）し、**分筆測量費等の費用を助成**（上限45万円）します。

■区画道路拡幅イメージ

※ 当制度（防災まちづくりプラン費用助成）のご活用にあたっては、③ページの下をご覧ください。

指定路線対象事業（防災まちづくりプラン 区画道路拡幅促進事業）　※指定路線以外の場合、別の助成事業の適用が可能です（①ページ参照）

道路後退に伴い、新たな塀・垣柵を設ける時

指定路線において、土地所有者等がセットバックする場合に塀・垣柵等を除却して新たな塀・垣柵等を新設する事業に対し、**その費用**（但し、上限30万円）**を助成**します。（右表を参照）

※ 道路や敷地の形状等で舗装整備ができない場合もあります。
※ 当制度（防災まちづくりプラン費用助成）のご活用にあたっては、③ページの下をご覧ください。

■助成対象物件の単価

撤去費	木塀	3,200円/㎡
	コンクリートブロック塀	12,500円/㎡
	格子フェンス	2,600円/㎡
	門	14,800円/本
	樹木 根回り約27～34cm 高さ約2.1m	16,600円/本
	生け垣	6,600円/㎡
その他新設費	汚水ます等 附属管含む	19,300円/ヶ所
	木塀	5,200円/㎡
	コンクリートブロック塀	12,600円/㎡
	格子フェンス	11,600円/㎡
	門扉	81,000円/基
	生け垣	8,200円/㎡

● 塀・垣柵の整備

塀・垣柵は、災害時に倒壊し避難路を防がないように備えておく必要があります。

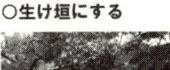

○生け垣にする
小規模な火災の延焼効果があります。

○ブロック塀を低くする
倒壊の危険性が小さくなります。

● 公園・広場整備に伴う助成制度

川崎区小田2・3丁目地区対象事業（防災まちづくりプランに基づく事業）

道路に接した100㎡以上のまとまった適地があれば
市が買収し、公園・広場を整備できます！

地区内に売却意向のある土地をお持ちの方は、ご相談ください！
※ 道路や敷地の条件等で買収できない場合もあります。まずはご相談ください。

● 公園・広場の整備

公園や広場は、地区内の避難所や空地となり防災性を高めるだけでなく、地域の憩いの場としての重要な役割があります。

【他地区での公園・広場の整備事例】

○地域の憩いの場
日陰ができる休憩所

○まちなか花壇
公園の花壇を地域の皆さんで管理

○かまどベンチ
平常時はベンチとして活用

○雨水利用井戸ポンプ
平常時は草花への水やり等に活用

【防災まちづくりプラン費用助成】の手続きの流れ

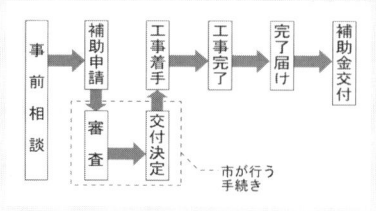

事前相談 → 補助申請 → 工事着手 → 工事完了 → 完了届け → 補助金交付
（審査 → 交付決定：市が行う手続き）

※ 詳細は川崎市ホームページをご覧ください

○ 川崎市の予算の範囲内で実施しています。
助成・補助申請は毎年11月末で締め切ります。
早めにご相談ください！

○ 詳細な規定があります。
ご予定されている方は、必ずご相談ください。
（事前相談がない場合は補助の適用ができません。）

○ 問合せ先は④ページの下をご覧ください。

第5章　堺と川崎の防災まちづくりを考える　241

連載 第7回　安全でゆとりのある建替えのために
～地域コミュニティ形成に寄与する「共同建替え」～

木造密集市街地など、さまざまな理由により個々の建替えが困難な場合には、隣近所で敷地を合わせて共同で検討することにより、建替えが可能になる場合があります（**共同建替え**と言います）。
共同建替えのメリットのひとつとして、**公園・広場を整備することにより住環境が向上する**ことがあげられます。今回は、その事例をご紹介します。

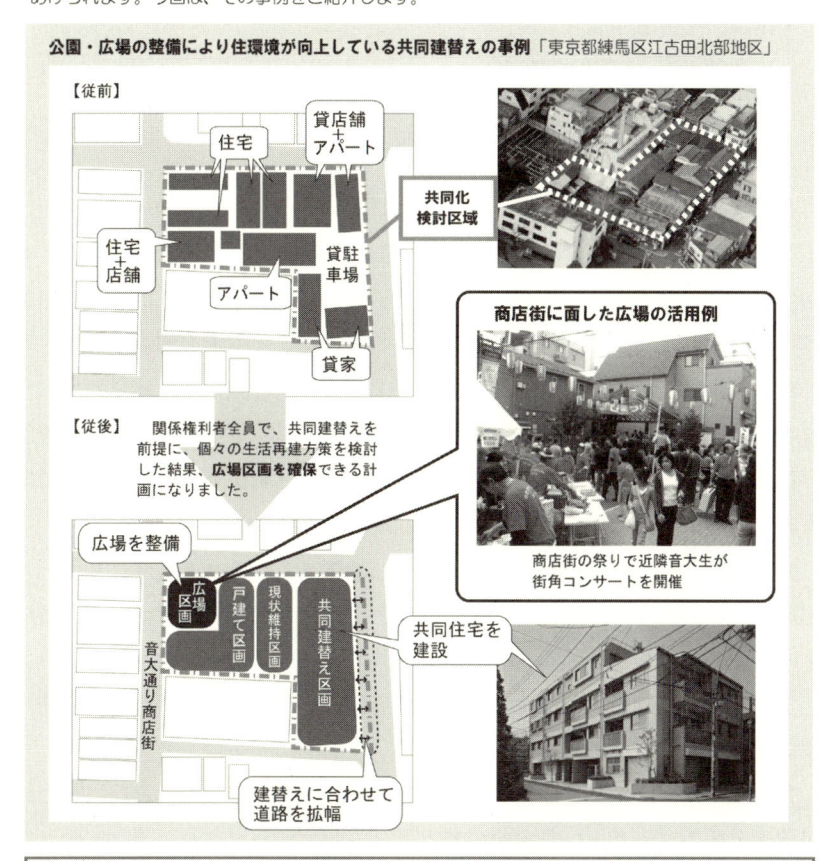

公園・広場の整備により住環境が向上している共同建替えの事例「東京都練馬区江古田北部地区」

【従前】
- 住宅
- 貸店舗＋アパート
- 住宅＋店舗
- アパート
- 貸駐車場
- 貸家
- 共同化検討区域

【従後】
関係権利者全員で、共同建替えを前提に、個々の生活再建方策を検討した結果、**広場区画**を確保できる計画になりました。

- 広場を整備
- 広場区画
- 戸建て区画
- 現状維持区画
- 共同建替え区画
- 音大通り商店街
- 建替えに合わせて道路を拡幅
- 共同住宅を建設

商店街に面した広場の活用例
商店街の祭りで近隣音大生が街角コンサートを開催

④

小田2・3丁目地区のまちづくり　お問い合わせ先
川崎市 まちづくり局 市街地開発部 市街地整備推進課　電話：044-200-2731（直通）

http://www.city.kawasaki.jp/e-news/info1091/index.html

・川崎区浅田3丁目
  ・幸区戸手3丁目
  ・幸区幸町3丁目

「重点密集市街地」
  ・川崎区小田2丁目
  ・川崎区小田3丁目
  ・幸区幸町3丁目

　ここでは一例として小田2・3丁目地区を取り上げてみたい。小田2・3丁目地区では,「密集住宅市街地整備促進事業」により耐火性能を有する共同住宅等への建替などが行われてきたが,平成19年度末をもって当該事業は完了したとして,これに続いて,重点密集市街地の改善を図るとして,同地区に幸町3丁目地区を加えて,「防災まちづくりプラン」が策定された（平成19年度末）。同プランに基づき平成20年度からは,「密集住宅市街地整備促進事業」,「住宅不燃化促進事業」,「区画道路拡幅促進事業」,「区画道路寄附促進事業」などが被せられて建替が進められている。

　同地区で配布されている「小田2・3丁目地区まちづくりだより（第35号：平成21年8月）」（資料1）を見ると,そこには重点密集市街地での建替のメリットや利用可能な補助制度の紹介,共同建替の事例紹介などがなされている。発行主体は市まちづくり局市街地整備推進課である。すなわち,法定再開発のお知らせである。

　先に堺市湊西地区の再開発事例を概観してきたが,そこで行われていた市民協働のまちづくりとは基本的に異なるスタンスが見て取れよう。しかしながら川崎市の関連事業の中にも,いくつか独自の展開を見せる事業も見受けられる。そこでここでは次に,防災を一つの争点（契機）として,住民発案の防災まちづくり活動が芽生え始めている（と目される）川崎市内一町会の事例を紹介・検討してみたい。

(2) 川崎市多摩区での防災マップづくりの意図と意義

　川崎市多摩区では，地域の課題解決への取り組みの一つとして，地元の3大学（専修大学，明治大学，日本女子大学）との協働で，「多摩区・3大学連携事業」を行っている。これまでは，親子自然教室，区民ニーズ調査，学校へ学生を派遣するサポート事業など，各大学の知的資源を生かした取り組みを進めてきたが，平成20年度から，専修大学との取り組みについては，「災害・防災」をテーマとすることとし，「防災マップづくり」にとりくむこととなった。

　「平成20年度多摩区・3大学連携事業『災害・防災に関する事業』」では，多摩区行政の重点課題の一つである「安心・安全なまちづくり」に着目し，「災害・防災」の領域における「災害に強いまちづくり」を課題とし，多摩区内で事業実施の希望があった中野島町会の自主防災組織と共に取り組んだ。住民とまち歩きを行い，その地域の災害時における課題等（防災上の問題点のみならず，防災・減災上の「資源」をも）を発掘・発見しようと，自らの足で歩き，そこから得られた諸情報を集約して防災マップを共同作業により作成することで，日常的な生活の中に防災の意識や実践を醸成していくことを目的とした。

　多摩区中野島町会の防災マップづくりは，上述の川崎市小田2・3丁目地区・防災まちづくりが密集市街地整備促進事業（ハードな「（防災）まちづくり」）であるのに対し，住民主体の「（ソフトな）まちづくり」であって，今後の事業展開の中から道路拡幅，木造住宅密集地区の改善が住民発案で議題にのぼってくる可能性を含んでいるものであって，現時点ではまだ法定再開発事業にはなっていない。

　「中野島町会防災マップづくり」は，多様な住民層の参加を得てまち歩きを実施し，ワークショップ形式で防災上の課題・資源を見いだし，それらを地図上に表記することで，参加者，地域，行政担当者と共有することを目的とした。事業開始に当たって，「防災マップづくり」の意図と意義について確認作業が行われた。というのも，多くの自治体や自治会で，防災マップを

作ろうという願望や動きはあるものの,それらの多くは結局,資機材所在マップを作成しているに過ぎないきらいがあり,「防災＝災いを防ぐ」目的には適っていないことが防災工学領域でこれまでも幾度も忠告されてきていることを念頭に置き,「中野島町会防災マップづくり」においては,「マップづくり」という行為のその本義に立ち返って正しく行っていこう,という「防災マップづくり」の概念,意図・意義の確認作業が行われたところであった。

　町会範域地図に消火栓や防災倉庫,最近ではAEDの設置場所等を記す地図は,資機材配置図であって,そこには「防災」の意味は包含されていない。ただ地図の上に,ヘルメットや乾パン貯蔵場所が記されているだけである。「防災」とは「災いを防ぐ」という「(社会的)行為」であるから,「防災マップ」とは,その地図の上に「災いを防ぐ行為」が顕現されていなくてはならない。つまり,そのヘルメット(防災倉庫に所蔵)を誰がかぶり,そもそも何のためにかぶり,かぶった人が何をするのか。資機材を活用した防災行為が具体的にイメージされて演じられる場が町会地図という舞台の上なのであるから,防災マップは防災図上演習の現場なのである,と考えなくてはならない。ところが巷に氾濫する「防災マップ」と称されるものは,実際は単なる資機材配置図であって,それを作成したことで,すなわち防災マップが作成されたと誤解されてしまっていて,地域の防災がそれで成し遂げられたと早合点されてしまうことが多いようだ。実際は,消火栓がマッピングされていても,その消火栓に消防ホースを接続し,その筒先を持って炎上家屋に放水する主体が現存していなければ,消火栓は単なる道ばたの赤い鉄パイプでしかないのである。

　中野島町会防災マップづくりでは,この「防災マップづくり」の本義を十分理解した上で,まち歩き,ワークショップ,地図づくりを進めていくために,以下の諸段階を経て事業は進められた[30]。

　①多摩区中野島地区におけるフィールド調査(まち歩き)
　　中野島町会の区域を複数エリアに区切り,各エリアを自主防災組織のメン

バーや住民とまち歩きする。まち歩きでは，災害時に問題点となり得る場所や防災・減災に資すると考えられる諸資源を地図上にマークし，写真やスケッチでその記録を取る。可能な限り子どもたちにも参加してもらい，子ども目線（防災行政においては抜け落ちがちな視点）での問題個所の洗い出しも行う。
②防災マップ作成のためのデータ処理業務（ワークショップ）

まち歩きから得た情報を，デジタル地図へ入力し，独自の地図を作成する（中野島町会防災マップ）。作成した地図をもとにまち歩き参加者で話し合いを行い，内容について加筆・修正をする。
③町会自主防災組織における情報交換・交流会（他地域の事例発表等）の実施

地図作成作業と同時進行で，地域の防災に対する知識の向上をねらい，他地域で実施された斬新な事例など，その関係者に知見を披瀝してもらい吸収をはかる。
④意見交換会の実施

自主防災組織メンバーやまち歩き参加住民らと作成過程の地図をもとに意見交換会を行う。
⑤マップ作成方法・過程をまとめた報告書の作成及び報告会の実施

まち歩きの過程やポイントをまとめた報告書を作成する。報告書は今後，区内他地区（町会・自治会等）で防災マップづくりを実施する場合のマニュアル（作業手順書）となることをねらう。今回の対象地区・中野島町会のメンバーが今後，区内他地区（町会・自治会）における防災マップづくりの指南役として活躍することが望まれる。その際の手引き（ガイドブック）の役割を果たすことができるように報告書を構成していく。そうした意味を込めて，完成した防災マップと報告書についての報告会を行う。

具体的には，以下のように，5回のワークショップが重ねられた。また，この5回のワークショップの前に，準備会を2回，打ち合わせ会を1回実施している。それらの経緯は表8のとおりである。

平成20年度事業についての打ち合わせの当初，町会サイドからは「防災地図作成」の希望があげられてきた。町会（中野島町会自主防災組織・防災

表8　中野島町会防災マップづくり（ワークショップ等）の経緯

◆第1回準備会
日　時：平成20年6月27日（金）午前10時～12時
場　所：多摩区役所701会議室
テーマ：専修大学（災害社会学）からの提案（結果防災と地域防災）
◆第2回準備会
日　時：平成20年8月21日（木）午前10時～12時
場　所：多摩区役所701会議室
テーマ：区内各町会・自治会における地域活動（防災を含む歴史的，文化的活動等）の紹介
◆第1回事前打ち合わせ会
日　時：平成20年12月17日（水），午後6時30分～9時
場　所：中野島町会会館
テーマ：区（企画課）・町会（中野島町会）・大学（学長室企画課・大矢根研究室）の顔合わせ
◆第1回ワークショップ
日　時：平成21年1月30日（金），午後6時30分～9時
場　所：専修大学サテライトキャンパス
テーマ：防災マップ作成のスケジュール，作業の確認
◆第1回防災マップづくり実踏
日　時：平成21年2月5日（木），午前9時～12時
場　所：中野島町会エリア
テーマ：地域の「危険」・「資源」をさぐる事前まち歩き（大学研究室メンバー等）
◆第2回ワークショップ
日　時：平成21年2月12日（木），午後6時30分～9時
場　所：専修大学サテライトキャンパス
テーマ：まち歩きプランの検討／地域防災学習（防災都市計画研究所の講義）
◆第3回ワークショップ
日　時：平成21年2月28日（土），午後1時30分～5時
場　所：中野島町会会館
テーマ：まち歩きおよび情報集約
◆第4回ワークショップ
日　時：平成21年3月13日（金），午後6時30分～9時
場　所：中野島町会会館
テーマ：防災マップ（大判）をもとに地域防災課題・資源の把握
◆第5回ワークショップ
日　時：平成21年3月30日（月），午後6時30分～9時
場　所：中野島町会会館
テーマ：報告書（案）の紹介・検討／今年度事業の総括

『中野島町会防災マップづくり』（平成20年度多摩区・3大学連携事業報告書）より

委員会)での防災に関する取り組みの一環として，防災地図を作っておきたい，という希望である。そして防災地図をもとに，町会を地区編成しながら，地区別訓練(小規模訓練)を実施する年次予定が作られていた。そこで大学研究室サイドとしては，こうした町会サイドの構想が「絵に描いた餅」「砂上の楼閣」にならぬよう，戦略的，効果・効率的に防災地図づくりが位置づけられるよう，防災地図作りをプログラムしてみた。全国の地域防災の現場で，このような防災地図づくりは一つのトレンドとなっている。こうした地図づくりや，そこから発展させての図上訓練(机上演習とか DIG=Disaster Imagination Game などと呼称されている)なども盛んに行われている[31]。しかしながら，こうした地図づくりを構想・実施する際には，一点，慎重に検討しておかなければならない「前提」がある。それはこうした地図づくり自体が目的となってしまい，立派な地図が仕上がったことで地域防災が達成されてしまったとの誤解を蔓延させてしまうこと，そうした過ちをおかさぬよう，地図づくりの位置づけきちんと確認しておくことである。すなわち，防災地図づくりは地域防災の「目的」ではなく，一つの「過程(プロセス)」であって「手段」に過ぎない，という点である。防災地図を作るために，みなで「まち歩き」を構想し，実際にまちを歩き，得られた知見を議論して，それを地図に書き落としていく。何かが問題点として把握されたら，それを関係当局に持ち込んで，協働で解決をはかっていく。その際に例証されるデータの一つがこの防災地図である。地域(町会)の民主的なプロセスを経て作成されてきた町会の叡智の結晶がこの地図である。繰り返しになるが，防災地図づくりは目的ではなくて手段でありプロセスである。したがって，防災地図には，まちの皆が想い描く近い将来のまちの姿を産み出す，多くの種・しかけが埋め込まれている。たかが一枚の防災地図，しかしながら一緒にまち歩きに参加した面々は，この地図をまのあたりにして，実に豊かに地域の将来像を読みとっていくこととなるのである(部外者には単なる地図に見えるであろうが)。

　防災マップづくりは，当該エリアの災いを防ぐ社会的行為であって，その

地図（づくり）は決して目的ではなくて一つの手段であって過程であり，その目的遂行のために町会叡智の結晶である地図を描きながら，地域の将来像を醸成していく，すなわち，防災マップづくりはまちづくりの一画に位置づけられるべきものなのである．

（3）中野島町会防災マップづくりの過程と知見

ここに，中野島町会防災マップづくり（平成20年度）の諸経過（表9），そこで把握された地域課題（資料2）と，成果としての防災マップ（図5）を例示しておく．

例えば，「木造家屋密集地区」について，巷では阪神・淡路大震災の教訓，すなわち，木造老朽家屋が多数倒壊・焼失して，そこに（しか住むことのできなかった年金暮らしの）居住していた高齢者が多数犠牲になったことから，木造老朽家屋密集地区における建替を防災まちづくりと呼んでいるところが多いが，実は中野島町会でも当初，そうした懸念を抱いているところから防災マップづくりはスタートした模様であった．ところが皆でまち歩きをした結果，中野島に現存する木造家屋密集地区は「更新されるべき（建替られるべき）木密」ではなく，新たに「豊かな木密」という表現を獲得するに至った．

これまで一度も火を出したことのない街区であり，豊かな近隣関係（消防団など数世代にわたる人的交流が豊か）を有している街区であり，各家庭の世代交代で建替が発生するに連れて狭い通路でセットバック（建築基準法に従った建替）が起こり，この数年で次第に道が広がったり行き止まりが解消し始めている街区であり，そうした履歴・現況を皆で直にそこに出向いて確認し話し合った結果，ここは「建替られるべき木密」ではなく，「(実に) 豊かな木密」であると認知されるに至った．むしろ，災害時の優先交通路や駅前商店街，さらにはオープンスペースが十分確保されているとされる巨大マンション群の方で，諸々の危険性が発見されてしまい，法制度に基づいた諸施設の対処において防災上不十分だと認識されるポイントが多々露呈してきた．そこから，メインストリートの電柱の地中化（災害時，優先道路が塞が

第 5 章　堺と川崎の防災まちづくりを考える　　249

資料 2　「中野島町会防災マップ」作成過程

　本プロジェクトの計 5 回のプログラム展開の概略を、準備作業等の過程をも含めて記し、次に各プログラムの内容と準備・作業内容の概要を記して、一枚の「防災マップ」が出来上がるまでの一連の流れを記す。

1. プロジェクトの流れ

「中野島町会防災マップ」作成プロジェクト

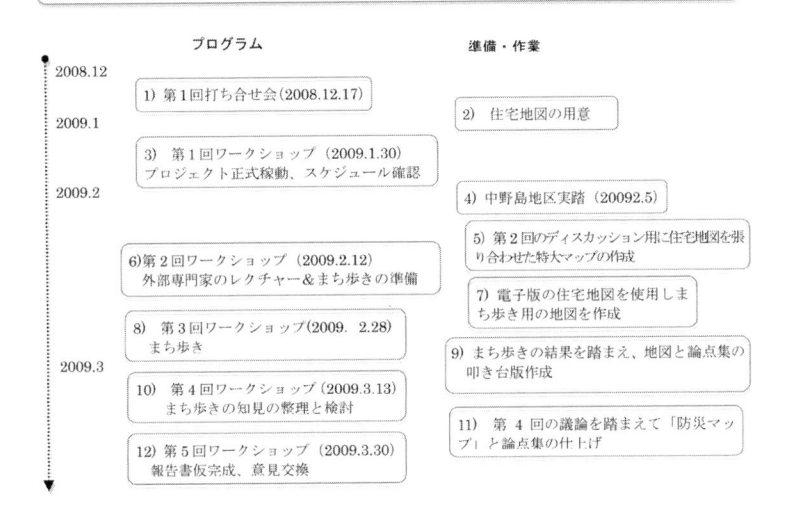

年月	プログラム	準備・作業
2008.12	1) 第 1 回打ち合せ会（2008.12.17）	
2009.1		2) 住宅地図の用意
2009.2	3) 第 1 回ワークショップ（2009.1.30）プロジェクト正式稼動、スケジュール確認	4) 中野島地区実踏（20092.5）
	6) 第 2 回ワークショップ（2009.2.12）外部専門家のレクチャー＆まち歩きの準備	5) 第 2 回のディスカッション用に住宅地図を張り合わせた特大マップの作成
2009.3	8) 第 3 回ワークショップ（2009. 2.28）まち歩き	7) 電子版の住宅地図を使用しまち歩き用の地図を作成
	10) 第 4 回ワークショップ（2009.3.13）まち歩きの知見の整理と検討	9) まち歩きの結果を踏まえ、地図と論点集の叩き台版作成
	12) 第 5 回ワークショップ（2009.3.30）報告書仮完成、意見交換	11) 第 4 回の議論を踏まえて「防災マップ」と論点集の仕上げ

2. 防災マップが出来るまで

1) 第 1 回 打ち合わせ会
・中野島町会、専修大学、多摩区それぞれの顔合わせを行う。
・中野島町会からこれまでの防災の取組みや成果や課題、限界点などの説明。
・専修大学研究室サイドから地域防災に関する大枠の論点の提示。特に「防災マップ」そのものの意味があるのではなく、それを作る過程が重要だという点が強調される。
・意見交換

2) 住宅地図の用意

本プログラムを通しての欠かすことができない素材となり、また実際の防災マップ作成に不可欠な地域の地図を研究室で作成した。

◇株式会社ゼンリン『ゼンリン住宅地図　川崎市多摩区』(2009 年)
◇株式会社ゼンリン『デジタウン　川崎市多摩区』(2009 年)

3) 第 1 回ワークショップ
・プロジェクト正式稼動。
・全体の流れとスケジュールの確認。
　研究室から地域防災活動、防災マップづく

りに関するレクチャー。
◇キーワード:「D.I.G. (Disaster Imagination Game)」、「あらかじめ黙認された被災」、「見えてくる責任」、「シナリオ型被害想定」
・ディスカッション
地域イベントである「社会福祉のつどい」（2009年2月7日開催）でAEDのイベントを行うことが急遽決定する。消防サイドも応援に駆けつけることになった。

4) 中野島地区事前実踏の実施
・研究室メンバーで車を使い中野島地区のほぼ全域を回り、地域特性や防災上の論点を探る。
・実踏から得られた知見を地図に落とす。

写真1：実踏後、研究室に戻り気づいた点をポストイットに書き込み地図上に貼っていく。

5) 特大マップの作成

写真2：情報が書き込まれる前の特大マップ。

住宅地図の中野島町会エリアに該当する頁をコピーし、そのままのサイズで張り合わせ、特大マップを作成した。今後のプログラムが進展していくにつれてこの特大マップに書き込みなされ、が進化していくことになる。

6) 第2回ワークショップ
・研究室から「防災まち歩きとマップづくり」と題してのレクチャー。他地域での先進的事例が紹介されつつ、防災まち歩きとマップづくりの具体的な方法が提示される。
・特大マップを使いながらのディスカッション。「危険」と「資源」をキーワードに地域特性を確認していき、次回まち歩きをするエリアと経路を決定する。

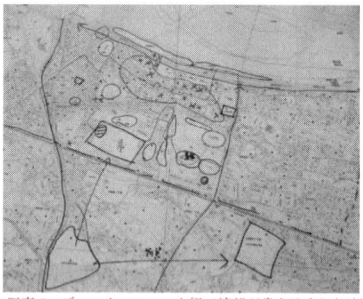

写真3：ディスカッションを経て情報が書き込まれた地図

7) 電子版の住宅地図を使用しまち歩き用の地図を作成
ゼンリンの「デジタウン」を使い、まち歩きの際に携帯する地図を作成。ディスカッションの際に出されたポイントとなるエリアも地図上に記しておいた。ただ経路に関しては予め記載せずに、当日、参加者の方々に直接記入してもらうことにした。

8) 第3回ワークショップ
まち歩きを実施。参加者は総勢20名以上。いつものメンバーだけでなく、女性や小学生の参加が得られたことには大きな意味があった。まち歩きは13：00から2グループに分かれてスタート。7つのポイント（①新多摩川ハイム、②中野島駅前通り、③沿線道路＆河川敷、④木造家屋密集エリア、⑤三沢川＆二ケ領用水エリア、⑥下布田小学校、⑦鯉沼工務店）を、約1時間半をかけて歩いた。経路は次章の「中野島町会防災マップ」でも確

認できる。また参加者は手には「まち歩きセット」(地図、記録用紙、ボールペン、大学ノート、クリアケース、お茶、カバン)をもち、中野島町会防犯パトロール用のビブスを着用した。

まち歩きの後は中野島会館にて、参加者がまち歩きを通して気づいたポイントを報告し合う時間をもった。そこで述べられた知見は即座に「資源」、「危険」、「提案」の3つに分類されポストイットに記載され、特大マップの上に貼られていった。

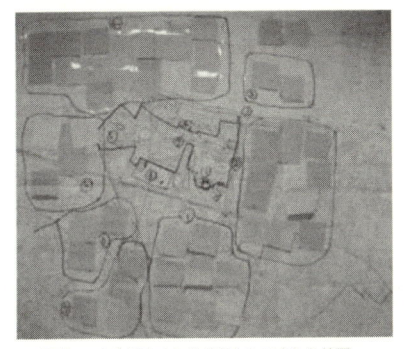

写真4：まち歩きの知見が落としこまれた地図

9)　防災マップと論点集のたたき台を作成

まち歩きを通して得られた知見を研究室に持ち帰り、次回の会合の資料となる、防災マップと論点集のたたき台版を作成した。

マップ作成はイラストレーターを使い、ベースの地図の上に歩いた順路、消火栓や器具ボックスの位置、写真などを重ねていった。

図：防災マップたたき台版

10)　第4回ワークショップ

まち歩きの知見の整理と検討を行う。はじめに研究室から配布資料(防災マップと論点集のたたき台版)に関する説明がなされる。次に、まち歩きを再度振り返り、ポイント順に知見をもう一度確認し、各論点に関する議論を深めていった。その中でも多くの課題が導き出されるとともに、それに対する対応策なども豊富にあげられた。最後には研究室メンバーが、これまであげられてきた論点を災害過程にそって構造化する方法がレクチャーされた。

11)　防災マップと論点集の仕上げ

第4回時の議論を踏まえて防災マップと論点集を仕上げる。防災マップと論点集をリンクさせることで、これまでの議論のエッセンスを凝縮して詰め込むことができた。

12)　防災マップと論点集の完成

防災マップと論点集の完成版を地域住民に提示し、マップ作成プロセスをまとめた報告書を中野島町会及び区にお届けした

(横山順一氏作成)

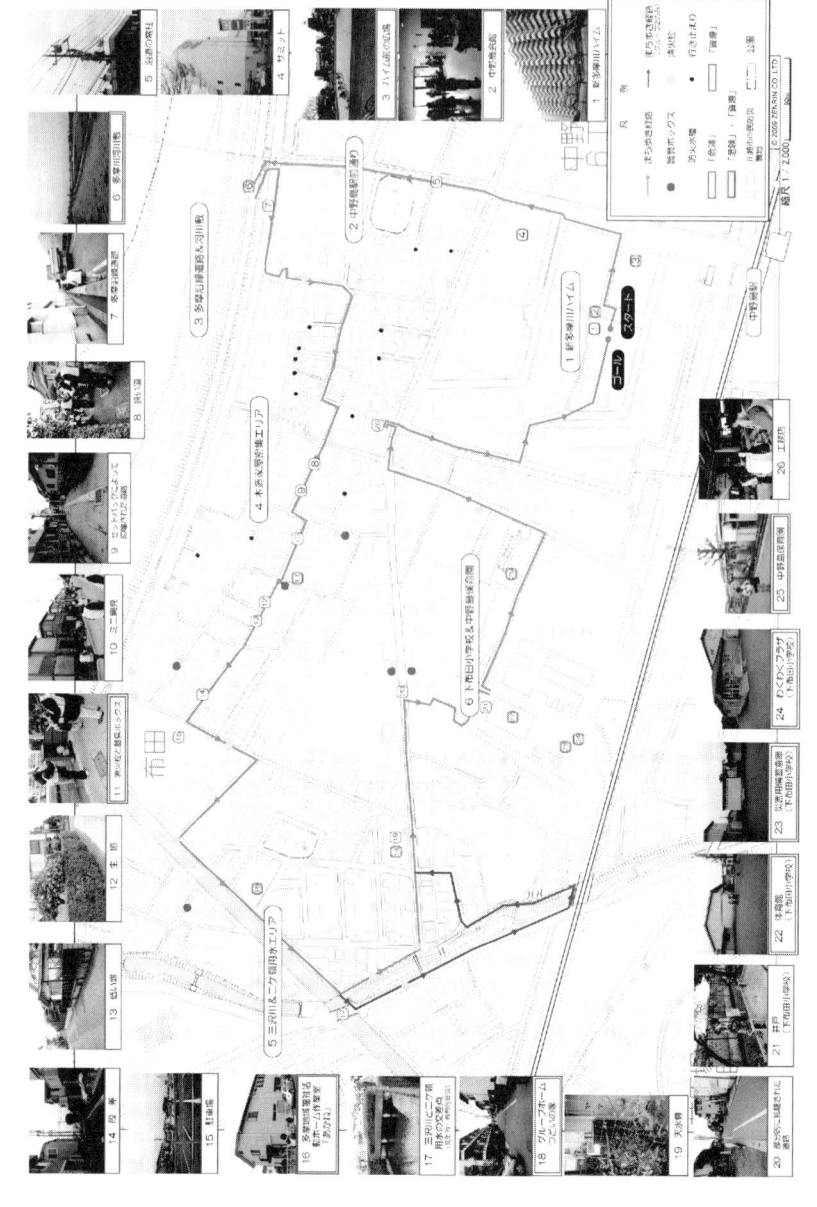

図5 中野島町会防災マップ

(横山順一氏作成)

資料3　中野島町会防災マップ論点集

1　新多摩川ハイム＆広場

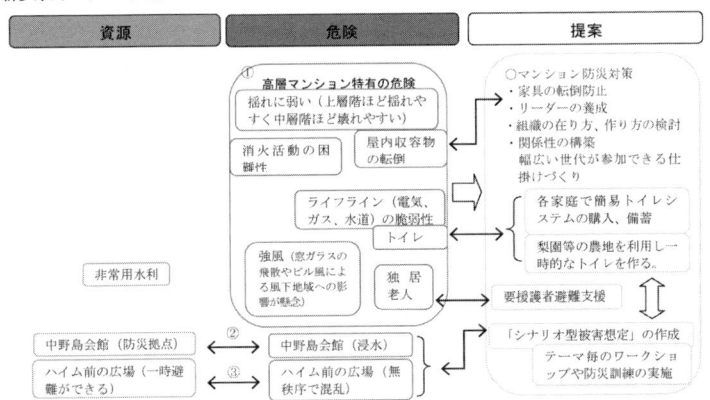

資源	危険	提案
	① 高層マンション特有の危険 ・揺れに弱い（上層階ほど揺れやすく中層階ほど壊れやすい） ・消火活動の困難性 ・屋内収容物の転倒 ・ライフライン（電気、ガス、水道）の脆弱性 ・トイレ ・強風（窓ガラスの飛散やビル風による風下地域への影響が懸念） ・独居老人	○マンション防災対策 ・家具の転倒防止 ・リーダーの養成 ・組織の在り方、作り方の検討 ・関係性の構築 　幅広い世代が参加できる仕掛けづくり ・各家庭で簡易トイレシステムの購入、備蓄 ・梨園等の農地を利用し一時的なトイレを作る。 要援護者避難支援
非常用水利		
中野島会館（防災拠点） ハイム前の広場（一時避難ができる）	② 中野島会館（浸水） ③ ハイム前の広場（無秩序で混乱）	「シナリオ型被害想定」の作成 テーマ毎のワークショップや防災訓練の実施

　中野島会館やハイム前の広場といったオープンスペースは、被災後の緊急・応急段階における活動の拠点となすことができる点で地域の大きな資源である。しかし同時にそれは危険ともなり得る。被災後の緊急時には多くの人がその拠点に集中するだろうし、またそのことからパニックや混乱の発生が予想されるからである。そのためにもオープンスペースの使い方や集まってくる人たちへの対応などをあらかじめ想定しておくことが必要になってくる。「シナリオ型被害想定」の作成は、そうした問題を発災からの時間軸に沿ってあぶり出し、その対応策を検討する機会を提供するツールとなる。

2　商店街エリア

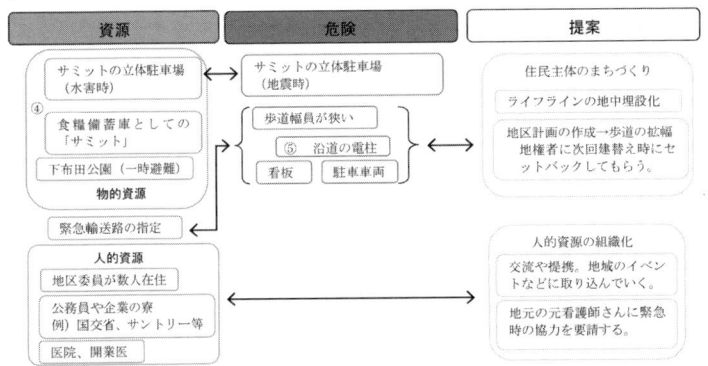

資源	危険	提案
サミットの立体駐車場（水害時） ④ 食糧備蓄庫としての「サミット」 下布田公園（一時避難） 物的資源 緊急輸送路の指定	サミットの立体駐車場（地震時） 歩道幅員が狭い ⑤ 沿道の電柱 看板　駐車車両	住民主体のまちづくり ライフラインの地中埋設化 地区計画の作成→歩道の拡幅 地権者に次回建替え時にセットバックしてもらう。
人的資源 地区委員が数人在住 公務員や企業の寮（例）国交省、サントリー等 医院、開業医		人的資源の組織化 交流や提携、地域のイベントなどに取り込んでいく。 地元の元看護師さんに緊急時の協力を要請する。

　商店街通りは中野島のまちを南北に貫く生命線的な道路である。しかしその沿道には多くの電柱が建っており、震災時に1本でも倒れると道が塞がれてしまうことが懸念される。その解決策としてはライフラインの地中埋設化や地区計画による歩道の拡幅があげられる。いずれも一朝一夕に実現するものではないが、それらは「住民主体のまちづくり」というより大きなテーマにつながっていくものである。

3 沿線道路と河川敷

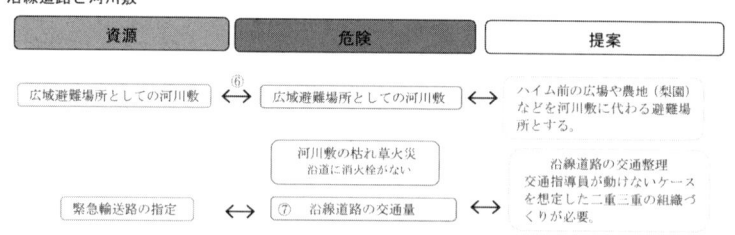

資源	危険	提案
広域避難場所としての河川敷	⑥ 広域避難場所としての河川敷	ハイム前の広場や農地（梨園）などを河川敷に代わる避難場所とする。
	河川敷の枯れ草火災 沿道に消火栓がない	沿線道路の交通整理 交通指導員が動けないケースを想定した二重三重の組織づくりが必要。
緊急輸送路の指定	⑦ 沿線道路の交通量	

　河川敷は広域避難場所に指定されているが、近くに堰があること、トイレがないこと、地面の凹凸が激しいこと等から避難場所に適しているのかどうかとの疑問の声がある。また、アクセスするために横切る沿線道路は普段から大型車両がひっきりなしに行き交っているうえ、発災時には緊急輸送路としての混雑が予想されるため、アクセスする上での問題もある。したがって、避難場所としての安全性を確保し、交通整理をするための要員確保が望まれる。この場所以外にも地域内で守らなければならないところはどこなのか、そこを誰がどのように守るのかということを確認しておく必要があるだろう。

4 木造家屋密集エリア

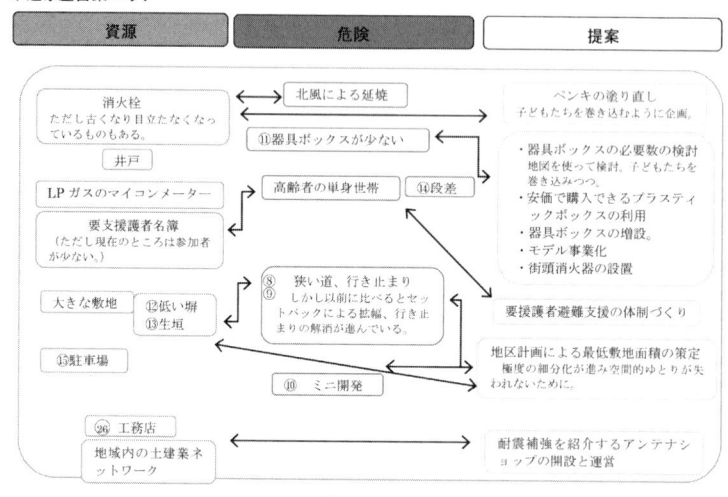

資源	危険	提案
消火栓 ただし古くなり目立たなくなっているものもある。	北風による延焼	ペンキの塗り直し 子どもたちを巻き込むように企画。
井戸	⑪器具ボックスが少ない	・器具ボックスの必要数の検討 地図を使って検討、子どもたちを巻き込みつつ。
LPガスのマイコンメーター	高齢者の単身世帯 ⑭段差	・安価で購入できるプラスティックボックスの利用
要支援護者名簿 （ただし現在のところは参加者が少ない。）		・器具ボックスの増設。・モデル事業化・街頭消火器の設置
大きな敷地 ⑫低い塀 ⑬生垣	⑧⑨狭い道、行き止まり しかし以前に比べるとセットバックによる拡幅、行き止まりの解消が進んでいる。	要援護者避難支援の体制づくり
⑮駐車場	⑩ミニ開発	地区計画による最低敷地面積の策定 極度の細分化が進み空間的ゆとりが失われないために。
㉖工務店 地域内の土建業ネットワーク		耐震補強を紹介するアンテナショップの開設と運営

「豊かな木密」

　同エリアは一般的に考えられる「木密エリア」とは性格を異にしている。古い木造住宅が多く建っているが、敷地面積が大きく空間的にゆとりがあり、塀も低く圧迫感はない。また地域に根ざいたコミュニケーションも健在だ。さらには建替えと同時にセットバックが進んでおり、道路の拡幅や行き止まりの解消が年々進展している。このように同エリアの特徴をみる限り、「防災上脆弱な木造老朽家屋の密集地」ではなく、「豊かな木密」、「年を経るごとに進化していく木密エリア」といった表現のほうが適しているだろう。いくつか出された「危険」ポイントに対しても複数の解決案が提案されており、同エリアの特性を活かした形での取組みが望まれる。

5 三沢川＆用水路エリア

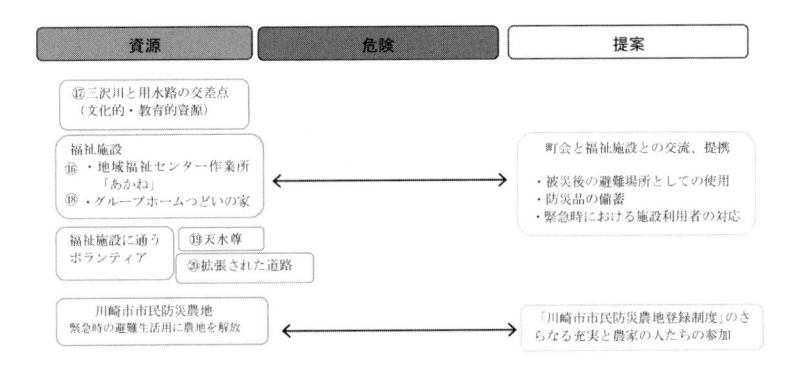

第5章　堺と川崎の防災まちづくりを考える　255

資源	危険	提案

⑰三沢川と用水路の交差点（文化的・教育的資源）

福祉施設
⑯・地域福祉センター作業所「あかね」
⑱・グループホームつどいの家

⇔

町会と福祉施設との交流、提携
・被災後の避難場所としての使用
・防災品の備蓄
・緊急時における施設利用者の対応

福祉施設に通うボランティア
⑲天水尊
⑳拡張された道路

川崎市市民防災農地
緊急時の避難生活用に農地を解放

⇔

「川崎市市民防災農地登録制度」のさらなる充実と農家の人たちの参加

　同エリアにある福祉施設は緊急時の避難場所となり得るため「資源」とすることができるが、また緊急時には平時からそこを利用する人たちのケアという課題も浮上する。有事の際の双方の対応を確認しておく必要がある。

6　下布田小学校

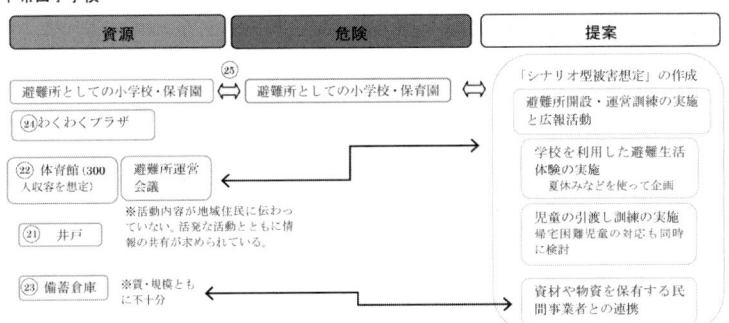

資源	危険	提案

避難所としての小学校・保育園　㉕　避難所としての小学校・保育園　⇔　「シナリオ型被害想定」の作成

㉔わくわくプラザ

㉒体育館（300人収容を想定）
避難所運営会議
㉑井戸
※活動内容が地域住民に伝わっていない。活発な活動とともに情報の共有が求められている。

㉓備蓄倉庫　※質・規模ともに不十分

避難所開設・運営訓練の実施と広報活動

学校を利用した避難生活体験の実施
夏休みなどを使って企画

児童の引渡し訓練の実施
帰宅困難児童の対応も同時に検討

資材や物資を保有する民間事業者との連携

　小学校や保育園は避難場所としての「資源」としてのみ考えられがちだが、実はそこには子どもたちのケア、帰宅困難児童への対応、または混乱のない避難所の開設や運営、といった重大な課題が存在している。こうした問題への備えとして、ハイム前広場のケースと同様に、「シナリオ型被害想定」の策定が有効なツールとなる。その上で避難所開設・運営訓練の実施や避難生活体験の実施などの様々なプログラムを展開していくことが望まれる。

（横山順一氏作成）

れて通行できなくなる虞），スーパーマーケットの駐車場の有効利用，地域福祉施設への眼差しの転換（弱者を抱える危険施設ではなく資源としても利用可能だろう）などの検討が始められている。すなわち，住民自ら検証していない（ステレオタイプ）思いこみとしての地域の危険性を反省・再検討し，あらためて地域資源を掘り起こすコミュニケーション行為を重ねることで，自らの足許を真摯に眼差す姿勢が醸成され始めた。これに地元の古老や中堅層（消防団や自営層）に加えて主婦や小学生が参画して，3～4世代の拡がりが見え始めている。ここには堺市湊西地区で行われてきた防災まちづくりと符合するスタイルが見いだされてくるのではないだろうか。そうした住民主体の（防災）まちづくり（眼差し）が醸成・発動しているところに法定再開発のノウハウ（地域まちづくり支援制度）が重ねられていくことが望まれるのではないだろうか。

　住民参加の防災まちづくりは各地で喧伝されているが，実質は淡々と進められる法定再開発であるように見受けられる。住民主体のまちづくりとはしたがって，地域の歴史的文化的社会的背景に自覚的な眼差しのもと，民主的プロセスにおいて主体的選択的に導入されてくる法定再開発，したがって地区計画や共同建替も勘案して構想される都市計画事業なのであろう。そうした意味において，本稿では，堺市の全市的な先進的な取り組みの事例を例証しながら，川崎の一校区（町会）ではあるが芽生え始めた（防災）まちづくりの展開可能性について検討を加えてみた。今しばらく中野島町会と大学研究室のおつき合いは続きそうである。

【注】
1) 2007年2月初旬，専修大学社会学専攻教員を中心とする堺市役所各部局聞き取り調査が実施された。お忙しい中対応していただき，また，市内各所をご案内いただいたこと，深く感謝いたします。
2) 立て看板の表記は以下の通り。「西湊4号線防災道路尾拡幅整備一部完成　ご協力のお願い　この駐車場前は南海・東南海地震火災などの有事の緊急時の消防・救急・警察車

両待機場所なって新設しましたので，西湊4号線路上の全面駐車はご遠慮ください」。
3) 大矢根 2005, pp. 278-282
4) 堺市立中学校教育研究会社会科部会『堺市中学校社会科わたしたちの堺』（平成21年度版），p. 35。
5) 堺市の密集住宅市街地整備 http://www.city.sakai.lg.jp/city/info/_saikaihatu/miga1112.html
6) 〈個別建替〉〈誘導建替〉〈まちづくり建替〉の諸基準については堺市都市整備推進課HPを参照：http://www.city.sakai.lg.jp/city/info/_saikaihatu/arama1112.html
7) 堺市の住宅市街地総合整備事業（密集住宅市街地整備型）の支援制度は以下を参照：http://www.city.sakai.lg.jp/city/info/_saikaihatu/miga1112.html
8) 堺市都市計画局都市計画部都市計画課 1998『堺市都市計画マスタープラン』
9) 堺市住宅まちづくり審議会 2005.5.30『都市居住魅力ある堺市を実現するための住宅まちづくり政策のあり方について～ともに創ろう　ゆとり・やすらぎ　住むなら堺』（答申）
10) (財)堺市都市整備公社『平成17年度　まちづくり啓発事業〈事業記録集〉』
11) 堺市建築都市局都市計画部都市計画課 2008『震災に強いまちづくり基本計画』
12) 例えば大阪府では『大阪府インナーエリア再生方針～密集市街地の緊急整備に向けて』で，①アクションエリアの設定，②目標は不燃領域率40％，協議会方式の導入，多様な手法の重層的活用と包括的支援，を謳っている。
13) 2009年9月14日のインタビューより。
14) 例えば，畠山弘文 1988「第一線職員活動の構造」『法学研究 No. 42』(明治学院論叢)，畠山弘文 1989『官僚制支配の日常構造　善意による支配とは何か』三一書房など。
15) 高度経済成長の昭和30年代，市街地のスプロール化を防止するために府内各地で土地区画整理事業が活発に行われるようになったことを受けて，昭和40年に大阪府土地区画整理協会が設立され，その後，都市基盤整備や土木工事の受託するようになって昭和57年には大阪府都市整備技術センターと改称された。その後，有料道路建設・駐車場整備管理を実施する大阪府有料道路協会を統合し，阪神・淡路大震災（平成7年）直後から緊急業務として耐震対策検討業務を請け負うようになり，平成12年には大阪府まちづくり推進機構を統合して密集住宅市街地の整備・再生，防災性向上の促進にかかわる業務を加えて現在にいたる（(財)大阪府都市整備推進センター『大阪のまちづくり No. 10：40年記念特集』（2005年）より）。
16)「ご近所の底力」は，他では茨城県『大好きいばらぎ県民会議：ご近所の底力事業』H.16 ～) やその県下の市町村で，また，流山市（市コミュニティ課「みんなで解決！ ご近所の底力!!」）など，市民活動やコミュニティ関連部局の管轄で行われ始めたところが多い。NHK番組「難問解決！ご近所の底力」に触発されて全国的な拡がりを見せている。
17) 北海道知事政策部『ソーシャルキャピタルの醸成と地域力の向上―信頼の絆で支える北海道―』(平成17年度アカデミー政策研究)，p. 32 より

18) 堺市都市整備推進課 HP より抜粋：
    http://www.city.sakai.lg.jp/city/info/_saikaihatu/gokinjo.html#topics
19) 例えば，全国的に行われている「わがまち再発見ワークショップ」など。渥美公秀 2001『ボランティアの知〜実践としてのボランティア研究』大阪大学出版会，など。
20)「堺における練物の歴史」堺まつりふとん太鼓連合保存会三十周年記念誌編集委員会，平成 15 年『堺まつりふとん太鼓連合保存会三十周年記念誌』
21) 都市整備推進センター HP「みんなの広場　関係者コメント」より引用：
    http://www.toshiseibi.org/back_num/bn/os_mach1/coment.htm
22) T 氏ヒヤリング（20090801）より
23) 田中貢「震災復興共同建替事業の特性と評価に関する研究——公団震災復興共同建替事業を対象にして」(2008 年度神戸大学大学院工学研究科　博士論文)
24) 大矢根他編 2007, pp. 113-116 より
25) 大矢根他編 2007, p. 116-117 より
26) 大矢根他編 2007, p. 118 より
27)「台湾台北県淡水鎮へ古民家移築〜震災で学んだ助け合いと先人の知恵を，友と共に台湾へ，台日交流古民家移築事業開始までの道のり」『月刊まちコミ』2008 年 8 月号
28) 今野裕昭 2001
29) 大矢根 2005, pp. 296-298
30) 以下，事業の説明は，専修大学文学部大矢根研究室 2009『中野島町会防災マップづくり』(平成 20 年度多摩区・3 大学連携事業「災害・防災に関する事業」報告書) より。
31) 大矢根 1999, pp. 46-47。

【参考文献】
渥美公秀 2001『ボランティアの知〜実践としてのボランティア研究』大阪大学出版会
大阪府『大阪府住宅まちづくりマスタープラン』2006 年度
大阪府住宅まちづくり審議会『大阪府における新しい住宅まちづくり政策の基本的方向性について』2005 年度
大阪府都市整備推進センター『大阪のまちづくり　No. 10：40 年記念特集』(2005 年)
大矢根淳 1999「コミュニティ防災の新たな展開に関する一考察」『情報と社会』No. 9
大矢根 2005「災害と都市——21 世紀・『地学的平穏の時代の終焉』を迎えた都市生活の危機」浦野正樹・藤田弘夫編『都市社会とリスク』東信堂
大矢根淳他編 2007『復興コミュニティ論入門』弘文堂
今野裕昭 2001『インナーシティのコミュニティ形成　神戸市真野住民のまちづくり』東信堂
堺市立中学校教育研究会社会科部会『堺市中学校社会科わたしたちの堺』(平成 21 年版)
堺市都市整備推進課等 HP：http://www.city.sakai.lg.jp/city/
堺市都市計画局都市計画部都市計画課 1998『堺市都市計画マスタープラン』

堺市住宅まちづくり審議会 2005.5.30『都市居住魅力ある堺市を実現するための住宅まちづくり政策のあり方について〜ともに創ろう　ゆとり・やすらぎ　住むなら堺』(答申)
(財)堺市都市整備公社『平成17年度　まちづくり啓発事業〈事業記録集〉』
堺市建築都市局都市計画部都市計画課2008『震災に強いまちづくり基本計画』
堺まつりふとん太鼓連合保存会三十周年記念誌編集委員会，平成15年『堺まつりふとん太鼓連合保存会三十周年記念誌』
専修大学文学部大矢根研究室 2009『中野島町会防災マップづくり』(平成20年度多摩区・3大学連携事業「災害・防災に関する事業」報告書)
田中貢「震災復興共同建替事業の特性と評価に関する研究──公団震災復興共同建替事業を対象にして」(2008年度神戸大学大学院工学研究科　博士論文)
畠山弘文1988「第一線職員活動の構造」『法学研究 No. 42』(明治学院論叢)
畠山弘文1989『官僚制支配の日常構造 善意による支配とは何か』三一書房
北海道知事政策部『ソーシャルキャピタルの醸成と地域力の向上―信頼の絆で支える北海道―』(平成17年度アカデミー政策研究)
まちコミュニケーション「台湾台北県淡水鎮へ古民家移築〜震災で学んだ助け合いと先人の知恵を，友と共に台湾へ，台日交流古民家移築事業開始までの道のり」『月刊まちコミ』2008年8月号

2007年2月，堺市役所各部局聞き取り調査　　　2007年2月，堺市役所各部局聞き取り調査

執筆者紹介 (五十音順)

宇都榮子（うと・えいこ）1947 年生まれ。
　[現職] 専修大学文学部教授。[専門] 社会福祉学，社会福祉史。
　[著書・論文]「戦前期群馬県における社会事業施設・団体の形成過程とその特質」(『福祉専修』第 29 号，専修大学社会福祉学会，2008 年)。「福田会育児院創立の経緯と開設当初の組織――創立に関わった人々の検討を中心に」(『東京社会福祉史研究』第 3 号，東京社会福祉史研究会，2009 年)。他

大矢根淳（おおやね・じゅん）1962 年生まれ。
　[現職] 専修大学文学部教授。[専門] 災害社会学・環境社会学。
　[著書・論文]『グローバリゼーションの社会学』(共著，八千代出版，1997 年)。『阪神・淡路大震災と社会学――第 3 巻：復興・防災まちづくりの社会学』(共著，昭和堂，1998 年)。『災害における人と社会』(翻訳書，文化書房博文社，1998 年)。『都市社会とリスク――豊かな社会をもとめて』(共著，東信堂，2005 年)。『災害社会学入門』『復興コミュニティ論入門』『災害危機管理論入門』(共著，弘文堂，2008 年)。『まちづくり百科事典』(共著，丸善，2008 年)。他

今野裕昭（こんの・ひろあき）1949 年生まれ。
　[現職] 専修大学文学部教授。[専門] 地域社会学。
　[著書・論文]『インナーシティのコミュニティ形成』(東信堂，2001 年)。『都市機能の高度化と地域対応――八戸市の「開発」と〈場所の個性〉』(共著，東北大学出版会，2002 年)。『自治体改革 9　住民・コミュニティとの協働』(共著，ぎょうせい，2004 年)。『グローバル・ツーリズムの進展と地域コミュニティの変容』(共著，御茶の水書房，2008 年)。『防災の社会学』(共著，東信堂，2008 年)。『変わるバリ　変わらないバリ』(共著，勉誠出版，2009 年)。他

柴田弘捷（しばた・ひろとし）1941 年生まれ。
　[現職] 専修大学文学部教授。[専門] 労働社会学。
　[著書・論文]『デュアル・イノベーション　電機のレクチャー』(中央法規出版 1986 年)。『ハイテク化と東京圏』(共著 青木書店 1989 年)。『産業変動下の地域社会』(共著 学文社 1996 年)。『日本の産業構造』(共著 青木書店 1999 年)。『中国社会の現状 II』(共著 専修大学出版局 2009 年)。「企業進出と地域変容」(『専修大学社会科学研究所月報』No. 505, 506 合併号 2004 年)。「不況下・韓国の労働問題と労働組合」(『専修大学社会科学研究所月報』No. 553・554 合併号 2009 年)。他

広田康生（ひろた・やすお）1949 年生まれ。
　［**現職**］専修大学文学部教授。［**専門**］都市社会学。
　［**著書・論文**］『エスニシティと都市［新版］』（有信堂，2003 年）。『都市的世界／コミュニティ／エスニシティ』（共編著，明石書店，2003 年）。『地域社会学講座 2　グローバリゼーション／ポストモダンと地域社会』（共編著，東信堂，2006 年）。『先端都市社会学の地平』（共編著，ハーベスト社，2006 年）。［**翻訳書**］『都市の理論のために』（共編訳，多賀出版，1983 年）。『シカゴ・ソシオロジー』（共訳，ハーベスト社，1990 年）。『ホーボー：ホームレスの人たちの社会学（上下巻）』（ハーベスト社，1999，2000 年）。他

専修大学社会科学研究所　社会科学研究叢書 12
周辺メトロポリスの位置と変容
―― 神奈川県川崎市・大阪府堺市

2010年3月27日　第1版第1刷

編著者	宇都榮子・柴田弘捷
発行者	渡辺　政春
発行所	専修大学出版局

〒101-0051　東京都千代田区神田神保町 3-8
　　　　　　㈱専大センチュリー内
電話　03-3263-4230 ㈹

組　版	木下正之
印　刷	電算印刷株式会社
製　本	

ⓒEiko Uto, Hirotoshi Shibata et al.
2010 Printed in Japan　ISBN 978-4-88125-250-5

◇専修大学出版局の本◇

専修大学社会科学研究叢書 11
中国社会の現状 II
専修大学社会科学研究所 編　　　　　　　A5判　228頁　3675円

専修大学社会科学研究叢書 10
東アジア社会における儒教の変容
土屋昌明 編　　　　　　　　　　　　　A5判　288頁　3990円

専修大学社会科学研究叢書 9
都市空間の再構成
黒田彰三 編著　　　　　　　　　　　　A5判　272頁　3990円

専修大学社会科学研究叢書 8
中国社会の現状
専修大学社会科学研究所 編　　　　　　　A5判　220頁　3675円

専修大学社会科学研究叢書 7
東北アジアの法と政治
内藤光博・古川　純 編　　　　　　　　A5判　376頁　4620円

専修大学社会科学研究叢書 6
現代企業組織のダイナミズム
池本正純 編　　　　　　　　　　　　　A5判　266頁　3990円

専修大学社会科学研究叢書 4
環境法の諸相──有害産業廃棄物問題を手がかりに──
矢澤昇治 編　　　　　　　　　　　　　A5判　324頁　4620円

専修大学社会科学研究叢書 3
情報革新と産業ニューウェーブ
溝田誠吾 編著　　　　　　　　　　　　A5判　368頁　5040円

専修大学社会科学研究叢書 2
食料消費のコウホート分析──年齢・世代・時代──
森　宏 編　　　　　　　　　　　　　　A5判　388頁　5040円

専修大学社会科学研究叢書 1
グローバリゼーションと日本
専修大学社会科学研究所 編　　　　　　　A5判　308頁　3675円

（価格は本体＋税）